쟁·점·과·대·안

상생협력과
갈등관리

|충남북부권역상생협력정책포럼 정책제안|

쟁·점·과·대·안

상생협력과 갈등관리

| 오열근·최한규·권경득 지음

한국학술정보(주)

2008년 봄 우리는 새로운 대통령을 맞이하였다. 신정부가 출범하자마자 미국산 쇠고기는 온 나라를 촛불로 가득 매웠고 미국에서 시작된 금융위기 파고는 우리를 비켜가지 못했다. 고등학교 교과서는 이념갈등의 한복판에 섰고, 서해안 기름유출 사고는 주민가슴에 검은띠를 두르게 했다. 2008년 겨울도 온갖 갈등을 뒤로 한 채 저물고 있다.

갈등은 나라 밖에서 안으로 나라 안에서 안으로 생겨나고 자유로운 곳이 없다. 돌이켜보면, 핵폐기물처리 후보지 선정, 천성산 터널 공사, 새만금 갈등과 같이 국책사업을 둘러싼 갈등은 국가의 막대한 낭비이고 정부에 대한 신뢰를 감소시키는 주된 원인이 되기도 한다. 이처럼 적절한 갈등 예방만 있었더라도 치루지 않았을 막대한 사회적 비용이 지불되고 있다. 과거의 중앙집권적·권위주의적 정책결정으로는 더 이상 아무일도 하지 못하는 시대가 되었다. 지역주민과의 대화와 타협은 시대적 요청이며 정부의 의무가 되었다. 지역주민의 욕구를 충분히 충족하면서도 공공정책이 원활히 수용될 수 있는 합리적 방안들이 요구되는 새로운 상생의 시대에 접어들었다.

충남북부권역상생협력정책포럼은 이런 시대적 요구에 부응하기 위해 창립되었으며 모든 면에서 이런 소명의식을 가져야 한다. 포럼은 불필요한 사회적 비용을 줄이고 갈등의 사전예방과 합리적 갈등관리방안을 모색하고자 창립되었다.

포럼은 지난해 11월에 힘겨운 창립 과정을 거치면서 탄생하였다. 그동안 천안·아산·연기·예산군 충남북부 4개 시·군이 상생협력과 갈등해결 방안을 모색하기 위한 지역 거버넌스 체계를 구축한 셈이다. 4개 시·군은 지역갈등 해소를 위해 다자간 소통기회 및 네트워크를 구축해 상생협력과 갈등완화의 교육, 연구, 지원 역할을 담당하고 있다. 시·군별로 학계, 언론계, 종교계, 시민단체 등 각계 분야의 전문가와 애향심이 투철한 분들로 구성되었다.

지난해 11월부터 2008년 11월까지 1년 동안 모두 5번에 걸쳐 토론회를 개최하는 동안 13편의 논문이 발표되고, 30여명의 학계, 공무원, 시민단체 관계자, 전문가들이 열띤 토론을 벌였다. 지방정부의 갈등관리에 대한 이론에서 사례분석까지 충남북부지역의 핵심적인 갈등문제를 망라하다시피 하였다. 포럼이 진행되는 동안 지역의 언론의 집중 조명과 지역시민의 기대속에 개최되어 더없이 좋은 학습의 기회가 되었다. 그러나 장소가 협소하여 많은 시민이 참석하지 못하기도 하였거니와 토론회 자료집이라는 것이 매회 한 정판으로 출판되고 휘발성이 강해 다시 보고 싶어도 못 보게 된다는 한계가 지적되었다.

그래서 포럼은 이런 문제를 극복하고 좀더 많은 시민들이 상생 협력과 갈등관리에 대하여 이해하고 지역문제에 대한 관심의 욕구를 충족시키고자 전문가 의견들을 한대 엮어서 단행본으로 출판하게 되었다.

제1장부터 제3장까지는 지난 2003년부터 서울의 행정기능 일부가 연기군으로 이전하는 행정중심복합도시쟁점에 대한 것이다. 제1장에서 심대평 의원은 수도권과밀화와 지방공동화로는 우리나라의 미래가 없다면서, 행정중심복합도시는 '세종르네상스'를 열어가는 출발점이자 '和의 씨앗'이 될 것이라고 주창했다. 권경득 교수는 세종시의 법적지위문제와 잔여지역을 어떻게 할 것인가?하는 문제에 대하여 제2장에서 대안을 제시하고 있다. 제3장은 이명박 정부 출범이후에 벌어지는 행정중심복합도시의 여러 쟁점들이 어떻게 될 것인가에 대하여 예측하고 있다. 금창호박사는 지방행정체제개편 논의에 따라서 행정중심복합도시의 법적지위와 행정구역의 변수가 될 수 있다는 시각을 제공하기도 하였다.

제4장과 제5장은 충청남도 도청이전 사례의 갈등관리 방안을 설명하고 있다. 충청남도에서 행정중심복합도시 갈등만큼이나 뜨거운 충남도청 이전과 관련한 쟁정들을 소개하고 있다. 예산군과 홍성군이 합심하여 도청이전 후보지로 확정되었으나 이후 여러 사안별로 서로 갈등을 발생하는 그 요소들을 상세히 설명해주고 있다. 김진욱 교수는 충남도청이전에 따른 홍성군과 예산군의 갈등 양상들을 소개하면서 '상호 협력관계를 유지하면서 쟁점사항에 대한 대승적인 합의'가 필요하다고 역설하고 있다. 제5장은 이제 막 이전하고 있는 충남도청이전 사례를 먼저 이전한 전라도청 이전사례를 통해서 교훈이 될 만한 이야기를 던져 주고 있다. 강인호교수는 '삶의 중심지 그 가운데는 가는 자와 오는 자의 아픔이 있다'라는 제목에서도 알 수 있듯이 전라도청과 관련하여 떠난 자리와 들어온 자리에서 생겨난 갈등 양상을 갈등단계별로 차분히 정리해 주었다.

　　제6장은 갈등과 협력에 관한 일반적인 개념을 정리하는 작업을 통해 지방정부가 관련된 정부간관계에 있어서 갈등과 협력에 대한 개념을 재정립하려고 시도하고 있다. 권경득 교수는 지방정부의 교환과 협상의 능력이 지방정부간의 갈등과 협력의 운명이 결정된다고 강조하고 있다.

제7장은 지방정부의 갈등 사례로 아산시와 천안시의 '천안아산역' 역사명칭과 관련한 갈등에 대하여 설명하고 있다. 여기서는 공공재를 둘러싼 지방정부간 갈등양상을 지대추구행위이론에 의해서 설명하면서 '정치한 제도적 기제를 통해 지대추구비용을 최소화하는 전략이 지방정치시장에 요구'되는 시점에 놓여 있다고 주장하고 있다.

제8장은 지방정부의 갈등 사례로서 남양주시 소각잔재매립장 입지선정 갈등사례를 소개하고 있다. 강문희 교수는 지방정부의 정책추진단계별 갈등양상에 대하여 분석해보고 '지역주민들의 반대에 대응하는 갈등관리 및 협상전략'을 강조하면서 '정책의 형성단계부터 새로 시작하는 협상의 방법을 모색'해야 한다고 권고하고 있다.

제9장은 충청남도 북부권역의 공공갈등 사례를 선정하여 해결기제를 분석하고 시사점을 얻고자 하였다. 연구자들은 총량분석개념으로 유형화와 각 사례의 해결기제를 분석해 보려고 시도하였다. 이런 시도들은 단일사례 혹은 소수의 복수사례연구의 한계점을 극복해준다는 강점이 있다.

제10장과 제11장은 상생협력·갈등관리 플러스 정책포럼과 충남북부권역상생협력정책 포럼의 사업평가 및 운영활성화방안에 대하여 논의한 것이다. 포럼은 이론적 연구, 토론, 여론 형성 및 현

장 활동 등을 통하여 우리사회의 갈등예방과 해결에 기여할 목적
으로 시작되었다. 이런 목적을 달성하고자 연구 활동(전문가 토론),
사례조사활동, 현장방문 등의 활동이 있었다. 한편은 충남포럼의
운영방안을 제시하고 한편은 충남북부권역포럼의 운영방안을 제시
하고 있다. 이 두 편의 글은 모두 포럼의 조직 강화 및 자발적 참
여유도 그리고 안정적인 재원확보를 한목소리로 주장하고 있다. 포
럼은 이제 태동기를 지나 성장기로 들어섰다. 권경득 교수는 '태동
기의 시행착오를 경험하고 있으나 창조적 발전의 토대가 될 것으
로 확신'하고 있다. 지방자치의 정신을 구현하고, 상생협력의 지역
공동체를 가꾸어 나가는 데 북부권역 정책포럼이 선도적인 역할을
할 것으로 기대하고 있다.

　사랑하는 사람과도 다툼은 있다. 다툼이 없다면 애정이 식거나
무관심 때문이라고 하지 않던가. 사회도 마찬가지다. 그 사회에 갈
등이 있다는 것은 생명력이 있다는 의미다. 갈등은 새로운 상상력
과 창조력을 창발한다. 갈등은 악이고 협동은 선이라고 볼 필요도
없다. 갈등자체를 즐기는 지혜가 필요하다. 갈등상황을 합리적으로
해결할 수 있다면 오히려 더 큰 상승효과를 가져온다는 것을 경험
에 의해서 잘 알고 있다. 우리는 혼자서 살 수 없다. 정부든 기업

이든 개인이든 마찬가지다. 우리는 상호의존적 존재이다. 이런 존재들이 상생과 협력의 길을 모색하는 것이 삶 그 자체이다.

이 책에서 소개된 11편의 글들은 공공분야 갈등이론과 사례들을 한대 묶어놓은 것이다. 우리가 어떻게 갈등을 합리적으로 예방하고 해결하고 그리고 관리할 것인가?하는 전문가들의 고민이 묻어나 있다.

어떤 단체를 이끌다 보면 늘 시간이 문제이다. 약속한 일정이 다가오면 일하는 사람들 입장에서는 여간 괴로운 것이 아니었다. 빠듯한 일정 때문에 넉넉한 집필시간을 드리지도 못하고, 다그쳐서 밤잠을 줄이며 옥고를 보내주신 필자들에게 이 자리를 빌어서 죄송하고 감사하다는 인사를 드린다.

모쪼록 이 책이 시민독자여러분들에게 갈등이론과 사례를 학습하는 좋은 지침서가 되기를 바라 마지않는다.

이 책이 발간되기까지 모든 수고를 아끼지 않으신 필자, 사회자, 토론자 여러분과 포럼 관계자 여러분의 노고에 경의를 표한다.

2008년 12월 20일
안서동 교정에서 오열근

목차

심대평(국회의원)

－행복도시는 대한민국의 '세종 르네상스'를 열어가는 출발점이자
미래지향적인 '화(和)의 씨앗'입니다－

Ⅰ. 수도권 과밀화, 지방 공동화 해결 없이 대한민국의 미래는 없다

참여정부의 신행정수도 건설은 세계화시대 일인당 국민소득 2만 달러를 달성하기 위해서는 국가경쟁력을 강화해야 하며, 이를 위해서는 수도권의 과밀을 해소하면서 지방도 경쟁력을 확보하여야 한다는 시대적 필요성과 역사적 당위성을 지니고 있었습니다.

그동안 수도권과밀화의 실상과 폐해의 정도가 얼마나 심각한 것이었는지는 이제 더 이상 말씀드릴 필요조차 없을 것입니다.

사실 이에 대한 우리의 문제 인식은 참으로 빨랐습니다.

이미 40여 년 전부터 수도권 이전논의가 진행되어왔다는 사실만을 보아도 이는 충분히 알 수 있는 일입니다.

실제로 지난 40년 동안 집중과 과밀화로 입은 서울의 문제는 심각한 수준을 넘어서는 것이었습니다.

삶의 질이 떨어지고 국제도시로서의 경쟁력은 약화되었습니다.

그렇다고 지방이 쾌적한 삶의 공간으로 바뀐 것도 아닙니다.

어린아이의 울음소리는 그친지 오래고 사람이 없어 시골 공간은 비어가고 있습니다. 지방 또한 피해자였던 것입니다.

이는 규모의 문제로 마치 적은 그릇에 너무 많은 것이 담겨져 하나는 넘치고 하나는 모자라 모두가 정상을 유지할 수 없는 것과 같은 것이었습니다.

바로 이러한 문제점이 신행정수도건설이 추진된 배경이고 행정중심복합도시는 신행정수도의 정책대안으로 수도권의 과밀해소와 국토균형발전이라는 국가적 정책목표를 실현하는 수단이라는 당위성과 정당성을 갖고 있습니다.

수도권 집중문제는 이제 수도권에서는 과도한 집적으로 인한 혼잡비용, 환경문제, 삶의 질 저하, 도시관리능력 한계 등의 문제가 심각하게 대두되고 비수도권에서는 창의력과 발전 잠재력을 키워 스스로 자생력을 발휘할 수 있는 여건마련이 지체되면서 국가전체의 효율성과 생산성이 저하되는 구조적 문제로까지 발전하게 된 것입니다.

독일의 경제학자 에른스트 슈마허는 '작은 것이 아름답다'라는 저서를 통해 거대산업과 거대도시, 대기업중심의 산업사회에 대해 경종을 울린 바 있습니다.

그렇습니다. 전 국토의 12%에 불과한 수도권에 인구 50%가 집중되고, 대기업본사 91%, 공공기관 85%, 조세수입의 71%, 향후 주력산업인 IT, 즉 정보통신분야의 산업생산력은 98%가 집중되어 있는 이 구조를 방치한 채 국가의 경쟁력을 말할 수는 없는 것입니다.

수도권의 포화상태를 그대로 둔 채 수도권 규제를 완화하면 집중과 과밀을 가속화시켜 오히려 수도권의 경쟁력만 떨어뜨리고 지방의 공동화를 가속시키는 결과를 초래하고 말 것입니다.

현재 수도권의 포화상태는 마치 가열될 대로 가열되어 타버리기 직전의 냄비, 무너지기 직전의 댐에 비유해도 과언이 아닐 것입니다.

더 가열되고 비가 조금만 더 온다면 타버리거나 무너져 버려 그야말로 '수도권은 과밀화에 죽고 지방은 공동화에 죽는' 공멸만이 있을 뿐입니다.

지방분권과 균형발전은 이 시대의 요청이며 지방의 경쟁력이 국가 경쟁력이라는 것은 분권론자의 단순한 주장이 아닌 시대적 가치입니다.

수도권의 과밀화와 지방의 공동화 문제를 해소하는 분권과 균형발전의 상징적인 정책이 바로 행정중심복합도시 건설사업입니다.

행정중심복합도시 건설을 중심으로 하는 균형발전 정책을 "효율성을 무시한 나눠먹기" "수도권의 가진 것을 빼앗아 지방에 나눠주자는 발상"이라는 인식이 존재하는 한 대한민국의 국가경쟁력과 미래는 기약할 수 없습니다

Ⅱ. 행정중심복합도시 건설은 5 + 2광역경제권 개발의 선도사업

　행정중심복합도시의 건설은 단순히 행정의 일부를 옮기는 것을 의미하지 않습니다.

　행정의 분권을 통해 경제와 금융, 산업, 교육, 과학기술, 복지, 문화의 중심축을 수도권과 함께 국가 전반으로 확산시켜 결과적으로 국가의 든든한 중심축을 만들어가는 것을 의미하는 것입니다.

　바로 이것은 세계화 시대의 가장 중심적 가치인 경제적 성장과 복지를 행정중심복합도시 건설을 통해 실질적이고 효과적으로 실현할 수 있다는 것입니다.

　행정중심복합도시 건설은 이미 이명박 정부가 추진하고 있는 지역발전정책인 혁신도시, 기업도시 건설을 비롯하여 각 지역의 경제발전과 사회건설의 시발점입니다.

　특히 5 + 2광역경제권 개발의 핵심에 행정중심복합도시의 건설이 선도적 역할을 하게 될 것입니다.

　경제발전을 위해 행정과 과학기술의 기반을 국토의 중심에서 행정중심복합도시가 역할을 하게 될 것이고 선도할 수 있기 때문입니다.

　광역경제권 구축은 실질적인 지방분권이 없이는 불가능합니다.

　행정중심복합도시 건설이야말로 이명박 정부의 실질적 지방분권을 성공적으로 수행할 수 있는 기반이 될 것입니다.

이명박 정부가 내세운 국정 지표 중 창조적 광역발전과 지방분권의 체계적 추진과 관련되는 핵심, 중점 및 일반과제를 살펴보면 그 출발이 바로 행정중심복합도시건설의 성공적 추진부터 시작될 것입니다.

　대운하를 통해 국가의 경제발전을 이루려 했던 이명박 정부는 이제는 새로운 패러다임 속에서 국가 경제발전을 모색해야 할 것입니다.

　행정중심 복합도시 건설은 대한민국이 광역 중심의 경제권 구축을 하여 지역 경제에 기여할 수 있는 기반이 될 것입니다.

　행정중심복합도시의 성공적 건설은 앞으로 21세기 대한민국 경제발전의 토대가 될 것이며 건설 추진과정은 활기찬 시장경제와 밀접한 관계가 있다는 점을 분명하게 밝힙니다.

　지방의 경제가 회복돼야 국가경제가 살아납니다. 지방이 살아야 나라가 삽니다. 지방의 경쟁력이 글로벌 시대 국가의 경쟁력입니다.

　지역마다 지역특성을 살리고 창의성을 발휘하게 하여 지방의 특화 발전을 유도해야합니다.

　이같이 지방마다 경쟁력을 강화 시키고 그 지방의 경쟁력이 모아져야만 국가 경쟁력 강화로 승화되는 것입니다.

　분권과 균형발전은 지방은 스스로도 잘 할 수 있다는 자신감을, 수도권은 규제를 풀 수 있어 신 경제성장동력을 얻게 되는 상생의 정책이며 그 상징사업이 바로 행정중심복합도시 건설 사업인 것입니다.

　대한민국의 미래는 국가균형발전을 통한 신성장동력 창출에 있음을 강조하고자 합니다.

Ⅲ. 행정중심복합도시 건설은 '세종르네상스'를 열어가는 출발점

  행정중심복합도시는 강한 대한민국, 기초가 튼튼한 국가를 만드는 시작이 되어 나아가서는 아시아의 중심으로 성장할 수 있으며, 또한 세계화 시대에 부합하는 범지구적 네트워크의 중심으로 역할을 할 수 있게 하자는 것입니다.
  이런 의미에서 이미 추진되고 있는 행정중심복합도시인 세종시의 건설은 국가의 균형발전을 위한 새로운 패러다임을 제시해 줄 수 있을 것으로 확신합니다.

  행정중심복합도시 건설은 세종시가 들어서는 공주·연기와 충청지역에 국한되는 문제가 아닙니다.
  행정중심복합도시 건설은 국가의 발전 또는 그 이상의 틀, 즉 아시아적 비전과 가치라는 큰 틀에서 접근되어야하며 21세기 아시아 중심국가 건설을 앞당기는 견인차라는 차원에서 그 당위성이 논의 되어야합니다.
  또한 21세기 대한민국의 국가과제인 통일 이후를 대비하여 새로운 국가 체제 구축의 핵심인프라가 바로 행정중심복합도시입니다.
  이미 상상할 수 없을 정도로 벌어진 남북한의 격차 속에서 통일을 상정할 경우, 이미 포화상태인 서울은 상징적 의미의 통일한국의 수도로서의 역할에 국한되어야할 것이라는 것은 누구나 다 알 수 있습니다.

바로 이런 의미에서 행정중심복합도시의 건설은 통일을 대비하여 새로운 패러다임의 전환에 부합하는 것이고 미래를 대비한 가장 적절한 대안이라고 할 수 있을 것입니다.

이제 행정중심복합도시인 세종시의 건설은 미래의 대한민국을 여는 새로운 패러다임을 제시해 주고 있습니다.

이제 행정중심복합도시의 건설은 더 이상 참여정부가 추진한 정책의 잔재물 취급을 받아서는 안 됩니다.

행정중심복합도시 건설은 이제 아시아적 가치로, 통일시대를 대비한 비전으로 재평가 되어야 할 것입니다.

조선시대 르네상스를 구가했던 세종대왕 때처럼, 행정중심복합도시 건설은 대한민국의 새로운 "세종 르네상스"를 열어가는 출발점이 될 것이고 또 그렇게 만들어가야 합니다.

과거 우리 역사 속에서 선군으로 국가의 발전과 경쟁력을 주도한 세종대왕의 깊은 의미를 되살리면서 행정중심복합도시인 세종시의 건설을 통해 다시 한번 21세기형 "세종 르네상스"를 실현시켜야 할 것입니다.

Ⅳ. 행정중심복합도시, '상(相)·행(幸)·선(先) 대한민국' 건설의 초석

저는 행정중심복합도시를 '상(相)·행(幸)·선(先) 대한민국' 건설의 초석이라고 확신합니다.

'상·행·선 대한민국'은 '상생, 행복, 그리고 선진 대한민국'을 의미합니다.

이시대의 코드는 더불어 사는 상생(相生)입니다.

남과 북, 수도권과 지방, 대한민국과 일본 그리고 중국, 가진 자와 못가진 자, 5%와 95%가 함께 더불어 살아가며 국민에게 희망과 행복을 주는 선진 대한민국이 바로 우리 모두가 갈망하는 대한민국의 미래입니다.

행정중심복합도시 건설사업으로 상징되어지는 국가균형발전 정책은 국가발전을 저해하는 '오기의 대못질'이 아니라 수도권은 과밀화로 죽고 지방은 공동화로 죽는 공멸의 길을 막는 '유일한 처방'이자 수도권과 지방이 골고루 잘사는 대한민국, 수도권과 지방이 차별이 없는 국가건설을 가능케 하는 '상생의 묘약'인 것입니다.

국민성공시대는 수도권만이 아닌 전 국민의 성공시대로 이어져야 하고, 행정중심복합도시 건설을 중심으로 하는 국가의 균형발전 정책만이 국민 모두가 상생하는 전 국민 성공시대를 가능케 할 것입니다.

행정중심복합도시 건설은 충청권을 비롯한 지역의 이익뿐만 아니라 국민과 국가 전체의 이익차원에서 필요한 사업이라는 차원에서 반드시 국민 화합의 장으로 승화될 것입니다.

결론적으로 행정중심복합도시는 '상(相)·행(幸)·선(先) 대한민국' 건설을 가능케 하는 미래지향적인 '화(和)'의 씨앗인 것입니다.

Ⅴ. 행정중심복합도시 성공건설을 위한 향후 과제

저는 앞서 행정중심복합도시의 시대적 의미에 대해 대한민국의 새로운 '세종 르네상스' 시대를 열어가는 출발점이라고 정리 했습니다.

물론 행정중심 복합도시의 성공적 건설을 위해 앞으로 많은 과제가 우리 앞에 남아 있습니다.

먼저 세종시 설치법 조기 제정, 행복도시 건설예산의 차질없는 적기투입, 잔여지역 문제, 자족기능 강화 등 많은 문제를 해결해나가기 위한 정치권의 초당적 협력을 촉구합니다.

저는 세종시의 도시비전을 '세종 르네상스'에 걸맞는 '연(連)·개(開)·소(小)·문(紋)'으로 해야한다고 제안합니다.

－ 연(連) ⇒ 과학 R&D클러스트 도시, 자생력을 갖춘 과학
        비지니스 도시.
－ 개(開) ⇒ 폐쇄된 도시가 아닌 열린도시, 사람과 정보와

돈이 모이게 하는 명품도시

- 소(小) ⇒ 작지만 강한도시, 아름다운 도시
- 문(紋) ⇒ 저절로 향기가 나는 세종시만의 색과 무늬가 있는
  문화도시

김구 선생의 [내가 원하는 우리나라]라는 글을 인용해보며 제 기조발제를 마무리 하고자 합니다.

"나는 우리 나라가 세계에서 가장 아름다운 나라가 되기를 원한다. 가장 부강한 나라가 되기를 원하는 것은 아니다……. 오직 한없이 가지고 싶은 것은 높은 문화의 힘이다. 문화의 힘은 우리 자신을 행복하게 하고 나아가서 남에게 행복을 주기 때문이다"

그렇습니다. 저는 행정중심복합도시가 대한민국 전체를 행복케 하는, 대한민국 국민들 누구나 긍지와 자부심을 갖는 '세종르네상스 문화도시'가 되기를 소망합니다.

감사합니다.

제2장

지방정부의 협력과 갈등*

- 행정중심복합도시의 사례 -

권경득(선문대 교수, 정부간관계연구소 소장)

I. 서 론

○ 급변하는 행정환경의 변화 중에서 지방분권화의 경향은 지역 주민에게 지역발전의 기회를 제공하여 주고 있다. 충남지역의 경우 참여정부의 출범 이후 '행정수도 이전'사업이 '행정중심복합도시(이하 행정도시)의 건설'로 가시화되면서 지역주민들의 기대와 희망이 점차 현실화되고 있다.

○ 충남 연기군은 행정도시의 건설, 주변 대도시 영향력의 강화 등으로 발전의 어려움과 가능성을 동시에 직면하고 있다. 연기군의 전체 면적의 18.8%와 전체 인구의 10.6%가 행정도시의 예정지역

---

* 본 논문은 충남발전연구원이 주최한 「행정중심복합도시의 법적 지위 및 행정구역 설정연구」에 관한 자문연구단 제2차 워크숍의 발표논문을 수정 및 보완한 논문임.

에 편입됨에 따라 군세(郡勢)가 크게 위축될 것으로 전망된다. 이와 같은 환경변화에 능동적으로 대처하고, 발전 잠재력을 극대화하는 방안의 모색이 연기군이 직면하고 있는 가장 큰 과제라고 할 수 있다.

○ 행정도시의 추진과정에서 법적 지위 및 관할구역을 둘러싼 중앙정부 - 지방정부간, 지방정부 상호간, 중앙/지방정부 - 지역주민 간 갈등이 첨예화 되었으며, 행정도시관련 법안의 마련에 많은 진통과 갈등이 전개되었다.

○ 그러나 제17대 국회에서 정부가 발의한 「세종특별시자치시 설치 등에 관한 법률안」이 자동 폐기된 후, 최근 행정도시의 법적 지위 및 행정구역 설정에 관한 논의[1]가 다시 본격화됨에 따라 연기군은 향후 지역의 환경변화에 대한 심도 있는 분석과 이에 대한 적극적인 대응방안을 모색할 필요가 있다. 특히 환경변화에 따른 연기군의 새로운 행정체계에 대한 심층적인 분석이 요구되고 있다.

○ 본 발제문에서는 행정도시의 법적지위 및 행정구역 설정과 관련된 주요 쟁점과 연기군 잔여지역의 해결을 위한 다양한 방안을 모색하고자 한다.

---

1) 2008년 8월 14일 국회 헌정기념관 대강당에서 「행정중심복합도시」 성공과제 대토론회가 개최되어 정치권, 연기, 공주, 청원군민 등 300여명이 참석하였다.

Ⅱ. 행정도시의 개요

○ 행정도시는 2030년까지 인구 50만 규모의 국가균형발전을 선도할 수 있는 행정기능 중심의 다기능 복합형 자족도시로 건설될 계획이다. 행정도시에는 2012년부터 2014년까지 국무총리실·재경부 등 12부 4처 2청 등 49개 중앙행정기관이 이전 수용될 계획이다(홍준현, 2006).[2]

1. 면적 계획

○ 총면적: 296.91㎢ (8,981만평)
○ 예정지역: 73.14㎢ (2,212만평)
   (행정구역: 충남 연기군 남면·금남면·동면, 공주시 장기면·반포면)
○ 주변지역: 223.77㎢ (6,769만평) (행정구역: 충남 연기군 서면, 공주시 의당면, 충북 청원군 강내면·부용면)
○ 행정도시의 지역현황과 구역도는 <표 2-1> 및 <그림 2-1>과 같다.

---

2) 이명박 정부 출범이후 정부조직법이 개정으로 정부부처가 통폐합되어 15부 2처로 축소되었다.

<표 2-1> 행정도시의 지역현황

(1) 예정지역 + 주변지역	(2) 예정지역	(3) 주변지역
3개시·군 9개면 90개리	2개시·군 5개면 33개리	3개시·군 9개면 74개리
-연기군: 남·금남·동·서면	-연기군: 남·금남·동면	-연기군: 남·금남·동·서면
-공주시: 장기·반포·의당면	-공주시: 장기·반포면	-공주시: 장기·반포·의당면
-청원군: 강내·부용면		-청원군: 강내·부용면
8,981만평(296.91㎢)	2,212만평(73.14㎢)	6,769만평(223.77㎢)
-연기군: 186.86㎢(62.9%)	-연기군: 68.24㎢(93.3%)	-연기군: 118.62㎢(53.0%)
-공주시: 76.63㎢(25.8%)	-공주시: 4.9㎢(6.7%)	-공주시: 71.73㎢(32.1%)
-청원군: 33.42㎢(11.3%)		-청원군: 33.42㎢(14.9%)
18천 가구, 인구 47천명	4천 가구, 인구 10천명	14천 가구, 인구 37천명

〈그림 2-1〉 행정도시의 구역도

2. 인구 계획

○ 총 인구: 약 50만명 (2020년까지 30만, 2030년까지 50만)

  (<표 2-2> 참조). 인구밀도는 ha당 300명.

<표 2-2> 건설단계별 유입인구 전망

년 도	내 용	수용인구(만명)
2010	첫마을 입주	5
2015	중앙행정기관, 공공기관 이전 완료 (초기활력단계)	15
2020	자족적 성장동력에 의한 성장단계 (자족적 성숙단계)	30
2030	국토균형발전 혁신거점 완성단계 (완성단계)	50

3. 추진일정

○ 2005년 – 2007년: 기본 · 개발 · 실시계획 수립 및 토지 매수

○ 2007년 – 2011년: 도시건설 및 청사 건축

○ 2012년 이후: 행정기관의 단계적 이전 및 주민입주

○ 행정기관 이전은 2014년까지 마무리할 계획

Ⅲ. 행정도시의 행정구역 설정

○ 행정도시의 구역설정을 위한 대안은 ① 예정지역(제1안), ② 예정지역＋주변지역(제2안), ③ 예정지역＋수정된 주변지역(제3안),

④ 예정지역＋주변지역＋인접지역(제4안) 등으로 나눌 수 있다(김병국, 2006).

1. 제1안: 예정지역

1) 장 점

○ 연기군과 공주시로부터 이관 받는 예정지역 면적이 적어 협력 이관하는 자치단체의 잔여세력 유지로 반발 최소화

2) 단 점

○ 면적 과소화(73.14㎢)으로 행복도시 건설계획 기반구축 미흡
○ 목표연도(2015)의 인구 150,000명 수용 지체
○ 특별법 제2조의 예정＋주변지역 취지에 미부합(단 법률상 조정 가능)
○ 가운데가 없는 길쭉한 연기군 잔여지역 구역형태 형성

2. 제2안: 예정지역＋주변지역

1) 장 점

○ 특별법 제2조에서 지정한 지역에 부합
○ 296.91㎢로 창원시, 고양시 등과 유사한 면적규모를 가진 자

치단체 면적 보유

○ 인구 37,000명의 적은 인구규모로 출발하지만 목표연도의 인
구수용 가능성 보유

2) 단 점

○ 건설과정에서의 충청남도와 충청북도의 연계장치 마련 어려움
○ 연기군의 잔여군세 극도로 취약
○ 구역획정시 기존 행정구역의 특성 보다는 지형지물을 고려한
것으로 구역 승계 대상 군들의 반발 예상

3. 제3안: 예정지역 + 수정된 주변지역3)

1) 장 점

○ 특별법 제5조에 의한 법률 제정 과정에 반영될 경우 법리적
문제 해결
○ 연기군 잔여지역 문제 해결 및 발전가능성 증대
○ 충청남도의 경우 제4안보다는 접근용이

2) 단 점

○ 이미 지정고시된 예정 + 주변지역 변화 어려움

---

3) 수정된 주변지역은 연기군의 잔여지역을 포함하는 대안임

○ 연기군이 찬성하면 국토해양수산부(건설교통부)와 행정안전부
(행정자치부)의 행정구역관련 애로점 제거
○ 청원군 지역 배제로 인한 충북의 반발

4. 제4안 : 예정지역＋주변지역＋청원군 지역 배제

1) 장 점

○ 특별법 제5조에 의한 법률 제정 과정에 반영될 경우 법리적
문제 해결
○ 충청남·북도간에 걸친 행정구역 조정의 문제 해결

2) 단 점

○ 이미 지정고시된 예정＋주변지역 변화 어려움
○ 이미 지정된 청원군 지역 배제로 인한 충북의 반발

〈표 2-3〉 대안의 비교·분석

구분	제1안	제2안	제3안	제4안
구역	예정지역	예정지역＋주변지역	예정지역＋수정된 주변지역	예정지역＋주변지역 ＋청원군 지역 배제
면적	73.141㎢	296.91㎢	73.141㎢＋α	296.91㎢ －α
관계 자치단체	≪2시군 1도≫ ○ 기초자치단체 －연기군, 공주시 ○ 광역자치단체 －충남도	≪3시군 2도≫ ○ 기초자치단체 －연기군, 공주시, 청원군 ○ 광역자치단체 －충남도, 충북도	≪2시군 1도≫ ○ 기초자치단체 －연기군, 공주시 ○ 광역자치단체 －충남도	≪2시군 1도≫ ○ 기초자치단체 －연기군, 공주시 ○ 광역자치단체 －충남도

구분	제1안	제2안	제3안	제4안
인구	4천 가구 인구 10천명	18천 가구 인구 47천명	–	–
자치단체 현황	1도 2개 시군 5개 면 33개 리	2도 3개 시군 9개 면 74개 리	1도 2개 시군 11개 읍면	–
재정자립도 예측	기초자치단체일 경우: 50.9% 광역자치단체일 경우: 82.7%	기초자치단체일 경우: 38.7% 광역자치단체일 경우: 63.6%	–	–

자료: 홍준현(2006). 일부 수정

○ 행정도시의 법적 지위 즉, 국가직할형, 광역, 기초, 광역＋기
  초 통합형에 따라 행정구역의 논의가 필요

Ⅳ. 연기군 잔여지역의 새로운 행정체계의 모색

○ 행정도시의 구역은 ① 예정지만을 포함하는 경우, ② 예정지
와 주변지를 포함하는 경우, ③ 예정지, 주변지와 주변지 잔여지역
을 포함하는 3가지 유형으로 나눌 수 있다. 또한 행정도시의 법적
지위는 ① 국가직할행정기관, ② 광역자치단체, ③ 기초자치단체,
④ 광역＋기초자치단체 등 4가지 유형으로 구분이 된다(<표 2-
4> 참조). 이들 제 유형에 따라 연기군 잔여지역의 행정체계는
<표 2-4>와 같이 다양하게 구성될 수 있다.

<표 2-4> 행정도시의 법적지위 및 행정구역 유형에 따른 연기군 잔여지역 행정체계의 대안

행정구역/법적 지위		국가직할행정기관	광역자치단체	기초자치단체	광역＋기초 통합형
유형 1	예정지 포함	－ 현행 군 유지(안) － 시 승격(안) － 인근 시와 통합(안)	－ 현행 군 유지(안) － 시 승격(안) － 인근 시와 통합(안)	－ 현행 군 유지(안) － 시 승격(안) － 인근 시와 통합(안)	－ 현행 군 유지(안) － 시 승격(안) － 인근 시와 통합(안)
유형 2	예정지＋주변지 포함	－ 현행 군 유지(안) － 시 승격(안) － 인근 시와 통합(안)	－ 현행 군 유지(안) － 시 승격(안) － 인근 시와 통합(안)	－ 현행 군 유지(안) － 시 승격(안) － 인근 시와 통합(안)	－ 현행 군 유지(안) － 시 승격(안) － 인근 시와 통합(안)
유형 3	예정지＋주변지＋ 잔여지역 포함	－ 행정도시 편입	－ 행정도시 편입	－ 행정도시 편입	－ 행정도시 편입

1. 대안 1: 현행 군(郡) 체제의 유지(안)

1) 법적 요건

○ 현행 군(郡) 체제를 유지하는 방안은 특별한 법적 요건이 없다.

2) 타당성 분석

○ 행정도시의 행정구역이 ① 예정지만을 포함하는 경우와 ② 예정지＋주변지를 포함하는 경우에 현행 군(郡) 체제를 유지하는 방안에 대하여는 특별한 타당성 분석이 요구되지 않는다.

3) 기대 효과 및 문제점

○ 현행 군(郡) 체제의 유지 방안은 행정도시의 건설에 즈음하여 지속가능한 발전목표와 발전전략을 수립·추진하고 있는 연기군과 지역주민의 발전욕구와 기대감을 충분히 충족시켜 주지 못할 것으로 예상된다. 현행 군 체제로는 연기군의 중장기 발전전략에

상당한 영향을 줄 것으로 예상된다.

○ 그리고 추가적인 인구유입이 정체되거나 인구의 감소가 초래될 경우 군(郡) 체계하에서도 행정조직(기구)의 축소를 초래할 것으로 전망된다.

4) 대응 전략

○ 현재 연기군의 경우는 「지방자치단체의 행정기구와 정원기준 등에 관한 규정」의 제5조의2(기구설치기준의 적용)가 규정하는 바에 따라 기획감사실과 종합민원실을 비롯한 11개의 과를 두고 있다(2실 11과).

○ 이러한 기준은 인구규모를 기준으로 한 것으로 2005년도 말 현재 84,308명에서 행정도시로의 편입인구 약 9,300여명을 제외하면 최소 75,000여명 이상은 유지할 수 있을 것으로 예상된다(예정지와 주변지가 편입되면 잔여지역의 인구는 53,000여명). 그러나 만일 지속적으로 인구가 감소할 경우 행정기구조직의 축소는 불가피하다(연기군의 인구규모는 2007년도의 경우 81,450명으로 계속 감소하고 있음).

○ 지방자치단체의 행정기구와 정원기준 등에 관한 규정은 '인구수가 별표 4의 기구설치기준을 2년간 연속하여 매년 100분의 10 이상 미달하는 경우'에 기구를 감축하도록 규정하고 있다.

○ 현행 군 체제를 유지하기 위해서는 무엇보다도 최소 인구규모를 확보하는 방안을 모색하는 대응전략이 필요하다.

2. 대안 2: 인근 시(市)와 통합(안)

1) 법적 요건(지방자치법 7조 2항)

○ 도농통합형태의 시(市)

- 지방자치법 제7조 1항의 규정에 의하여 설치된 시(市)와 주변 군(郡)을 통합하는 형태로서 도농통합형태의 시(市)로 승격될 수 있다.

2) 타당성 분석

○ 도농통합형태의 시(市)를 설치하기 위한 기준의 충족 요건인 지방자치법 제 7조 1항에 의하여 설치된 시(市)와 주변 군(郡)을 통하는 형태이기 때문에 법적 요건을 충족시키고 있다(시·군통합).

3) 기대 효과 및 문제점

○ 법적 지위의 승격

- 시(市)로 법적 지위가 승격하게 되면 새로운 기구의 신설, 인력의 보강, 세원의 확보 등이 가능하게 되어 지역주민들을 위한 기반시설의 확충 및 이에 소요되는 재정수요의 확보가 용이하게 된다.

○ 행정의 능률성 제고

- 시(市) 승격에 따른 독자적인 자치권을 갖게 됨으로써 주민들의 편익과 행정의 능률성을 제고할 수 있다.

○ 주민생활의 편익

- 자치적으로 처리할 수 있는 업무의 영역이 확대됨으로써 주민생활의 편익이 증대된다.

○ 행정 서비스

- 자치단체의 규모가 커짐에 따라 공공서비스의 제공과 행정력에 있어서 규모의 경제를 갖추게 되어 개발투자와 예산집행의 효율성이 향상되고 행정능률이 제고된다.

4) 대응 전략

○ 인근 지역의 시(市)와 통합하는 방안은 연기군과 마찬가지로 2개 면이 행정도시로 편입되는 공주시와 통합이 지리적 및 지역 정서적으로 가장 현실적인 대안이 될 수 있다.

○ 공주시의 경우 지난 1990년대에는 인구규모가 158,000명 수준이었으나 매년 감소하여 2007년 말 현재 128,573명 수준이며 조직기구는 4실 2국 15개 과의 체제로 구성되어 있다(2008년 8월 기준).[4]

---

4) 「지방자치단체의 행정기구와 정원기준 등에 관한 규정」의 별표 4에 의하면 인구 10만 이상 15만 미만의 시에 대해서는 2개 이내의 실·국과 17개 이내의 실·과·담당관을 둘 수 있 도록 되어있다. 공주시는 현재 조직도상으로 시장 아래에 기획예산실, 시정조정실, 행정지원

○ 연기군의 행정도시 편입예상인구를 제외한 인구규모(약 7만 5천명) 수준에서 통합이 이루어질 경우 통합시의 인구규모는 약 20만명 이상이 되어 행정기구의 추가 설치가 가능하다[5](행정도시에 예정지와 주변지가 편입될 경우 통합인구는 약 184,000여명). 또한 재정규모도 일반회계기준으로 연기군(1,400억)과 공주시(3,600억)를 합쳐 5,000억원 규모로 확대될 것으로 전망된다.

○ 그러나 청주·청원의 사례에서처럼 도농통합에 양 지역 주민의 합의(주민투표)가 전제되어야 한다는 점과 연기군의 사정과는 달리 공주시의 경우, 통합의 필요성에 대한 인식의 정도가 연기군과 다를 수 있다는 점이 통합에 대한 장애요인으로 작용할 가능성이 높다.

3. 대안 3: 시(市) 승격(안)

1) 법적 요건(지방자치법 제7조 1항, 2항)

○ I 유형: 읍(邑)이 성장하여 그 대부분이 도시의 형태를 갖추고 인구 5만 이상이 되었을 때 해당 읍만 시로 승격시키고 나머지는 군부는 그대로 존치하여 두 개의 대등한 기초자치단체를 만드

실, 정보통신실, 시민국, 산업국 외에 15과가 있으며, 1발전기획단(4팀)이 있다.

5) 「지방자치단체의 행정기구와 정원기준 등에 관한 규정」의 별표 4에 의하면 인구 15만 이상 20만 미만의 시에 대해서는 3개 이내의 실·국과 18개 이내의 실·과·담당관을 둘 수 있으며, 인구 20만 이상 30만 미만의 시에 대해서는 4개 이내의 실·국과 21개 이내의 실·과·담당관을 둘 수 있도록 되어있다.

는 형태

○ Ⅱ 유형: 도농복합형태의 시로 승격하는 경우로 도시지역과 농촌지역을 합쳐 하나의 기초자치단체를 만드는 형태

○ Ⅲ 유형: 계룡시의 사례와 같이 특별법의 제정을 통하여 시의 법적 지위를 부여하는 형태

2) 타당성 분석

○ 연기군이 시로 승격되기 위해서는 지방자치법 제7조 1항 또는 2항의 요건이 충족되어야 한다. 인구 5만 이상 도시형태를 갖춘 지역이 있는 경우이거나 또는 인구 2만 이상의 도시형태를 갖춘 2개 이상의 지역의 인구가 5만 이상이고 군 전체의 인구가 15만 이상이라는 법적 요건을 충족시켜야 한다. 그러나 연기군은 1개 읍 7개 면으로 구성되어 있으며 조치원 읍의 인구는 2005년 현재 34,993명으로 나타나고 있다. 따라서 시로 승격하기 위한 법적 요건을 충족시키지 못하고 있다.

○ 또한 1인당 지방세 납부액, 인구밀도, 최근 5년간 시가지거주 인구 및 도시적 산업종사가구 등과 관련된 법적 요건을 충족시켜야 한다. 연기군 도시 산업종사자 가구비율의 경우 상업, 공업 기타 도시적 산업에 종사하는 가구의 비율이 군 전체의 45%이상이어야 한다. 연기군의 경우 농림어업이 17.9%, 광공업 34.2%, 서비

스업이 47.8%로 기준을 충족시키고 있다. 재정자립도의 경우 2005년 전국 군의 재정자립도는 16.5%인데 반하여 연기군은 21.2%로 그 기준을 충족시키고 있다.

○ 이와 같은 연기군의 현실을 고려할 때, 연기군은 특별법의 제정을 통하여 시(市)의 법적 지위를 부여받을 수도 있다.

3) 기대 효과 및 문제점

○ 법적 지위의 승격
- 시(市)로 법적 지위가 승격하게 되면 새로운 기구의 신설, 인력의 보강, 세원의 확보 등이 가능하게 되어 지역주민들을 위한 기반시설의 확충 및 이에 소요되는 재정수요의 확보가 용이하게 된다.

○ 행정의 능률성 제고
- 시(市) 승격에 따른 독자적인 자치권을 갖게 됨으로써 주민들의 편익과 행정의 능률성을 제고할 수 있다.

○ 주민생활의 편익
- 자치적으로 처리할 수 있는 업무의 영역이 확대됨으로써 주민생활의 편익이 증대된다.

○ 행정 서비스
- 자치단체의 규모가 커짐에 따라 공공서비스의 제공과 행정력

에 있어서 규모의 경제를 갖추게 되어 개발투자와 예산집행의 효율성이 향상되고 행정능률이 제고된다.

4) 대응 전략

○ 연기군의 경우 시(市) 승격의 법적 요건을 충족시키고 있지 못하고 있기 때문에 무엇보다도 시(市) 승격 요건을 갖추는 것이 요구된다.

○ 계룡시의 사례와 같이 특별법 제정을 통하여 시(市) 승격을 추진할 경우 필요성과 타당성에 대한 논리적 근거를 명확히 하여야 한다.

4. 대안 4: 행정도시에의 편입(안)

○ 행정도시의 법적 지위와 행정구역에 관한 입법을 통하여 행정도시에 편입하는 형태

5. 대안의 비교·분석

○ 앞에서 제시된 4개 대안의 비교·분석표는 <표 2-5>와 같다.

<표 2 - 5> 각 대안의 비교·분석

구분	대안 1 (현행 군 유지)	대안 2 (인근 시·군과 통합)	대안 3 (시 승격)	대안 4 (행정도시 편입)
법적 요건	○ 충족	○ 충족 ○ 주민투표	○ 일반시의 경우 미충족 ○ 특목시의 경우 특별법 제정	○ 행정도시의 법적지위 및 행정구역에 관한 법 제정
주민감정	○ 부정적	○ 부정적	○ 다소 긍정적	○ 매우 긍정적
공동체 의식	○ 일체감 높음	○ 타 지역과의 이질감	○ 일체감 높음	○ 일체감 높음
가능성	○ 높음	○ 낮음	○ 낮음	○ 중간
비 고				

Ⅴ. 향후 과제: 지방정부간 협력 및 갈등관리

○ 행정도시의 행정구역 설정문제는 행정도시의 법적 지위 문제와 연계되어 고려되어야 한다. 행정구역 설정은 지방자치단체의 행정권한이 배타적으로 작용하는 공간적 범위를 의미하기 때문에 다양한 요인들이 고려되어야 한다(김병국, 2006). 특히 충남(또는 연기군)의 입장과 충북(또는 청원군)의 입장이 행정구역의 설정에 충분히 고려되어야 한다.

○ 현재 행정도시의 법적 지위와 관할구역에 대해서는 논란이 계속되고 있다. '행복도시 사업, 현재까지 투자된 사회경제적 비용을 고려할 경우 사업 중단 시에 정부정책에 대한 국민의 불신조장과 신뢰상실의 문제가 제기되기 때문에 지방분권과 병행하여 원안대로 추진을 주장하는 견해'(한나라당 권경석 위원), '행복도시에

광역시급 지위를 주고 연기군의 전 면적을 포함해야 한다고 주장하는 견해'(민주당 이낙연 의원), '행복도시 정부직할이 바람직하며, 연기군의 잔여지역도 포함해야 된다는 견해'(자유선진당 류근찬 의원) 등이 제시되고 있다.

○ 현실적인 여건을 고려할 때, 연기군의 잔여지역이 행정도시의 관할구역으로 편입되는 것이 바람직한 것으로 평가되고 있다. 다만, 청원군의 경우 지역주민들이 행정도시의 편입을 반대하고 있다.

○ 최근 지역주민, 충남도, 연기군 및 지역정치권은 지금까지의 갈등과 시행착오를 교훈삼아 행정도시의 관할구역 및 법적 지위와 관련된 세종특별시 설치 및 지원에 관한 특별법(안)의 마련을 위해 공동으로 노력하고 있다.

○ 상호 협력하여 마련되는 특별법(안)에는 ① 행정도시의 건설에 부합하는 법적 지위 부여, ② 연기군 잔여지역 포함, ③ 국가재정 지원확대 및 자주재정 확충, ④ 교육, 산업, 문화 등 자족기능 확충, ⑤ 인접 지방자치단체 구역의 공동화 방지 및 상생협력 발전방안에 대한 주요 내용 등이 명확히 규정되어야 한다.

제3장 행정중심복합도시 추진의 주요 쟁점

― 법적 지위와 행정구역을 중심으로 ―

금창호(한국지방행정연구원, 연구위원)

Ⅰ. 문제의 제기

행정중심복합도시(이하 행복도시)는 참여정부의 핵심적인 국가정책의 하나이다. 국가균형발전을 달성하기 위한 전략의 하나로 수도이전을 공약하였고, 실제 수도이전이 위헌[6]으로 결정이 나자 행복도시의 추진으로 방향을 선회하였다. 이후 2003년부터 준비단계를 거쳐 2008년 착공을 하였다. 행복도시건설계획에 따르면, 2012년부터 행정기관의 이전을 시작하여 2014년까지 이전을 마무리하고, 2030년에 도시건설을 완료하는 것으로 추진일정을 잡고 있다.

물론, 지금까지 행복도시의 건설이 순조롭게 추진되어 온 것은

---

6) 2004년 10월 21일 헌법재판소는 재판관 8대 1로 수도이전은 위헌이라고 판결하였다. 수도가 곧 서울이라는 관습헌법을 폐지하기 위해서는 헌법이 정한 절차에 따른 헌법개정이 이뤄져야 하고, 정부는 헌법 개정절차를 거치지 않았으므로 헌법상 국민투표권을 침해한 위헌이라는 것이다.

아니다. 행복도시의 건설이 입안될 당시부터 타당성에 대한 격렬한 논란이 있었고,[7] 정부차원에서는 금년 2월에 새로운 정부가 들어서면서 행복도시 건설의 정책기조가 근본부터 재검토되는 과정을 거쳤다. 행복도시와 동시에 추진된 혁신도시의 건설효과가 실제보다 과대포장 되었다는 비판이 제기되면서 전면수정의 필요성이 대두되었고, 나아가 현 정부의 정부조직개편에 따른 이전기관에 대한 수정도 불가피하다는 의견도 제시되었다. 특히, 이명박 대통령이 서울시장 재직시절에 참여정부의 국가균형정책에 대해 호의적이지 않았다는 정책적 시각 차이를 근거로 행복도시의 순조로운 추진이 가능하겠는가 하는 우려도 작지 않았던 것이 사실이다. 그러나 현 정부에서 행복도시를 비롯한 참여정부의 국가균형정책을 기본골격에서는 그대로 유지한다는 발표가 있은 후로는 주요한 논란은 수면 아래로 내려간 상황이다.

그럼에도 불구하고, 행복도시의 추진과정에서 제기될 수 있는 쟁점들이 모두 다 사라진 것은 아니다. 우선, 최근에 제기되고 있는 지방행정체제 개편은 행복도시의 법적 지위와 행정구역에 다시금 변수로 작용할 전망이다. 물론 기존에도 행복도시의 법적 지위와 행정구역에 대한 논란이 없었던 것은 아니고, 또한 그에 대한 각계의 다양한 의견과 정부의 내부적 검토가 있었던 것도 사실이다. 그러나 지방행정체제의 개편은 기존의 논의와 또 다른 시각에

---

7) 행복도시의 건설입안 과정에서 주요 쟁점으로 대두된 것은 기술적, 환경적 등 다양한 범위에 걸쳐 있었으나, 역시 가장 핵심적인 것은 정책효과에 관한 것이었다. 즉, 수도권 과밀 및 집중기능의 지방분산 가능성, 수도권 과밀완화 및 발전 잠재력 증진 가능성, 국민통합 가능성, 국토의 효율적 경영 가능성 등과 같은 정책효과에 대해 찬반 양론이 제기되었다(온영태, 2003).

서 검토되어야 할 쟁점사안이다. 따라서 여기에서는 현재 논의되고 있는 지방행정체제의 개편이 행복도시에 어떠한 영향을 줄 것이고, 그에 대한 내용은 구체적으로 무엇인가에 대해서 살펴보고자 한다. 더불어서 지방행정체제의 개편에 따라 행복도시의 행정체제적 내용이 어떻게 달라져야 하는가에 대해서도 고찰하고자 한다.

Ⅱ. 행복도시의 기본현황

1. 추진배경 및 목적

행복도시의 추진배경은 정책효과의 달성여부와 상관없이 매우 명확하다. 참여정부의 핵심적인 국정목표에서도 드러나듯이 국가균형발전을 이루기 위한 전략의 하나이다. 사실 그동안 수도권의 집중현상은 역대정부 모두에서 심각한 문제의 하나로 간주하여 왔다. 이에 따라 수도권의 집중현상을 해소하기 위한 정부의 정책적 노력은 1960년대 이후 지속적으로 전개되어 왔다. 각 시대별로 수도권의 집중현상을 해소하기 위한 방법론적 접근은 차이가 있지만, 원칙적으로 수도권의 과도한 집중이 문제가 있다는 공통적 인식에서 출발하고 있다(김상봉, 2006: 54 – 56).

<표 3 - 1> 수도권 분산화정책의 주요 전개

연 대	주요특징 및 내용
1960년대	• 대도시관리차원과 국방상 이유로 서울인구 집중억제 초점 • 집중에 의한 국가발전논리가 중요
1970년대	• 공업화, 최초 국토계획수립 • 서울인구의 지방분산정책 최초수립 • "수도권 인구분산과 지방고등교육향상(1979)"정책수립 • 수도권 규제정책이 최초 구체화
1980년대	• 지역균형발전 차원의 과제 대두 • 수도권 내부문제의 검토가 시작 • 수도권 정비계획법(1984)의 제정 • 대전행정중심기능육성방안(1987), 대전3청사이전계획 확정 • 수도권내 5개 신도시 개발 본격화(1989)
1990년대	• 지역균형발전과 국제경쟁력강화 동시역점 • IMF기 수도권 규제완화 추진
2000년대	• 신자유주의 조류, 수도권 규제의 비판 움직임 • 국제경쟁력 강화방안에 따른 수도권 개발논리 등장

자료: 김상봉(2006).

그러나 그동안의 노력에도 불구하고, 수도권의 집중현상은 해소되기는커녕 오히려 심화되는 경향까지 보여왔다. 2000년 현재 수도권에는 총 인구의 46.3%, GDP의 48%, 제조업체의 57%, 금융거래와 조세수입의 65% 이상, 벤처기업의 77%, 공기업 본사 83.2%, 100대 대기업 본사의 91%, 기업본사의 82.6% 등이 집중되어 있다(나태준, 2005: 45). 이에 따라 참여정부에서는 지방분권과 동시에 국가균형발전을 국정의 양대 축으로 제시하였다. 이의 일환으로 행정중심복합도시의 건설을 구상하고, 여기에 수도권 과밀해소와 국가균형발전이라는 전략적 목표를 담은 것이다. 물론 수도권 과밀해소와 국가균형발전은 행복도시의 건설만으로 달성되는 것은 아니고, 이를 보완하기 위한 다양한 정책의 동시 추진을 계획한 것이다. 과학도시, 혁신도시 등과 같은 분산정책과 지방분권이라는 분권정책 역시 궁극적으로 수도권 집중현상에 따른 문제를 해결하기 위한 수단적 성격을 가지고 있다.

2. 도시형성 목표

행복도시의 도시형성 목표는 그 명칭에서 보듯이 원칙적으로 행정기능이 집적된 행정도시이다. 그러나 도시의 기능이 단일화된 도시는 역사적으로 존재하지 않는다. 특히, 행복도시가 자족도시를 지향하는 한 단일의 행정기능만으로 도시를 유지 및 발전시킨다는 것은 곤란하다. 따라서 행정기능을 중심으로 하되, 여타의 기능을 포함할 필요가 있다.

행복도시 건설특별법 제6조에 따르면, 행복도시는 4가지의 주요 기능이 포괄된 도시로 구상되고 있다. 첫째, 국가균형발전을 선도할 수 있는 행정기능 중심의 자족도시, 둘째, 자연과 인간이 어우러지는 쾌적한 친환경도시, 셋째, 편리성과 안전성을 함께 갖춘 인간중심도시, 넷째, 문화와 첨단기술이 조화되는 문화정보도시의 조성이 그것이다. 이를 보다 구체적으로 살펴보면, 다음과 같다(공성진, 2006: 28). 우선, 행정기능 중심의 복합형 자족도시이다. 행복도시 건설의 기본방향은 먼저 중앙행정기능의 이전 및 수용으로 중추행정기능을 도시의 주기능으로 하고, 문화·국제교류, 연구개발·교육, 첨단산업 및 의료·복지 등 다양한 도시기능을 유치함으로써 도시경제의 자족적 기반을 갖추도록 하고 있다. 이는 단순히 행정기관과 그 종사자를 위한 주택단지가 아닌 하나의 도시로서 스스로 발전할 수 있는 토대를 마련하기 위함이다. 다음, 자연과 인간이 어우러지는 쾌적한 친환경도시이다. 이를 위하여 정온한 중·저밀도의 미래지향적 주거환경을 조성하고, 주요 녹지축과 하천을 연결하여 인간과 생태·환경이 조화를 이루는 도시공간을 구축하는 것이다. 또한 수질보호를 위해 친환경적인 하천관리를 실시하고, 시민여가활동을 지원할 수 있는 친수공간을 조성하여 살기 좋은 도시환경을 조성한다. 그리고 편리성과 안전성을 함께 갖춘 인간중심의 도시이다. 이를 위하여 인간중심의 대중교통체계를 구축하고, 다양한 계층이 도시의 어느 곳이나 쉽게 갈 수 있도록 장벽 없는 도시를 구현하는 것이다. 지역커뮤니티의 활성화를 통해 공동체 의식을 증진하고 시민들의 다양한 욕구가 충족되는 생활하기 편한 도시를 만들며, 방호·방재 측면에서 종합적인 예방 및 관리체계를 완비하여 시민이 각종 재난으로부터 보호받도록 하는 것이다.

마지막으로 문화와 첨단기술이 조화되는 문화·정보도시이다. 이를 위해서는 지역문화와 세계문화를 함께 수용하고, 과거·현재가 공존할 수 있도록 전통문화유산을 보존하고 계승하여 문화 정체성을 확립한다. 또한 일상생활을 통해 체험할 수 있는 다양하고 특색 있는 문화공간과 문화 프로그램을 제공하여 개성 있는 도시문화를 조성하는 동시에 시민이 참여하는 전자행정과 지식사회를 선도할 정보관리체계를 구축하여 유비쿼터스 도시를 구현하는 것이다.

전술한 바와 같은 도시형성을 위하여 행복도시는 다음과 같은 주요 기능들의 도입을 구상하고 있다. 즉, 국가균형발전의 구심적

기능(중앙행정기능, 국제교류기능, 문화기능), 지역경제 혁신기능(지식기반산업, 교육·연구기능), 도시서비스기능(상업·업무, 도시행정기능) 등이 그것이다.

〈표 3-2〉 행복도시의 주요 도입기능

도입기능	도입목적	세부내용
중앙행정	수도권 기능이전	• 중앙행정기관, 국책연구기관
국제교류	국제·교류	• 국제회의장, 호텔, 전시장 등
종합문화	문화활동의 중심지	• 미술관, 박물관, 종합공연장, 문화거리 조성
지식기반산업	자족적인 도시발전	• 출판, 의료, 통신 등
교육연구	충청권 혁신체계	• 대학교, 기업 및 대학연구소
도시행정 상업업무	편리한 도시생활을 위한 기초기능	• 시청, 시의회, 경찰서, 소방서 등 • 은행, 쇼핑센터 등

자료: 고성진(2006).

3. 도시규모

행복도시의 건설목표 규모는 다음과 같다. 도시면적 72.91㎢에 목표인구는 50만명이고, 인구밀도는 68인/ha로 계획하고 있다. 행복도시에 직접 편입되는 기존의 행정구역은 공주시와 연기군의 5개면 33개 리이다. 공주시에서는 장기면과 반포면의 5개 리의 전부 또는 일부 지역이 포함되고, 연기군에서는 금남면과 남면 및 동면의 28개 리의 전부 또는 일부 지역이 포함되는 것으로 계획하고 있다.

<표 3-3> 예정지역 편입 행정구역

구 분		편입지역
연기군	금남면	• 반곡리, 봉기리, 석기리, 석삼리 전지역 • 대평리, 부용리, 성덕리, 신촌리, 영곡리, 용포리, 장재리, 호탄리, 황용리 일부 지역
	남 면	• 갈운리, 공정리, 나성리, 방축리, 송담리, 송원리, 양화리, 월산리, 종촌리, 진의리 전지역 • 보통리, 연기리 일부 지역
	동 면	• 용호리 전지역 • 문주리, 합강리 일부 지역
공주시	장기면	• 당암리 전지역 • 금암리, 산학리, 제천리 일부 지역
	반포면	• 원봉리 일부 지역

한편, 행복도시의 주변지역으로 편입이 예정된 기존의 행정구역은 공주시와 연기군 및 청원군의 9개면 74개 리이다. 공주시에서는 장기면과 반포면, 의당면의 20개 리의 전부 또는 일부 지역이 포함되고, 연기군에서는 금남면과 남면, 동면 및 서면의 42개 리의 전부 또는 일부 지역 그리고 청원군은 부용면과 강내면의 11개 리의 전부 또는 일부 지역이 포함되는 것으로 계획하고 있다.

<표 3-4> 주변지역 편입 행정구역

구 분		편입지역
연기군	금남면	• 감성리, 금천리, 남곡리, 달전리, 대박리, 도암리, 두만리, 박산리, 발산리, 영대리, 영치리, 용담리, 축산리 전지역 • 대평리, 부용리, 성덕리, 신촌리, 영곡리, 용포리, 장재리, 황용리 일부 지역
	남 면	• 눌왕리, 수산리 전지역 • 보통리, 연기리 일부 지역
	동 면	• 내판리, 노송리, 명학리, 송용리, 응암리 전지역 • 문주리, 합강리, 예양리 일부 지역
	서 면	• 국촌리, 기룡리, 봉암리, 부동리, 신대리, 와촌리 전지역 • 성제리, 쌍전리, 월하리 일부 지역

구 분		편입지역
공주시	장기면	• 대교리, 도계리, 봉안리, 손문리, 은용리, 평기리, 하봉리 전지역 • 금암리, 산학리, 제천리 일부 지역
	반포면	• 국곡리, 도남리, 봉암리, 성강리 전지역 • 원봉리 일부 지역
	의당면	• 송정리, 송학리, 용암리, 용현리, 태산리 전지역
청원군	부용면	• 갈산리, 금호리, 노호리, 등곡리, 문곡리, 부강리, 산수리, 행산리 전지역
	강내면	• 당곡리, 사곡리, 저산리 전지역

4. 추진일정

　행복도시의 건설계획에 따르면, 추진일정은 총 5단계로 구성되어 있다. 1단계는 준비단계로 입지를 선정하고, 예정 및 주변지역을 지정하는 것으로 2005년 상반기에 완료토록 하고 있다. 제2단계는 계획단계로 도시개념의 공모 및 제반분야에 관한 계획을 수립하는 것으로 단계별로 차이가 있으나, 2014년에 완료되는 것으로 하고 있다. 제3단계는 토지매입단계로 2007년 상반기에 완료하고, 제4단계는 건설단계로 2030년까지 완료토록 하고 있다. 마지막 단계는 이전으로 중앙행정기관은 2014년까지 그리고 주민입주는 2030년까지 완료계획을 잡고 있다.

<표 3 - 5> 행복도시건설의 추진계획일정

구 분	추진계획	추진기간
준비단계	• 입지선정 • 예정지역, 주변지역 지정	- 2005년 상반기 완료
계획단계	• 도시개념 국제공모 • 기본계획 수립 • 개발계획 수립(단계별) 　- 기본 및 1단계 실시설계 　- 환경/교통/재해영향 평가 　- 지구단위계획(단계별) 　- 문화재조사(지표/시 발굴)	- 2014년 완료 (사안별 조기 완료)
토지매입	• 토지 및 건축물 조사 • 감정평가 • 토지매입	- 2007년 상반기 완료 (사안별 조기 완료)
건설단계	• 도시기반조성(단계적 개발) • 청사건축 • 주택, 사업빌딩 등 민간건축	- 2030년 완료 (사안별 조기 완료)
이 전	• 중앙행정기관의 단계별 이전 • 주민입주	- 2030년 완료 (사안별 조기 완료)

Ⅲ. 행복도시 특별법과 주요쟁점에 대한 기존논의

1. 행복도시 특별법의 내용

「행정중심복합도시특별법(이하 행복도시특별법)」은 2004년 1월에 제정된 「신행정수도의건설을위한특별조치법」이 위헌결정이 내려지게 됨에 따라 "행정수도이전"정책이 행정중심복합도시로 변경되고, 이를 뒷받침하기 위하여 제정된 법률이다. 동 법률은 2005년 2월 5일에 법률안 발의(의원입법)가 있고, 동년 3월 2일에 국회 본회의에서 의결되었다.

총 8장 71조와 부칙으로 구성된 동 법률의 주요골자는 다음과 같다. 제1장에서는 동 사업의 목적과 기본방향을 등을 규정하고 있으며, 제2장에서는 행복도시가 건설될 공간적 범위의 지정과 관리에 대한 내용을 담고 있다. 제3장에서는 행복도시의 건설을 위한 제반사업계획을 그리고 제4장에서는 행복도시 건설을 위한 추진체제와 추진절차에 관한 내용을 규정하고 있다. 제5장에서는 행복도시 건설에 소요되는 재원에 대한 규정을 그리고 제6장에서는 사업시행에 대한 정부지원대책을 그리고 제7장에서는 기존 법률에 대한 특례 규정을 담고 있다. 제8장에서는 행복도시 건설과정에서 입수한 비밀누설에 대한 벌칙을 그리고 보칙에서는 법의 효력과 경과조치에 관한 내용을 담고 있다.

특히, 여기에서 다루고자 하는 행복도시의 법적 지위와 행정구역에 관한 내용은 제5조 행정중심복합도시의 명칭 등에서 규정하고 있다. 그러나 동 법에서는 "행정중심복합도시의 명칭, 지위 및 행정구역 등에 대해서는 따로 법률로 정한다"고 하여 구체적인 내용을 명시하지 않고 있다. 이는 행복도시의 법적 지위나 행정구역 등이 해당지역 주민들의 주요한 관심사의 하나이고, 그에 따라서 역내의 파급효과가 매우 현저하다는 점에서 각계의 의견수렴이 반드시 필요하다는 판단에서 비롯된 것이다.

<표 3-6> 「행정중심복합도시특별법」의 구성

제1장 총칙	제25조(조성토지의 공급계획)	제50조(잉여금의 처리)
제1조(목적)	제26조(선수금)	제51조(국가예산지출의 상한)
제2조(정의)	제27조(준공검사)	**제6장 사업시행자 등에 대한 지원**
제3조(국가 및 지방자치단체의 책무)	제28조(주변지역 안에서의 사업에 대한 준용)	제52조(지방세 및 부담금의 감면)
제4조(국가균형발전시책의 병행추진)	**제4장 추진기구**	제53조(주변지역지원사업)
제5조(행정중심복합도시의 명칭 등)	제29조(위원회의 설치)	제54조(관련대책의 수립)
제6조(행정중심복합도시건설의 기본방향)	제30조(위원회의 심의사항)	제55조(타인토지의 출입)
제7조(다른 계획과의 관계)	제31조(위원회의 조직)	제56조(손실보상)
제2장 예정지역등의 지정 및 관리	제32조(위원장)	제57조(국·공유지의 처분제한 등)
제8조(개발행위허가 및 건축허가제한의 특례)	제33조(소위원회)	제58조(서류의 열람청구 등)
제9조(토지거래허가구역 등의 지정)	제34조(회의 및 의결정족수)	제59조(자료제공의 요청)
제10조(예정지역등의 지정을 위한 기초조사)	제35조(자문위원회)	**제7장 보칙**
제11조(예정지역등의 지정 등)	제36조(비밀누설의 금지)	제60조(도시계획에 관한 특례)
제12조(예정지역등 지정의 고시 등)	제37조(위원회의 구성 및 운영)	제61조(건축법에 관한 특례)
제13조(예정지역등의 지정효과)	제38조(건설청의 설치 등)	제62조(사업계획승인에 관한 특례)
제14조(예정지역등 안에서의 행위제한 등)	제39조(건설청장의 업무)	제63조(광역교통개선대책의 수립에 관한 특례)
제15조(예정지역등의 해제)	제40조(관계기관 등에의 협조요청)	제64조(보고 및 검사 등)
제16조(중앙행정기관등의 이전계획)	제41조(임·직원의 파견요청 등)	제65조(공공시설 등의 귀속)
제17조(행정중심복합도시광역도시계획)	제42조(여론의 수렴)	제66조(공공시설의 관리)
제3장 행정중심복합도시건설사업 등	제43조(중앙도시계획위원회의 자문)	제67조(벌칙적용에 있어서의 공무원 의제)
제18조(사업시행자의 지정 등)	**제5장 행정중심복합도시건설특별회계**	제68조(권한의 위임·위탁)
제19조(기본계획의 수립)	제44조(특별회계의 설치 및 관리·운용)	**제8장 벌칙**
제20조(개발계획의 수립)	제45조(회계의 세입과 세출)	제69조(업무상 비밀누설죄)
제21조(실시계획의 승인)	제46조(일반회계 및 다른 특별회계 등으로부터의 전입)	제70조(벌칙)
제22조(관련 인·허가등의 의제)	제47조(차입금)	제71조(양벌규정)
제23조(기반시설의 설치 등)	제48조(예비비)	부칙
제24조(토지등의 수용 등)	제49조(세출예산의 이월)	

2. 법적 지위와 행정구역에 관한 기존논의

행복도시의 법적 지위와 행정구역에 관해서는 다수의 논의가 있어 왔다. 특히, 행복도시의 법적 지위와 행정구역은 다양한 시각과 논리에서 접근할 수 있는 여지가 있어 이해정도에 따라 대안이 선택이 달라져 왔던 것이 기본의 논의이다. 행복도시의 법적 지위와 행정구역에 관한 기존의 논의들로는 최병학(2006),[8] 행정도시지원·도청이전기획단(2006),[9] 김병국(2006), 행정안전부(2007) 등과 각종 언론기고 등이 있다.

1) 법적 지위에 관한 논의

기존의 논의들을 종합하면, 행복도시의 법적 지위는 크게 4가지 대안으로 유형화할 수 있다. 단층제형 광역자치단체와 2층제형 광역자치단체, 기초자치단체, 지방행정기관 등이 그것이다(행정안전부, 2006).[10] 우선, 제1안인 단층제형 광역자치단체는 제주특별자

---

8) 최병학은 ① 지방자치·분권의 시대정신에 부응하는 충청남도 소속의 기초지방자치단체로 설정되어야 한다는 점. ② 수도로서의 법적 지위가 없는 지방자치법상의 보통시에 해당한다는 점. ③ 충청남도 소속 기초자치단체에 상응하는 예정지역을 기준으로 행정구역을 설정해야 한다는 점. ④ 도시개발 주체와 도시관리 주체간의 합치화 주장의 논리적 모순이라는 점. ⑤ 이와 같은 행정중심복합도시의 법적 지위부여 및 행정구역 설정은 충남도 산하 기초자치체로 정하되, 특례를 인정해야 한다는 점을 강조하고 있다. 따라서 법적 지위는 기초자치단체인 보통시로 하고, 행정구역은 예정지역만 포함하는 방안을 제시하고 있다.

9) 행정도시지원·도청이전기획단은 행복도시는 행정이 중심이 되고 다른 기능을 복합적으로 수용하여 건설되는 도시로 지방자치의 근본원리나 지방분권의 시대적 정신에 비추어 볼 때 충청남도 관할의 보통시의 지위를 갖는 것이 타당하다고 한다.

10) 김병국은 4가지 대안을 다른 유형으로 구분하고 있다. 즉, 광역자치단체, 기초자치단체, 지방일선행정기관 및 국가 특별지방행정기관 등으로 분류하고 있다. 따라서 국가조직으로 분류되는 지방행정기관을 보통기관인 지방일선행정기관과 특별기관인 특별지방행정기관으로 세분화하고 있다(김병국, 2006).

치도의 법적 지위를 준용한 것이다. 행복도시는 예정지역 전체가 도시지역 및 도시개발구역이므로 도시중심형인 특별시·광역시 체제를 기반으로 설계할 필요가 있다는 것이다. 정부직할의 광역자치단체로 기초자치단체의 사무를 통합하여 처리하되, 예정지역에는 동을 주변지역에는 읍·면을 설치하자는 것이다. 동 대안은 ① 광역행정으로 국가균형발전과 경쟁력 강화를 위한 행복도시의 건설 취지에 부합하고, ② 국가의 중추도시로서의 위상 제고하고 주변지역발전의 거점도시로서의 기능하며, ③ 행정의 효율성 제고 및 주민편익을 증진하며, ④ 지방세입의 광역시세와 자치구세를 통합 운영함으로써 재정운영의 효율성을 증대하며, ⑤ 국회 특위에서 제시한 지방행정체제 개편방안과도 부합함으로 향후 있을 전국적인 행정체제 개편에도 대비가 가능하다는 장점이 있다. 반면에 ① 예정인구를 감안할 때 지방자치단체 출범시기부터 광역으로 설치하는 것은 불가능하고, ② 충청남도의 도세 위축에 따른 강력한 반발이 예상된다는 단점이 있다. 다음, 제2안인 2층제형 광역자치단체는 정부직할의 광역자치단체로 설치하되, 관할 내에 기초자치단체를 별도로 설치하는 대안이다. 이 경우 행복도시의 면적과 산업구조를 고려할 때 도와 시·군의 계층체계보다는 광역시와 자치구 체계가 보다 바람직하다. 다만, 행복도시의 건설계획이 예정지역에 한정되어 있고, 주변지역의 산업구조가 도시화되기에는 일정한 시간이 소요되므로 도농복합적 구조로 설치하는 것이 필요하다. 동 대안은 국가의 중추도시로서의 위상제고와 주변지역 발전의 거점도시로 기능할 것이라는 장점이 있다. 반면에 자치2계층제로 설치하기에는 관할구역과 계획인구가 과소하고, 행정의 효율성 및 통일성의 저하와 행복도시의 기본방향인 자족도시의 구현이 곤란하고, 2030년에 인구 50만을 목표로 하므로 이전에 2계층제의 자치단체 설치가 현실적으로 어렵다는 단점이 있다. 제3안인 기초자치단체는 행복도시 건설계획상의 구역이 속하는 광역자치단체 관할의 기초로 설치하자는 대안이다. 행복도시의 관할구역과 계획인구를 감안하면 기초자치단체의 수준에 적합하고, 특정기능의 집약이 광역자치단체 설치논거는 되지 못한다는 점에 근거하고 있다. 동 대안은 비용절감과 거대화·집중화의 방지와 지방자치법의 개정 없이도 지방자치단체 설립이 용이하고, 도시건설 및 지방자치단체 설치과정에서 도의 적극적인 협조를 얻을 수 있는 장점이 있다. 반면에 국가중추도시로서의 위산반영이 불충분하고, 행복도시 건설관련 정책에 대해 정부와 관할 광역자치단체간에 마찰이 발생할 우려가 있으며, 주변지역까지 포함할 경우 관할구역이 충남·북에 걸쳐 앵 도간 관할구역에 대한 다툼이 발생할 우려가 있으며, 지방자치단체의 공공시설 설치비용의 국비지원 시에 여타 지방자치단체와 형평성 문제를 초래할 가능성이 있다. 마지막 대안인 제3안은 정부직할의 지방행정기관으로 설치하는 것이다. 동 대안에 대해서는 일정기간을 정해서 한시적으로 운영하자는 주장도 있다. 대신에 지역주민의 행정참여 보장을 위하여 읍·면·동에 주민자치센터를 설치하고, 이를 통해서 주민자치기능을 강화하는 보완책이 강구되고 있다. 동 대안은 신속한 의사결정으로 행복도시의 설치목적을 달성하는데 용이하고, 효과성을 제고할 수 있다는 장점이 있다. 반면에 지방자치제를 규정한 헌법에 부합되지 않음으로 헌법개정이 필요하고, 지방자치의 후퇴라는 주장 등 광범위한 비판이 제기될 우려가 있다.

행복도시의 법적 지위에 관한 기존 논의들은 두 가지의 뚜렷한 방향성을 가지고 있다. 하나는 충청남도를 비롯한 충남지역에 소재하는 대학교의 교수들은 대체적으로 충청남도 관할의 기초자치단체로 설치하는 것을 타당하다고 하는 동시에 강력하게 주장하고 있다. 이는 기초자치단체로 설치하는 대안이 나름대로의 논리적 설득력도 있지만, 무엇보다 상당수준 지역이기주의에 기초하고 있는 것으로 해석할 수 있다. 다른 하나는 충청남도에 연고를 가지지 않은 지역의 학자 또는 기관들은 여러 가지 상정 가능한 대안을 제시하고, 충분한 시간을 두고서 협의를 거쳐 최종적으로 대안을 선정하는 견해가 지배적이다. 물론, 특정대안이 보다 타당하다는 단정적인 논거를 제시하기도 어렵지만, 행복도시의 법적 지위는 학문적 논리보다는 정치적 결정에 더 많은 영향을 받을 개연성이 없지 않기 때문인 것으로 보인다.

〈표 3-7〉 행복도시의 법적 지위에 관한 기존논의

대 안	학자 및 논거
광역자치단체(단층제)	• 김병국, 안성호, 홍준형 • 행복도시 건설취지 및 위상제고
광역자치단체(2층제, 기초포함)	• 김병국 • 주변지역의 발전거점 기능 강화
기초자치단체	• 최병학, 행정도시지원·도청이전기획단, 김병국, 신환청 • 지방자치의 근본원리에 부합
지방행정기관	• 상정가능 대안으로만 제시

2) 행정구역에 관한 논의

한편, 행복도시의 행정구역에 대해서는 예정지역과 주변지역 및 인접지역의 3가지 요소를 근거로 확대여부를 기준으로 3가지 대안이 검토되어 왔다(행정안전부, 2006). 행정구역의 적정화는 행복도시의 건설취지에 부합하고, 자치행정의 효율성과 지역주민의 편익성 등을 동시에 고려하되, 행복도시의 복합형 자족도시를 달성하는 것에 초점을 두고 있다. 우선 제1안인 예정지역 기준의 대안은 행복도시 건설에 편입되는 예정지역만을 행정구역으로 하자는 것이다. 동 대안은 관계 지방자치단체의 마찰을 최소화하고, 기존 지방자치단체의 존치 가능성이 있다는 장점이 있다. 반면에 특별법에 나타난 입법취지와 부합되지 않고, 행복도시건설 이후의 개발을 고려할 때 면적이 협소하여 자족도시 건설에 문제점이 초래되고, 도시기능 수행을 위해 필요한 편의시설 확보가 곤란하며, 지금까지의 기본계획·개발계획·환경영향평가·광역도시계획 등이 전면적으로 재검토되어야 하는 단점이 있다. 제2안은 예정지역과 주변지역을 포괄하여 행복도시의 행정구역으로 설정하자는 것이다. 동 대안은 행복도시건설특별법의 규정과 부합하고, 목표인구 50만을 위한 지방자치단체의 규모로 적합하다는 장점이 있다. 이에 비해 기존의 행정구역과 일치하지 않기 때문에 관련 지방자치단체의 변경과 이에 따른 마찰이 예상되며, 연기군은 절반 이상이 흡수되어 지방자치단체로서의 존치문제가 대두되며, 청주시와 청원군간 통합문제가 다시 제기될 가능성이 많다. 제3안은 예정지역에 주변지역뿐만 아니라 인접지역까지 포함하여 행복도시의 행정구역으로 설정하자는 대안이다. 동 대안은 행복도시의 광역화로 중추도시로서의 위상을 제고하고, 주변지역에 경제적·사회적·정치적 영향력을 확산할 수 있다는 장점이 있다. 반면에 특별법으로 지정된 곳 이외의 지역을 행복도시로 수용할 명분이 부족하고, 관련 지방자치단체의 반발로 인한 혼란과 갈등이 예상되며, 행복도시 건설계획상 목표와 예상소요 기간에 변화를 주어 도시건설 전체 공정에 차질을 초래할 가능성이 많다.

행복도시의 행정구역에 관한 논의 역시 의견이 분분한 것은 사실이다. 그러나 전술한 법적 지위에 비하여 다수의 의견이 집약되는 양상을 보이고 있다. 물론 다수 의견의 논거가 여타 대안을 지지하는 논거에 비하여 확정적 우위를 보인다고 단언하기는 어렵지만, 대체적으로 예정지역과 주변지역을 통합하여 행복도시의 행정구역으로 설정하자는 것이다.

〈표 3-8〉 행복도시의 행정구역에 관한 기존논의

대 안	학자 및 논거
예정지역 기준	• 최병학 • 법적 타당성과 현실 적합성 확보
예정+주변지역 기준	• 홍준형, 김익식, 심익섭, 신환청 • 특별법의 취지에 부합 및 목표인구 규모에 적합
예정+주변+인접지역 기준	• 황순덕 • 잔여 지방자치단체 존립불가

Ⅳ. 지방행정체제 개편에 관한 최근논의 분석

1. 개편논의의 전개

최근에 논의되고 있는 지방행정체제의 개편은 크게 보면, 두 가지의 논거에서 출발하고 있다. 하나는 현행의 지방행정체제가 지난 100여년간의 사회변화를 충분히 반영하지 못하여 사회문제의 해결 기제로 적절히 작동하지 못한다는 것이고, 다른 하나는 향후 국가 발전 전략에 비추어 보다 유효한 지방행정체제로 전환되어야 한다는 것이다.

사실, 지방행정체제를 개편하자는 논의는 최근에 촉발된 것은 아니다. 민선단체장이 선출되기 직전인 1994에서 1995년의 2년에 걸쳐 대폭적인 구역통합이 추진되어 다수의 도농복합형태의 시가 설치되었고, 그 이후로도 간헐적으로 논의되어 왔다. 그간에 제시된 지방행정체제의 개편방안은 행정구역에 초점을 두고, 나아가 100개 이내의 광역화 구역을 전제로 하고 있다. 이재오 의원 48개 광역시, 열린우리당 70여개의 광역시, 국회특위의 70여개의 광역시 등이 그것이다.

다만, 최근에 제기된 논의들은 기존의 논의와 비교하여 다양한 방안들이 제시되고 있는 특징을 보여주고 있다. 대안들 중에는 자치2계층을 유지한 채 광역 및 기초의 규모확대를 동시에 추진하자는 주장도 있다. 한반도선진화재단(2008)에서 제기된 주장으로 4-5개의 광역단체와 100여개의 기초단체로 개편하자는 내용이 그것이다.

<표 3-9> 기존에 제시된 지방행정체제 개편대안

구 분	개편안
정치권	■ 이재오 의원('96. 12) 　- 시·도 폐지 　- 전국을 100만 규모의 48개 광역시 체제로 개편 ■ 임시국회('00) 　- 전국을 광역시 체제로 개편 ■ 임시국회('04) 　- 전국을 광역시 체제로 개편 ■ 임시국회('05) 　- '지방행정체제 개편촉구 결의안' 제출(여야 의원 32명) 　- 전국을 광역시 체제로 개편 ■ 열린우리당('05) 　- 전국을 70여개의 광역시 체제로 개편 ■ 국회 특위설치('06) 　- 전국을 70여개의 광역시 체제로 개편
학 계	■ 박승주 외3인('01) 　- 자치구의 준자치구화와 도 폐지 　- 전국을 59개의 광역시로 재편
정부위원회	■ 정책기획위원회 및 새천년준비위원회('99) 　- 광역시의 도 편입 　- 서울시의 자치구 통폐합
최근 논의	■ 정치권 　- 단층제 하의 6-70여개의 자치단체 ■ 정부 　- 단층제 하의 40여개(1012년 완료) ■ 학계(한반도선진화재단) 　- 광역 4-5개, 기초 100여개 　- 자치2계층 유지

자료: 금창호(2008).

2. 기존논의의 유형

　전술한 바와 같이 최근에 논의되고 있는 지방행정체제의 개편대
안은 다양성을 그 특징으로 하고 있다(이승종, 2008; 이기우, 2008;
금창호, 2008; 허태열, 2008; 신도철, 2008). 그러나 이러한 대안들

을 망라하여 유형화하면, 다음과 같은 3가지 유형으로 압축이 가능하다.

1) 자치2층제 하의 기초자치단체 통합

지역 경쟁력 확보(면적, 인구, 재정규모 등)와 역사성을 고려하여 기초자치단체인 시와 군을 통합하되, 특히, 재정자립도가 매우 취약한 기초자치단체의 통합에 역점을 두는 방안이다. 기초자치단체의 통합방법은 자율적 통합을 원칙으로 하되, 중앙정부에서 충분한 유인력을 제공하여 차등적 분권이 가능한 수준을 만드는 것이다. 광역자치단체의 행정구역은 현행대로 유지하되, 기초자치단체의 행정구역이 전국적으로 적정규모화되면, 후속적으로 개편을 검토한다. 또한 중앙과 지방간 기능배분은 행정구역의 개편과 별도로 특별지방행정기관의 정비 및 자치경찰의 도입 확대 등을 통해 추진하여 실질적인 지방분권이 가능토록 하는 것이다.

동 대안의 장점은 ① 시·군 분리 이전의 역사적 동질성 확보로 동일한 생활권 형성이 가능하고, ② 적정규모 확보에 따른 행정비용 및 각종 공공시설의 중복투자비용을 절감하며, ③ 규모의 지역경제 실현으로 지방자치단체의 경쟁력 제고하며, ④ 도기능의 시군 대폭 이양으로 실질적인 자치1층제를 실현한다는 것이다. 이에 비하여 도농통합 과정에서 관련 시·군의 주민합의 도출 곤란(충북 청주시와 청원군의 사례)과 통합으로 공무원 및 지방정치인의 감축에 따른 저항이 예상된다.

2) 자치1층제 전제의 도 폐지

도의 광역자치단체 기능의 폐지로 시·군 중심의 자치1계층화를 추진하고, 지방자치단체의 규모는 70여개 내지 40여개로 재편하자는 것이다. 국회특위의 경우 전국을 70여개로 그리고 정부는 40여개의 지방자치단체로 재편하는 것으로 제시하고 있다. 지방자치단체의 확대개편은 경제권 및 생활권 등을 기준으로 추진하고, 대폭적인 기능이양으로 실질적인 지방분권 확보한다. 그리고 지방자치단체에 이관이 곤란한 기능을 중심으로 도를 국가행정기관으로 전환하거나 도의 완전 폐지 시에는 해당기능을 특별지방행정기관으로 기능을 이관하는 것이다. 국회특위의 경우 원칙적으로 도의 폐지에 대신하여 국가기관의 광역청을 설치하는 것을 제시하고 있다. 동 대안의 가장 큰 특징은 기초자치단체의 확대 재편보다 자치계층을 단층화하는 것에 있다. 단층화와 지방자치단체의 확대에 따른 민주성의 약화는 현재의 읍·면·동을 주민자치센타화하여 실질적인 주민자치가 가능하도록 한다는 것이다.

동 대안의 장점은 1992년 이후 영국 잉글랜드의 카운티 폐지 선례에서 보듯이 행정비용 절감 및 지방분권의 실효성을 제고한다는 것이며, 이에 비하여 도체제의 역사성 상실에 따른 지역주민들의 반대와 공무원 및 정치인 등 기득권 집단의 저항이 예상된다는 단점이 있다.

3) 자치2층제 전제의 광역 및 기초 확대

경제권과 개발권을 중심으로 광역자치단체를 확대 개편하고, 일

정한 행·재정능력을 고려하여 기초자치단체도 역시 확대 개편하
자는 것이다. 광역자치단체는 규모는 논자에 따라 4 - 5개(신도철:
서울주, 경강주, 충전주, 경상주), 8개(금창호: 서울, 경기남부＋인
천, 경기북부＋강원, 충청, 호남, 대구＋경북, 부산＋울산＋경남,
제주) 등 다양하다. 또한 기초자치단체는 확대 재편하되, 구체적인
규모를 제시하기도 하고(신도철, 100여개), 규모와 상관없이 자율적
인 통합을 권장하는 것으로 하자는 대안도 있다. 기능배분 측면에
서는 국방과 외교 등 국가의 필수기능을 제외하고는 대부분의 기
능을 광역자치단체로 이양하여 연방수준의 시스템을 확보하자는
것이다. 특히, 광역자치단체의 확대가 필요하다는 논거로 대외적
경쟁력을 강화하는 것이 시대적 요청이라는 점에서 그에 부합되는
기능을 배분하는 것이 타당하다.

　동 대안은 통합에 따른 지역경쟁력 강화와 경제권과 개발권의
확대에 따른 효율성 극대화를 확보할 수 있다는 장점이 있다. 반
면에 광역단체의 역할강화에 따른 국가 통합성 저하 초래나 개발
위주의 통합에 따른 민주성 저하라는 단점이 있다.

Ⅴ. 행복도시 추진의 주요쟁점과 과제

1. 지방행정체제 개편에 따른 재검토 필요성

　현재 논의되고 있는 지방행정체제의 개편에 따라서 행복도시의

법적 지위와 행정구역을 다시금 검토해야 하는 필요성은 다음과 같은 두 가지 점 때문이다.

하나는 지방행정체제의 개편대안에 따라서는 현재의 논의 자체가 완전히 변경될 필요성이 존재하기 때문이다. 기존에 제시된 대안은 현행의 지방행정체제를 근거로 모색된 것들이다. 그러나 현재 논의되고 있는 지방행정체제는 다소간에 현행의 지방행정체제에 변화를 초래할 것이고, 특히, 단층제 대안이 현실화될 경우에는 매우 큰 변화가 불가피하다. 2층제 대안이 선택되더라도 행복도시의 행정구역 확대는 영향을 미칠 것이고, 단층제 대안이 선택될 경우에는 법적 지위와 행정구역 모두에 영향을 미치게 된다는 점이다.

다른 하나는 지방행정체제의 개편에 대한 정부의 입장에 따라 행복도시의 법적 지위와 행정구역의 검토는 지금과 같은 행복도시의 문제가 아니라 전국적 문제의 하나로 희석될 가능성이 많다는 점이다. 최근 정부에서 밝힌 바와 같이 지방행정체제의 개편을 2010년 또는 2012년까지 완료할 것이라는 계획이 현실화되면, 행복도시의 법적 지위와 행정구역의 문제도 동일선상에서 다루어질 가능성이 많다. 즉, 지금과 같이 행복도시의 특별법에 기초한 별개의 독립적 사안으로 다루어질 가능성은 그리 크지 않다는 점이다. 행복도시의 법적 지위와 행정구역의 문제도 전체 지방행정체제 개편문제의 일환으로 논의될 가능성이 많다는 것이다.

이와 같은 점들 때문에 행복도시의 법적 지위와 행정구역의 문제는 새로운 시각에서 접근되고 검토될 필요가 있다는 것이다.

2. 쟁점 1: 법적 지위와 행정구역의 상관관계

행복도시의 법적 지위와 행정구역에 대한 기존의 논의는 대체적으로 양자를 별개의 사안으로 접근하고 있다는 점이다. 전술한 바와 같이 법적 지위에 대한 4개의 대안과 행정구역에 대한 3개의 대안이 각각 별개로 논의되고 있다. 그러면, 과연 행복도시의 법적 지위와 행정구역이 아무런 상관관계가 없는 것인가에 대한 검토가 필요하다.

현행의 관련법률에 따르면, 행정구역의 크기가 지방자치단체의 법적 지위를 결정하는 요건으로 제시되고 있지는 않다. 광역시의 경우 승격요건으로 인구규모를 고려하기는 하나, 이 역시 명확한 법률규정은 없다. 다만, 광역시의 경우 인구규모 100만명 이상을 관례적인 필요요건으로 고려하고 있다. 따라서 법률적 차원에서는 법적 지위와 행정구역의 규모는 명확한 상관관계가 존재하는 것은 아니다.

그러나 현실적으로는 제주특별자치도를 제외하면,[11] 대부분 인구규모 100만 이상이 광역자치단체의 법적 지위를 보유하고 있다. 따라서 인구밀도의 차이를 감안한다고 하더라도 법적 지위에 따라 행정구역이 상당수준의 영향을 받는 종속변수로 판단하여야 한다. 다시 말하면, 행복도시의 법적 지위를 광역자치단체로 할 것인지 아니면, 기초자치단체로 할 것인지에 따라서 행정구역의 규모가 달

---

11) 제주특별자치도는 2008년 현재 56만명 가량이다. 제주특별자치도가 광역자치단체로서의 법적 지위를 부여받은 것은 지역적 특성에 기초한 것으로 판단된다. 따라서 제주특별자치도는 일종의 의사 지방자치단체로 간주하여도 무방하다.

라져야 한다는 것이다. 이러한 점들을 고려하면, 기존의 논의에서 접근하고 있는 행복도시의 법적 지위와 행정구역을 각각 분리하여 검토하는 방법은 재고될 필요가 있다. 만일 행복도시의 법적 지위를 광역자치단체로 부여할 경우에는 행정구역의 규모를 확대하고, 기초자치단체로 부여할 경우에는 상대적으로 협소한 규모의 행정구역을 획정하여도 무방할 것이다.

3. 쟁점 2: 단층제의 개편대안

현재 논의되고 있는 지방행정체제의 개편대안 가운데, 단층제의 개편대안이 현실화된다면, 행복도시의 법적 지위와 행정구역에 대한 논의는 어떻게 변화될 것인가이다. 전술한 바와 같이 단층제 개편대안은 현행의 도를 폐지하고, 전국의 지방자치단체를 70여개 내지 40여개로 재편하는 것이다. 사실 여기에서 지방자치단체의 수는 크게 중요하지 않을 수도 있다.

우선, 법적 지위에 미칠 영향을 살펴보면, 다음과 같다. 단층제로 전환하는 동시에 모든 지방자치단체를 광역시로 법적 지위를 부여하기 때문에 행복도시도 당연히 광역자치단체의 법적 지위를 갖는다. 그리고 지방자치단체의 하부기관으로는 행정구를 설치하고, 주민의 자치의식을 함양하기 위하여 읍·면·동을 주민자치센터로 전환하여 강화하는 대안이다. 따라서 행복도시의 법적 지위는 기존 논의에서 제시된 단층제형 광역자치단체의 대안을 선택할 수밖에 없다. 특히, 이 경우에는 기초자치단체 대안은 절대 고려할 수 없고, 2층제형 광역자치단체도 행복도시만을 위하여 허용되지는 않을 것이다. 한편, 행복도시의 행정구역도 현재 논의되는 대안들은 전혀 타당한 대안으로 기능할 수 없을 것이다. 단층제의 지방자치단체가 70여개 또는 40여개의 경우 지방자치단체당 평균 인구규모는 각각 65만명 또는 100만여명이 된다. 이를 행복도시에 적용할 경우 목표인구 50만명은 어느 대안에서도 인구규모 충족요건이 되지 못한다. 따라서 지방행정체제가 단층제 방안으로 현실화될 경우에는 행복도시의 행정구역은 현재 논의되는 대안 중에서 "예정＋주변＋인접지역"이 선택되거나, 이보다 더 큰 새로운 행정구역을 설정하는 방안이 강구되어야 할 것이다.

4. 쟁점 3: 2층제 개편대안

최근 논의되고 있는 지방행정체제 개편대안 가운데 2층제 개편대안이 현실적으로 실현된다면, 행복도시의 법적 지위와 행정구역에는 어떠한 영향을 주게 될 것인가 하는 문제이다. 2층제 개편대안은 2가지 유형이다. 하나는 현행의 광역자치단체는 그대로 유지하는 대안이고, 다른 하나는 현행의 광역자치단체를 확대 개편하는 대안이다. 물론 기초자치단체는 양 대안 모두에서 현재보다 확대 개편하는 것이다.

우선, 광역자치단체와 기초자치단체 모두를 확대하는 대안이 선정될 경우에는 행복도시의 법적 지위와 행정구역에 다음과 같은 영향을 미치게 될 개연성이 높다. 우선, 법적 지위에서는 광역자치단체의 지위를 부여받기는 현실적으로 매우 어렵다. 동 대안에 따르면, 광역자치단체의 규모를 4-5개 정도로 재편하게 되는 바, 이를 통하여 대외적 경쟁력을 강화하고자 하는 취지이다. 따라서 50만명 규모의 행복도시를 광역자치단체로 설치하는 것은 합리적 결정이 되지 못한다. 결국, 법적 지위에서는 기초자치단체로 설치할 개연성이 비교적 높다. 행정구역은 확대 개편이 원칙이나, 이는 행복도시의 특수성을 인정하여 다소 예외적인 결정이 내려질 수도 있다.

다음, 광역자치단체는 현행대로 유지하고, 기초자치단체만 확대 개편하는 대안이 선정될 경우에 행복도시의 법적 지위와 행정구역은 다음과 같은 영향을 받게 될 것이다. 동 대안은 기초자치단체만 확대 개편되므로 기존에 논의되었던 대안들이 모두 다 유효한 대안으로 검토될 수 있다. 즉, 법적 지위는 기존의 4가지 대안 가운데 적정대안을 그리고 행정구역은 3가지 대안 가운데 적정대안을 선택할 수 있다. 다만, 전술한 바와 같이 이 경우에도 법적 지위와 행정구역이 기존의 논의처럼 각각 별개의 대안으로 접근되는 것은 타당하지 않다.

제4장	충남도청 이전과정에서 이해관계자 (stakeholders)간 갈등관리

Ⅰ. 시작하면서

충남도청 이전의 성공적 추진을 위한 주요 과제는 신도시의 정체성과 자족기능의 확보, 자연환경 여건을 활용한 생태환경도시의 조성, 신도시 조기 활성화를 위한 선도프로젝트의 유치 등이다.[12]

본 연구는 충남도청 이전과 관련하여 해당 자치단체와 사업기관, 지역주민, 지역 NGO, 언론 등 이해당사자들 간의 갈등문제와 해결방안에 관한 것이다. 행정구역은 인구규모의 성장과 행정수요의 증가로 분화되기도 하며, 교통·통신의 발달과 통솔범위(span of control)의 확대 등으로 인접 지역이 통합되기도 한다.

광역시는 원래 다른 일반의 시나 군과 마찬가지로 도의 관할구

---

12) 2008년 1월 24일 덕산에서 개최된 창조적 도청이전 신도시 조성방안을 위한 국제심포지엄 자료집

역 안에 있는 기초적 자치단체였으나, 인구집중과 도시규모가 커짐으로써 대도시 행정의 특이성과 그 효율적 수행이라는 견지에서 다른 기초자치단체와 법적 지위를 달리하지 않을 수 없게 되었으며, 종전의 도(道) 관할구역에서 이탈하여 정부직할의 자치단체로 설립되었던 것이다(김형배, 1988: 88). 이런 경우에 도청은 당연히 직할시에서 분리되어야 하지만, 중앙집권적 통치방식이나 관할 범위에 대한 별도의 법적 조치가 취해지지 않으면 중층 구조를 동시에 통할하는 데 큰 문제가 없었다.[13]

그러나 1988년 개정 지방자치법에서는 광역시 권역 내에 자치구의 설치가 가능해 지면서 또 하나의 관할 구역인 도(道)청사를 존치시키는 것이 자치제의 본의에도 맞지 않게 되었다. 충청남도와 경상북도는 대전과 대구광역시가 그 법적 요건을 구비하여 분리되었지만, 이전(移轉)비용을 포함한 제반 여건이 조성되지 않았다는 이유로 분리된 광역시, 즉, 과거 행정구역 내에서 상당기간 더부살이를 한 셈이다.[14]

충남도청 이전은 도민의 오랜 염원이자 숙원사업이었지만 정치적 이유 등으로 감춰진 의제(hidden agenda)의 지위에 처해 있었고, 선호시설이라는 특성 때문에 자치단체 간 치열한 유치경쟁으로 수차례 갈등관계가 지속되었다. 하지만 주민합의를 통한 합리적인 입지선정 방안에 대한 충남발전연구원과 관련 전문가의 노력과 숙의를 거쳐 자발적 참여를 통한 협상과 갈등해결 방안이 마련되었다.

---

13) 1963년 부산직할시 승격 이후 1983년에 경남 창원으로 이전되는 등 1988년 지방자치법 개정 이전까지 상당 기간 직할시와 도의 업무를 동시에 관장하였다.

14) 대구광역시와 인천광역시는 1981년 7월 1일 시행된 '대구직할시 및 인천직할시 설치에 관한 법률'에 의해서 광주광역시는 1986년 11월 1일 시행된 '광주직할시와 송정시 설치에 관한 법률'에 의하여 승격되었다.

급기야 기초자치단체 6곳이 후보지를 제안하였고,[15] 지역별 요구
사항을 상호 조율한 후 내·외부 전문가의 의견수렴과정을 거쳐
최종 입지선정에 성공하였다.[16]

연구범위는 공간적으로 충남 도청신도시가 위치하게 될 홍성과
예산군으로 한다.[17] 시간적 범위는 입지선정기로 하되, 2006년 2
월 12일 입지선정 평가위원회에서 후보지를 선정하였고, 동 28일
에 도의회에서 조례로 제정되어 그 과정에서 제기된 갈등은 비교
적 원만하게 해소되었다는 가정하에 본 연구는 그 이후의 진행과
정에서 발생했거나, 향후 발생할 수 있는 사안을 중심으로 살펴본
다. 연구방법은 인터넷 및 지역신문, 관보 등 자료분석과 지역 내
이해관계자에 대한 면담조사를 통해 다양한 시각에서 이들의 역할
분석에 중점을 둔다.

연구 내용은 도청이전과정에서 관계된 이해관계자의 역할과 갈
등관계 분석 및 해소방안에 관한 것이다.[18] 그 주요 내용은 몇 가
지로 요약될 수 있는데, 관련 기초자치단체인 홍성군과 예산군의
관계와 역할, 사업주체인 충남도와 충남개발공사 그리고 공동사업
자인 대한주택공사와 한국토지개발공사의 역할분담 관계, 대상 지

---

15) 2005년 하반기에 홍성·예산군, 청양군, 당진군, 보령시, 논산시, 아산시 등 6개 시·군에
서 충청남도 도청 입후보지를 제안하였다.

16) 경북 도청은 2008년 6월, 안동군 풍천면·예천군 호명면 일원으로 입지 선정되었으나, 타
자치단체(상주시, 영천시) 반발과 도의회 심의과정을 통과하지 못하면서 법적 분쟁이 진행된
바 있다.

17) 본 연구에서 도청이전 예정지 홍성군 홍북면과 예산군 삽교면에서 군(郡)의 순서는 충청남
도 시·군 직제순서에 의거하여 홍성과 예산의 순서로 기술되었다.

18) 본 연구는 저자가 지역대학에 재직하면서 충남도청 입지선정 평가위원(2006. 2), 홍성 지
역 도청유치위원회 위원(2004~6), 홍성 지역 각종 정책자문위원(2003~현재) 등의 경험
을 바탕으로, 지역 내 관련 전문가에 대한 인터뷰와 각종 언론매체를 통해 제공된 자료에
의존하였기 때문에 일정 부분 개인적인 의견임을 밝혀 둔다.

역 토지수용 과정에서 지역주민들과 갈등관계, 도청신도시의 위상과 배치문제, 도청신도시의 행정구역과 명칭선정 문제 등을 대한 것이다.

본 연구의 한계는 선행연구 및 갈등 관련 이론에 대한 전반적이고 구체적인 논의를 분석적으로 전개하지 못해 정치(精緻)하지 못한 부분이 많으며, 충남도청 이전이라는 지역개발사업은 현재 진행과정으로 이미 발생한 문제와 향후 발생할 수 있는 잠재적인 문제에 대해 이해관계자의 역할 및 갈등해결 방안에 대한 시론적인 제안에 한정된 것이다.

Ⅱ. 갈등과 이해관계자에 대한 이론적 고찰

1. 갈등관리의 의의

1) 갈등의 개념 및 성격

갈등은 인간사회의 보편적인 현상이며, 개인·집단·지역·국가 등 다양한 행위자 간에 발생한다(심준섭 외, 2008: 32). 둘 이상의 갈등주체 사이에 발생하는 현상으로 그 주체는 조직 내 개인, 집단 그리고 이들 전체를 포함하는 조직 전체가 해당되며, 대립감과 대립적 행동을 내포하는 동태적인 과정을 포함한다.[19]

---

19) 갈등이란 '하나의 인간이 둘 이상의 상호 정반대되는 행위에 종사하도록 동기가 부여된 상황'(Murray, 1984: 138), '조직을 구성하는 개인 간, 집단 간 및 조직과 조직 간에 잠재

갈등의 성립은 갈등주체가 존재하는바, 개인, 집단, 조직이 모두 포함되며, 양 당사자를 전제하는 경우에만 존재할 수 있다. 또한 갈등당사자들의 가치나 목표에 대한 의견의 불일치에 대한 인식이 있어야 하며, 아무리 곤란하고 어려운 상황이라 할지라도 당사자가 느끼지 못하고 알지 못하면 갈등이 야기되지 않는다. 갈등은 대립적 행동이 직접적으로 나타나지 않더라도 당사자들이 갈등을 지각하고 긴장, 불안, 적개심을 느끼기 시작하면 이미 갈등이 내재된다.

무엇보다 갈등은 당사자들 간에 동태적 상호 의존적 과정으로 문제를 둘러싸고 관련 당사자 간 역동성에 의해 발생되며, 갈등해결은 이들 간에 교환, 협상, 타협을 통한 상호 작용에 의해서만 가능해질 수 있다.

2) 갈등의 본질과 유형

갈등은 양립 불가능한 목표들을 지닌 당사자들이 출현하는 구조와 조건들에 논의의 초점을 맞추며, 자원의 특성과 자원의 배분구조에 연구의 핵심을 둔다(심준섭 외, 2008: 34). 이와 같은 갈등관리 대안으로 협상이 논의될 수 있는바, 갈등이 주로 사람들 간의 견해 차이에 대한 인식을 의미하는 것과는 달리 협상은 둘 또는 그 이상의 사람들이 희소자원을 어떻게 배분할 것인가에 관해 합의를 이루어 가는 의사결정과정이다(Thompson, 1998).

적 혹은 현재적으로 대립하고 마찰하는 사회적, 심리적 상태'(김홍식, 1993: 7 - 8), '조직 내의 의사결정에서 대안 선택기준이 애매모호하여 어느 대안을 선택해야 할지 곤란을 겪게 되는 상황'(March & Simon, 1958: 112), '조직 내에서 목표의 양립, 지각의 차이가 존재할 때 행동주체 간 일어나는 대립적 상호 작용'(오석홍, 1994: 594 - 595) 등으로 정의되고 있다.

갈등의 형태는 먼저 개인적 갈등으로 당사자의 수에 따라 양자적 갈등(dyadic conflict)과 다자적 갈등(multi - party conflict)으로 구분될 수 있으며, 집단적 갈등은 개인적으로 소속된 사회적·문화적 또는 정치적 범주들을 대표하는 상이한 집단 간의 갈등을 말한다. 갈등의 유형은 크게 동의갈등(consensus conflict)과 희소자원경쟁(scarce resource compensation)으로 구분된다(Druckham & Zechmeister, 1973). 전자는 어떤 사람의 의견, 신념, 생각 등이 동의형성을 위해 노력하게 되며, 후자는 상대방이 자신과 동일한 희소자원을 획득하기를 원하고 있다고 인식하는 경우에 발생된다.

3) 갈등해결을 위한 접근법

(1) 전통적 접근방법

근본적으로 당사자 간 갈등이나 분쟁이 발생한 경우에 제3자인 전문가 등 엘리트에 의해 대안을 제시하게 하고 갈등이나 분쟁당사자가 이를 수용하도록 하는 해결방안을 말한다.

(2) 대안적 접근방법

이 방법에는 두 가지 접근법이 제시될 수 있으며, 먼저 당사자의 협상능력에 의존하는 자율적 분쟁조정방안은 이해당사자가 직접 협상을 지원하고 촉진시키는 방안으로서 다양한 조정대안과 협상조건을 개발하여 가능한 분쟁해결 방안을 도출케 하여 분쟁이나 갈등의 해결하는 방안이다.

다음으로 중립적인 제3자에 의한 협상방식으로 제3자의 역할에 따라 분류가 다양하다. 일반적으로 이해당사자 간의 갈등이 심하여 교착상태에 빠진 경우 당사자가 간의 협상을 촉진시키기에 적당한 방법이다.

(3) 단계별 접근방법

갈등 및 분쟁을 진행 단계별로 구분하여 초기 문제화 단계, 분쟁가시화 단계, 교착상태로 구분하여 이해당사자 간의 갈등관계를 해결하는 방안이다.

4) 정책갈등의 조정 전략

(1) 일반적 갈등관리 방법과 전략

일반적인 갈등관리 방법으로 다음의 몇 가지가 제시될 수 있다 (이달곤, 2005: 11). 첫째, 갈등당사자 중 어느 한편이 우월적인 지위를 활용하는 방법이다. 당사자 일방이 상대방이나 갈등상황을 지배하고 장악하는 방법(domination)이 대표적인 유형이지만, 반대로 당사자 일방이 자율적으로 복종하는 방법(submission)도 여기에 속한다. 둘째, 갈등해소를 위하여 적극적인 노력을 보이지 않을 수도 있다. 근본적인 문제나 갈등원인으로부터 되도록 거리를 두고 있거나, 문제해결방법에 손을 떼는 방법이다. 셋째, 제3자의 적극적인 개입이다.[20] 갈등당사자들로서는 적절한 해결책을 구할 수가 없기 때문에 효과적이라고 믿는 제3자에게 해결책을 위탁하는 방법이다. 마지막으로 협상이다.[21] 협상은 공통되면서도 동시에 상반되는 이

---

20) 심준섭 외(2008)는 제3자 개입에 의한 유형으로 조정(mediation)이나 중재(arbitration)를 들고 있다.

21) Bercovitch(1984)는 갈등관리 유형을 당사자 사이의 내생적 갈등관리와 제3자가 개입하는

해관계 상황에서 일면 협조하고 타면 경쟁하면서 전략적으로 자신의 이익을 증진시키기 위하여 조우하는 행위유형을 지칭한다(이달곤, 2005: 12). 갈등당사자가 주도적으로 문제를 해소하려고 하며 가능하면 이질적인 가치의 교환을 통하여 갈등 관련자 전체의 이익을 증진시킬 수 있는 방법도 모색한다. 그리고 일방적인 굴복이나 제압보다는 당사자를 존중하고 상호 제의를 명시적으로 교환함으로써 합의를 만들어 가려고 노력한다.

(2) 갈등관리 방법 및 협상을 통한 조정

갈등관리 방법도 갈등당사자들이 직접 접촉 후 문제해결로 갈등의 원인이 되는 문제를 공동 해결하는 방법이 있는가 하면, 상위목표를 설정하여 갈등을 완화한다. 그 외에도 공동의 적을 확인함으로써 갈등을 해소 또는 잠복시키거나, 자원을 증대하는 방법, 의사결정의 연기나 당사자들의 접촉방지 또는 행동억압 등에 의한 갈등회피 방안을 들 수 있다. 그 이외에도 유사성이나 공동이익을 강조함으로써 갈등을 완화할 수 있으며, 타협과 명령, 태도변화 훈련, 인사교류나 조정담당기구의 설치 및 이의제기제도의 실시 등 구조적인 요인의 개편을 통한 갈등관리 방안도 때에 따라서는 효과적이다. 무엇보다 갈등 당사자들이 서로 다른 선호를 가지고 있을 때 공동의 결정을 해 나가는 과정이 협상이다.

협상은 갈등을 관리하는 하나의 대안이다(심준섭 외, 2008: 35). 갈등이 주로 사람들 간의 견해의 차이에 대한 인식을 의미하는 것과 달리 협상은 둘 또는 그 이상의 사람들이 희소자원을 어떻게

외생적 갈등관리로 구분한 후, 흥정과 협상은 내생적 갈등관리 방식, 조정과 중재는 외생적 갈등관리 방식으로 설명한다.

분배할 것인가에 관해 합의를 이루어 가는 의사결정과정이다 (Thompson, 1998). 협상은 인식된 이해의 갈등을 해결하기 위해 이용되는 여러 수단 중의 하나로 갈등나무(conflict tree)는 갈등과 협상의 관계를 잘 설명해 주는 모형이라 할 수 있다.

협상의 전략에는 분배적 협상(distribute negotiation)과 통합적 협상(integrative negotiation)으로 나누어 볼 수 있다(오석홍, 2004: 458). 전자는 각기 자기 몫을 주장하는 당사자들의 입장에 초점을 맞춘 협상이며 당사자들의 입장이 강경할 때에는 승패상황이 벌어진다. 당사자의 입장이 부드러울 때에는 서로 상대방을 위해 부분적인 양보를 함으로써 갈등을 타결할 수 있다. 후자는 당사자들이 모두 승리자가 될 수 있도록 공동이익 또는 효용을 키우는 방향을 지속적으로 탐색한다(Schermerhorn, 2000: 385~388).

2. 이해관계자 유형

지역개발사업은 경제적·재산적 가치변화와 관련이 깊고 이해관계자 유형이 다양하다. 개발주체인 당해 기관과 대상집단인 지역주민, 지방의회, 기초자치단체, 지역NGO 등을 들 수 있다.

1) 지역주민

정부가 추진하는 각종 정책에서 일반적으로 대상집단인 주민은 갈등당사자로서 최우선 고려의 대상이다. 특히 혐오시설과는 달리 도청은 지역주민들의 경제활동과 재산가치를 상승시켜 줄 수 있는 선호시설로 분류되고, 이전 문제는 지역개발사업 형태로 진행되어 재산권 행사와 관련된 당해 지역 내 주민들의 이해관계가 첨예하다.

2) 행정기관

(1) 자치단체

자치단체에는 시·군의 기초자치단체와 도(道)의 광역자치단체가 있으며, 도청은 입지선정과정에서 광역자치단체인 도(道)가 주요 역할을 하지만, 이전과정에서 주민생활 및 각종 명칭, 행정구역 등의 제반 문제는 당해 기초자치단체의 관심사이다.

(2) 중앙정부

'도청이전 특별법'이 08년 2월 26일 국회 본회의에서 전격 의결, 통과됐다. 특별법의 주된 내용은 도청이전사업에 대한 국비지원의 근거를 마련하고, "신도시 건설에 따른 절차이행에 행·재정적 낭비를 최소화할 수 있도록 각종 인·허가 등을 의제 처리토록 규정한 것"이 특별법의 핵심이며, 최대 걸림돌로 지목돼 온 재원조달문제인 국비 6000억 원 이상을 배정받게 되었다.[22]

(3) 사업주체(시행기관)

충남개발공사와 대한주택공사, 한국토지개발공사가 공동사업자로 협력관계를 유지하며, 감정 및 보상업무와 개발업무 등 제반 업무

---

22) 홍성타임즈(08. 3. 3). 도청이전특별법 제정 박수 보낸다. 이 법안의 통과는 또 다른 중요한 두 가지 의미가 있다. 하나는 홍성군민에게 '하면 된다'는 자신감을 심어 준 것이고, 또 다른 하나는 홍문표 의원과 이완구 지사의 협력작품이라는 점이다. 법률안 심의과정에서 충남도청 이전본부 직원들이 국회에서 살았는가 하면, 중앙부처를 찾아다니며 특별법 제정의 필요성을 설명하는 등 각고의 노력을 전개했다고 한다.

는 분업체제로 추진하고 있어 개발권역별로 사업주체가 차이가 있다. 다만 총괄기획 및 각종 분양과 관련해서는 충남개발공사와 협의하에 진행하는 것으로 되어 있다.

(4) 지방의회

도청 이전사업은 입지선정과정에서부터 집행기관에 대한 협력관계를 유지하였으며, 지역여론의 대변자 역할을 하게 된다. 다만 집행기관과 갈등에 대한 효과적 해결을 위해 사전협의제 및 주민투표제 등이 필요하다.

(5) NGO 및 이익단체

지역 내 가장 관심이 큰 단체는 기초자치단체의 지역발전협의회 등이며, 이익단체형태의 결사는 보상협의추진위원회가 해당되며, 이 외에도 경실련, 환경운동연합, 참여연대 등이 대표적이다.

3. 갈등 관련 선행연구 검토

사회문제 해결을 위한 접근방법이 다양한 것과 마찬가지로 자치단체 간 갈등현상에 대한 원인분석과 해결책을 제시하는 방법도 다양하다.[23] 갈등문제에 대한 선행연구들은 크게 제도적 접근, 게

---

23) 심리학에서 갈등은 눈덩이에 비유된다. 작은 것에서 불신이 싹트면서 감정이 쌓여 눈덩이처럼 불어난다는 것이다. 개인은 물론이고 집단 간의 갈등도 마찬가지이다. 마치와 사이먼에 따르면, 갈등을 일으키는 조건으로 첫째, 공동적인 의사결정의 필요에 대한 인식, 둘째, 목표의 차이, 셋째, 현실에 대한 지각 차이를 들고 있다(March & Simon, 1958: 113 - 117). 여기서 첫 번째의 조건은 항상 성립되어야 하고, 두 번째 또는 세 번째의 조건 가운데 하나가 성립되면 갈등이 야기된다고 보고 있다.

임이론적 접근, 사회심리적 접근, 협상론적 접근, 정치적 및 경제적 접근 등으로 정리된다(강인호, 2008: 29 - 30).

첫째, 제도적 접근방법으로 갈등현상 분석과정에 '제도'에 초점을 두는 것으로, 최근 이런 방법이 폭넓게 활용되고 있다. 이 제도는 일종의 규칙으로 공식적 규칙과 비공식적 규칙을 망라하고, 어떤 문제영역에서 문제해결규칙의 집합을 말한다. 사례로 공유자원의 효율적 관리를 위해서 제도적 규칙의 중요성(김인, 1998)이 제시된 바 있으며, 구체적인 갈등해소 방법은 제도적 틀이나 문제해결의 규칙들을 통해서 갈등이 조정되고 협력이 유도된다는 점이다.

둘째, 게임이론적 접근방법으로 갈등을 행위자 간 전략적 게임이나 죄수의 딜레마 구조하에서 각 행위자의 전략적 대응행동에 따른 갈등해소 및 협력의 조건으로 설명하고 있다. 갈등해결은 정책딜레마 발생을 방지하는 것이며(소영진, 1999), 행위자의 전략적 대응행동을 분석하고 이에 따른 협력적 방법을 제시한다.

셋째, 사회심리적 접근방법으로 틀 짓기(frame) 개념을 통한 접근방식으로서 갈등문제의 본질적 규명과 갈등해결의 출발점은 이해당사자들이 갈등사안과 행위자를 어떻게 인지하고 또 그것을 어떻게 해석하느냐에 따라 달라진다고 본다. 갈등을 사회심리적으로 접근하는 방식에서는 프레임이나 해석의 틀이 갈등을 해석하는 하나의 렌즈로서 역할을 하고, 이러한 렌즈가 재구성될 때(reframing)에 비로소 갈등이 해소된다는 점을 시사해 주고 있다.

넷째, 협상론적 접근방법으로 갈등해결에 협상의 중요성을 강조한다. 갈등당사자 간 협상과정에서 협상의 우선순위와 협상교환기술(이선우 외, 2002), 협상의 전략(김상구, 2002), 분쟁조정과정에서 협상의 효율적 방법(하혜수, 2003) 등을 강조하고 있다. 갈등은 결국 협상으로 풀어야 하는데, 이 과정에서 다양한 협상관리전략과 기술을 강조하고 있다.

다섯째, 정치적 및 경제적 접근방법으로 정치적 시각에서 접근은 갈등 자체를 정치적 문제로 보고 갈등해결을 위해서는 단체장 간 협상과 조정을 통해 해결될 수 있다는 것이다. 갈등해결은 정치적 과정을 통해 정부 간 양보와 타협, 제3자 조정수단으로 해결된다는 점을 강조한다. 경제적 접근은 갈등을 비용과 편익의 불공평성에서 발생한다고 보고 이를 해결하기 위해서는 경제적 보상이나 투자를 통해 해결이 가능하다고 보고 있다(김진욱, 1997, 백종섭, 2002).

4. 충남도청 이전사업 개요

1) 신도청 입지선정과정

1988년 지방자치법 개정에 의해 직할시 내의 '구(區)'가 자치단체로 승격되었고, 대전시는 1989년 1월 1일부터 기존의 소속도인 충남에서 이탈하여 광역시가 되었다. 그 결과 충남도와 대전광역시는 '도-시·군', '광역시-자치구'라는 2계층의 동일한 형태를 형성하게 되었다. 따라서 충남도청은 대전광역시에서 이전되는 것이 순리였으나, 그 이후 여러 가지 이유로 17년간 충남 행정구역으로 이전되지 못했다가, 도민들의 오랜 염원과 16개 기초자치단체 간 협의, 세 차례 연임한 민선 지사의 의지와 역량 결집으로 2006년

2월 도청입지선정평가위원회에서 최종 결정되었다.

충남 지역의 싱크탱크인 충남발전연구원이 주관하여 16개 시·군과 의회에서 평가위원을 추천하고, 객관성과 합리성을 확보하기 위해 입지선정 분야 관련 학회 등의 전문가로 외부평가위원 38명을 위촉하여 '도청입지선정평가위원회'가 구성되었으며, 동 위원회의 현장실사와 심의결과를 토대로 최종 후보지가 입지선정되었고, 이를 충남 도의회가 조례로 확정함으로써 동년 3월부터 충남도청 소재지는 '홍성군 홍북면과 예산군 삽교면 일원'으로 변경된 바 있다.

2) 도청신도시 사업개요 및 경과

2006년 2월 충남도는 홍성군 홍북면과 예산군 삽교읍 일원에 충남도청 신도시 건설 사업을 추진키로 결정했다. 도시개발구역지정(안)에 따르면 도청신도시는 2030년까지 홍성군 190만 평과 예산군 110만 평 등 총 300만 평(홍성 190만 평, 예산 110만 평) 규모에 인구 12만의 광역행정중추도시로 육성되며 총 사업비는 2조 3000억 원 규모다.[24)]

07년 4~5월에 보상추진위원회 구성과 도시개발구역 지정, 11월에 개발계획안이 작성되었고, 08년 9월까지 보상은 86%가 진척되었다. 2009년 초 기반공사를 시작으로 2010년 1월 도청청사 건축공사를 착공, 2012년 12월 기반시설 설치와 도청 건축 공사를 완

---

24) 사업비 세부내역은 △청사 건축비 3000억 원과 △지방도 609호선 확장비 2400억 원 △용지비 4930억 원 △조성비 8714억 원 △이주대책비 386억 원 등이다. 신도시 내부에는 도청 신청사를 중심으로 레저기능과 연계된 홍성생활권, 예산생활권 등 5개 생활권, 대학캠퍼스, 산학협동단지, 웰빙관광단지, 정보기술(IT) 및 생명공학기술(BT)단지, 종합병원 등이 들어서는 것으로 확정되었다.

료할 계획이다.

도시 확장기인 2013년부터 2022년까지는 테크노파크와 지식기반형 산업용지가, 도시성숙기인 2023~2030년에는 인구증가에 따른 주거용지와 공원, 녹지가 본격적으로 조성될 계획이다. 도청이전에 따른 각종 애로사항과 진행경과는 다음과 같다.

1) 재원확보문제

재원확보문제는 계획 당초 우려했던 것과는 달리 매우 순조로운 편이다. 도청신도시 조성 사업비는 국비 및 도비 7500억 원과 토지공사, 주택공사 등 사업시행자 부담 1조 5500억 원 등 모두 2조 3000억 원이다. 먼저 국비 5600억 원은 08년 2월 '도청신도시건설특별법' 제정으로 가능해졌다. 이는 07년 3월 도청이전 조례를 제정한 경북과 국비 확보를 위한 공조에 나선 결과로, 동년 4월 양해각서 체결 이후 건교부 등 정부부처 관계자 및 홍문표 前 국회의원 등과 논의를 통해 9월 정기국회에서 관련법 통과를 기대했으나, 다소 지연되어 08년 초 임시회에서 특별법으로 제정된 바 있다.

2) 인구유입문제

2012년 충남도청 신청사 이전에 앞서 심각한 과제라 할 수 있다. 이를 위해 천안과 아산신도시를 연결하는 장항선 전철화 사업은 도청신도시 역까지 연결이 필수적이며, 이러한 점을 고려해 충남도는 전남도의 도청이전에서 나타난 시행착오를 반복하지 않기 위해 노력한 결과, 최근까지 214개 도 산하기관 중 110개 유관기관이 이전신청서를 제출하였다.

도청 청사건립 시기에 맞춰 도시개발 및 인구유입시설 조성 등을 병행하여 추진한다는 방침이다. 인구 12만 명의 도청신도시 조성과 관련, 215개 기관 이전에 따른 인구 5만 명과 교육 및 산업단지 입주 5만 4000명, 아산과 천안 등 주변도시 주민의 입주 희망자 1만 6000명 등의 유입을 예상하지만 어디까지나 가능성의 문제로 미지수다.

3) 도청 신청사 입지선정과 법적 지위문제

우선 가장 민감한 문제였던 도청 신청사 입지는 주민화합과 접근, 복합적이고 단계적인 개발계획 수립이 용이한 홍성과 예산군의 경계 지점으로 확정되었다. 다만 도 청사의 주소 등록문제나 건축허가 등 행정처리가 홍성과 예산으로 이중화되는 문제가 남아 있으며 향후 해결해야 할 과제이다.

특히 향후 신청사 입지 선정 못지않게 '도청신도시의 별도 행정구역화' 문제가 새롭게 부각될 전망이다. 실제로 신청사가 양 군(兩郡)의 경계에 들어설 경우, 주소등록과 건축허가 등 행정처리가 양 군으로 이중화되는 등 도청신도시의 법적 지위 설정은 중요한 과제로 남게 될 것이다.

도는 이 문제가 2012년 이전 이후에나 논의될 과제라고 설명하지만, 홍성과 예산 주민들은 벌써부터 인구유출 등에 따른 공동화를 우려하고 있고, 신도시 개발구역 명칭은 공모(公募)를 하고도 지역주민의 갈등을 우려해 발표를 늦추고 있다.

또한 도청신도시 주변 시·군들이 산하기관에 대한 분산배치 요구도 해결해야 한다. 홍성에는 07년 2월 충남개발공사가 들어섰고,[25] 예산에는 충남종합건설사업소가 각각 들어섰지만, 기타 시·군은 인구유출 등 공동화를 제기하며 균형발전 측면에서 기관의 분산배치를 요구하고 있다.

4) 주민보상 문제, 투기 및 위장전입

07년 2월까지 진행된 주민공람 및 공청회 결과 자신의 토지를 도시개발구역에서 제외 또는 편입해 달라는 이의신청이 11건 접수됐다. 충남도는 합리적인 토지이용계획상 이를 수용하기 어렵다고 판단, 해당 주민들에 대한 설득에 나섰다. 그 결과 08년 5월 도시개발구역지정 완료와 함께 토지보상과 이주대책 마련 등의 문제가 일부 제기되었지만 보상추진위원회를 통해 비교적 원만하게 합의되었고, 사유재산권 침해 등에 대한 일부 주장은 주민설득을 거쳐 더 이상 이슈화되지 않고 있다.

충남도는 07년 4월 공무원 4명, 전문가 4~5명, 주민 7~8명, 사업시행자 3명 등 모두 20여 명으로 보상추진협의회를 구성 발족하였고, 10월부터 일괄매수 방식의 협의보상을 시작으로 08년 말까지 90% 이상의 맞춤식 보상을 완료했다.[26] 투기 및 위장전입과

---

25) 2006년 11월 10일 충남개발공사 설립 및 운영에 관한 조례 공표

26) 도청이전 신도시 예정 지역의 가구와 인구는 홍성군의 경우 신경리 자경동이 38가구 109명, 신리 86가구 233명, 주촌 70가구 174명이고 대동리 동방송이 8가구 27명, 대지동 15가구 34명, 상하리 하산마을이 7가구 22명, 봉신리 지동 12가구 48명 등 236가구에 647명과 예산군 삽교읍 목리 1리, 2리, 신리 3개 마을 294가구 783명을 포함 총 530가구 1430명이다.

관련해서는 지난해 말 6차 조사까지 44세대 60명이 위장전입자로 적발됐다. 7차 조사에서도 일단 의심자 2명이 확인된 상태이다.

Ⅲ. 충남도청 이전사업과 갈등현황 분석

충남도청 이전(移轉)의 직접 이해당사자는 유치과정에서 공조체제를 유지한 홍성과 예산이다. 단일시설이 이들 양(兩) 자치단체의 개별구역으로 이전되기 때문에 집단 간 갈등은 불가피해 보인다.

구체적인 갈등내용은 지방행정 분야로 두 지역에 한정되며, 지역개발 분야와 관련해서는 도청신도시 개발사업이 해당된다. 갈등의 성격은 권한 및 선호시설 유치경쟁으로 그동안 표출된 사례는 미미하지만, 일부 지역 보상금 지급 및 청사 위치와 명칭, 주소 등 일부 사안에 대해서는 이미 협의부진의 갈등을 겪고 있다. 갈등의 표출형태는 갈등조건이 존재하며, 갈등당사자들이 이를 지각하고 있으나 구체적인 결과가 아직은 나오지 않은 관계로 외면적 행위는 감추어진 상태라 할 수 있다.

본 연구에서는 충남도청 입지선정 이후 도청이전 문제에 대한 충분한 논의와 수립된 개발계획하에 관련 법적 조치와 제도적 장치를 갖추어 비교적 원만하게 진행되고 있는 것으로 평가되고 있지만, 그동안 보상과정에서 발생한 기관과 보상주민 간의 갈등문제와 그 해결과정, 이전과정에서 발생할 수 있는 각종 불협화음, 예를 들면 도(道) 산하기관의 유치문제와 여전히 쟁점으로 남아 있는 도청신도시(道廳新都市)의 명칭문제는 갈등의제로 표출되기에 충분하다.

충남도청 이전 신도시의 성공적 추진을 위한 주요 과제로 먼저, 도청이전 신도시 조성과정에서 풀뿌리 민주주의인 지방자치 취지에 부합하고 지역주민 의견을 적극 수렴하는 민주적이고 합리적인 주민참여 방안의 제시,[27] 모두에서 밝힌 바와 같이 도청신도시의 정체성 및 자족 기능의 확보, 생태환경도시의 조성, 신도시 조기 활성화를 위한 선도프로젝트의 유치 등이 주요 과제이다.[28]

1. 지역주민 갈등예방을 위한 사전조치

충남도는 도청이전 신도시 예정지 주민의 재정착과 생활안정 지원 대책을 마련키 위해 2008년 7월 31일까지 예정지 414세대(홍성 236, 예산 178)에 대해 의견조사를 실시하였다.[29] 이 조사는 충남도·홍성·예산군 공무원 및 주민대표 등 13명으로 조사반을 편성하여 도청이전 예정지의 전(全) 세대를 직접 방문한 후 일대일 설문방법으로 조사하여 주민 개별에 맞는 맞춤식 간접보상을 위해 실시되었다.

---

27) 08년 1월 덕산스파캐슬 학술대회에서 일본 나고야 대학의 히로유키 시미즈 교수는 일본에서 진행된 다양한 주민참여 사례를 소개하고, 도시개발과정에서 주민참여가 원활하게 진행되도록 하는 지원 시스템, 주민참여의 유형과 수준 등 실질적이고 현실에 적용할 수 있는 주민참여 방안을 소개했다.

28) 청주대학교 김영환 교수 발제 내용

29) 조사 내용은 △가족현황 △주거형태 △묘지보유 내역 및 매장방법 △생계방법 △직업전환 △이주자택지 입주 △전세자금 지원 및 융자 △묘지 이장방법 △앞으로 생계대책 △전업 전환 시 직업훈련참가 등이다.

도는 조사 결과를 바탕으로 보상금 1억 원 미만 원주민에 대한 전세자금 지원, 주민생계조합 운영 지원, 주민 직업전환 훈련 및 취업알선, 이주·장묘·생계대책 등 간접보상자료로 활용하였다. "이 조사내용을 '도청이전 신도시 원주민 관리카드'에 담아 체계적으로 관리하여 주민들에게 실제 도움이 되도록 하겠다."는 것이 충남도의 입장이다.[30]

개발사업주체인 시행자와 보상 지역 주민들 간의 협상을 원만하게 진행하기 위해 지역 내 기관 및 시행주체, 관계자의 사전 모임이 진행되었다.

충남도청이전주민대책위원회(공동위원장 김종래·장영석)가 이전 예정지 보상을 앞두고 사업시행자인 충남개발공사(사장 홍인의), 대한주택공사, 한국토지공사 관계자를 비롯해 도의원, 군의원, 홍성군과 예산군 도청이전단 직원, 지역언론사 간부 등을 초청하여 대화의 시간을 마련했다.

07년 6월 19일 오전 11시부터 예산군 덕산면 충의사 도중도에서 열린 이날 간담회에서는 이종건 홍성군수, 최승우 예산군수, 홍인의 충남개발공사 사장, 김기영 충남도의회 의원, 이태준 홍성군의회 의원과 대책위원들과 도청, 군청의 관계 공무원들이 자리를 함께해 관계자들과 주민보상 등 도청이전과 관련하여 허심탄회한 대화를 통해 원활한 도청이전을 위한 다양한 방법을 모색했다.

충남도청 이전에 따른 주민대표와 유관기관 간담회가 6월 28일 오후 2시부터 6시까지 충남개발공사 회의실에서 개최됐다. 이날 간담회는 주민대표 9명을 비롯해 충남개발공사 홍인의 사장 등 4

---

30) 홍성타임즈(08. 7. 23). 도청이전 예정지, 원주민 의견조사 실시

명, 주택공사 1명, 토지공사 2명, 충남도청 2명, 홍성군 2명, 예산군 2명 등 22명이 참석해 도청이전 신도시 예정 지역의 보상 등 전반적인 대책이 심도 있게 논의됐다.

주민대표가 제시한 요구사항 합의를 전제로 도청이전에 따른 유관기관 및 주민대표와의 간담회를 오는 7월 9일 오후 2시 충남개발공사회의실에서 개최하여 보상에 대한 합의를 도출하기로 했다.

한편 주민대표와의 합의가 이루어져 충남도청 이전 신도시 보상에 관한 주민설명회는 07년 7월 19일 오후 2시부터 홍주문화회관에서 개최되었다.

2. 보상문제 및 주민갈등

지역개발사업에서 갈등 유발의 첫 번째 요인이 바로 경제적 보상수준 문제이다. 도청신도시는 수용 지역에 대한 지가보상에서 행복도시 수준보다 높은 보상가로 밭(田)은 25만 원, 논(畓)은 22만 원이다. 그 결과 2008년 9월까지 약 90%의 보상을 완료하였으며, 비교적 주민합의를 통한 성공적인 보상이 이루어진 것으로 평가된다.[31]

하지만 08년 5월 16일 홍북면 동진아파트 맞은편 충남개발공사 사무실 앞에서 시위를 벌이던 장모(50) 씨를 비롯한 5명이 집회 및 시위에 관한 법률 위헌 혐의로 불구속입건되었다. 경찰에 따르면 장 씨 등은 충남개발공사 사무실 앞 공터에서 집회를 하겠다고 신

---

31) 일부 지역은 보상금액 차이 때문에 결국 법적 문제로 처리될 예정이다.

고했지만, 당일 신고 장소를 벗어나 집회를 벌였고, 개발공사 사무실에 들어가 사무용품을 부셔 충남개발공사에 경찰 추산 100만 원 상당의 재산 피해를 입힌 혐의를 받고 있다. 같은 혐의로 경찰 조사를 받아 왔던 또 다른 5명은 벌금 20만 원과 10만 원 등 즉결심판을 받았다.

한편 충남도의회 도청이전특별위원회는 6월 23일 제7차 회의를 갖고 충남개발공사 사장에게 보상금 협상과 관련하여 입건된 주민들에 대한 관용과 선처를 요청하여 갈등완화를 위한 공식적인 노력이 있었다.

3. 기관 간 업무범위 및 갈등관계

기관 간 문제는 광역자치단체인 충남도와 기초자치단체인 홍성군·예산군 간의 갈등에 관한 것이다. 먼저 도의 지위와 기능, 직속기관에 관한 문제와 기초자치단체의 형태 및 위상문제로 나누어 살펴보면 다음과 같다.

1) 충남도의 역할

도는 1개 또는 수개 시·군의 구역을 초월한 광역적 행정사무와 시·군의 행·재정적 능력을 보완해 주기 위한 보완적 행정사무, 도 전체를 관장하는 기획적 행정사무, 시·군에 대한 연락·조정 및 지휘·감독사무 등을 관장한다. 그러나 우리나라 도(道)의 실상을 보면, 도가 전체적인 통일적 사무와 기획사무 및 시·군에 대한 지도·감독기구로서의 기능을 하는 역사적 존재라는 것 이외에 큰 의미를 찾기 어려운 상황에서 아직도 종합적인 지방행정기구로서의 지위를 그대로 답습한다는 것은 이중행정·이중감독의 폐단을 씻기는 어렵다고 하겠다(조창현, 2005: 153).

따라서 앞으로 도의 집행기능은 과감하게 기초자치단체인 시·군에 위양함과 동시에 민간 부문을 대폭 활동할 수 있도록 그 기능을 재조정하고 이에 알맞은 기구 및 인원을 갖추어야 할 것이다(김보현·김용래, 1969: 300).

2) 기초자치단체의 도청이전 지원단

홍성군과 예산군은 郡 직속으로 도청이전지원단을 설치·운영해 오고 있다.[32) 2007년 6월 도청이전 예정지가 신도시개발구역으로 지정되었고, 도청이전계획에 의거하여 2007년 10월부터 2008년 12월까지 보상이 실시될 예정이며, 2009년부터 본격적으로 개발에 착수하여 2012년 충남도청을 이전할 계획이다.

본 지원단은 관련 업무를 독자적으로 수행하기보다는 관련 기관인 충남개발공사와 대한주택공사, 한국토지개발공사 등과 연계하여 지원활동을 수행해 왔다. 지역에서 개최된 주요 업무로 2007년 7월 19일 홍성군 홍주문화회관에서 도청이전 신도시 개발사업 가구별 실태 및 주민희망조사 결과보고 및 보상계획 주민설명회를 개최하여 거주민과 이해관계인의 의견수렴을 진행해 왔다. 여기서는 주민들의 희망사항과 보상과정 및 각종 질의답변 사항이 논의되었다.

---

32) 홍성군은 2008년 9월 조직개편에 의거, 도청이전지원사업을 전략사업기획단에서 관장하게 되었다.

3) 충남도청 이전 신도시 개발사업 시행자와 주민갈등

충남개발공사[33]는 충남도와 함께 도청이전 신도시의 개발을 주도하며 토지공사, 주택공사를 공식파트너로 도청이전 신도시 조성사업을 추진하게 된다. 즉 충남개발공사＋토지공사＋주택공사의 3자가 참여하는 도청이전 신도시 건설에 따른 구체적인 사업 참여 방식에 대해서는 충남도와 3개 사가 협의 후 결정하게 된 것이다.

충남개발공사는 충남도 직속기관으로 도청이전사업을 총괄하게 되며, 대한주택공사(충청지역본부)는 도 청사 및 각종 건축물과 관련된 사업을 시행하게 되고, 한국토지공사(충청지역본부)는 개발구역 내 지반 및 토목공사 부분을 관장하게 된다. 이 과정에서 3사가 공동으로 계획지구 내 토지 및 건축물에 대한 감정을 실시하여 주민보상에 임하게 된다.

특히 충남개발공사를 비롯해 대한주택공사, 한국토지공사가 도청신도시 예정 지역을 분할해 사업을 시행하면서 감정평가도 신도시 건설 지역을 3등분해 실시했다. 하지만 토지공사가 시행하는 삽교읍 목리, 신리 일원에 대한 감정평가가 충남개발공사나 대한주택공사가 시행하는 지역에 비해 낮게 책정되는 등 전반적으로 보상가가 낮아 재평가가 이루어져야 한다는 주민들의 주장이 제기되었다. 시행 3사가 똑같이 감정평가를 했는데, 토지공사 시행 지역의 평가금액만 2개 사에 비해 낮게 평가되어 주민불만이 표출되었

---

33) 충남개발공사(초대 사장 홍인의)는 홍성에 '첫 둥지'를 틀고 2007년 2월 6일 공식 출범하였다. 당 공사는 06년 12월 22일 이사회를 열고 정관을 비롯한 각종 규정을 확정한 뒤 설립 자본금 출자, 임직원 채용 등의 과정을 거쳤다. 자본금 2000억 원으로 설립되는 충남개발공사는 3본부 6팀 체제로 출범 예정이며, 충남도청 공무원 16명과 신규직원 28명 등 모두 44명으로 구성되었다.

으나 현실적으로 감정평가 결과를 뒤집기에는 한계가 있었다.

4) 관내 道직속(산하)기관 설치관계

도는 08년 7월 3일 도청 대회의실에서 '도청신도시 이전대상기관·단체 초청 설명회'를 가졌다. 대전에 소재하고 있는 도 단위 이전대상 기관·단체를 176개(기관 64, 단체 112)로 확정하고, 공문발송, 전화 확인, 방문 면담 등 총 6회에 걸쳐 이전의향조사를 실시하여 111개 기관·단체가 이전을 희망하고 있다는 사실을 확인했다. 이 중 충남지방경찰청, 충청남도교육청, 농협중앙회충남지역본부 등 기관이 38개, 충남발전협의회, 충남새마을회, 충남체육회 등 단체가 73개로 63%가 이전의사를 나타냈다.

남궁 영 도청이전본부장은 "도 청사가 이전하는 2012년 말까지 유관기관·단체 대다수가 동반 이전해야 도청이전 신도시의 성공을 담보할 수 있다."고 주장하였다. 도는 유관기관 유치와 병행하여 도청이전 신도시 정주기반 조성을 위해 '건양대학교병원, 특성화대학(4개 교) 유치를 위한 MOU'를 체결하였고, 초·중·고의 교육경쟁력 강화를 위해 '교육특구' 지정도 추진 중이다. 유관기관이 입주하게 될 용지는 행정타운, 비즈니스파크, 상업용지로 행정타운 31만 8362㎡에 도청(도의회), 교육청, 경찰청이 입주하고, 그 외 유관기관·단체는 비즈니스 파크 14만 3336㎡와 상업용지 36만 8319㎡에 업무기능 연계를 통한 지역상권 활성화를 위해서 분산 배치할 계획이다.

4. 지방행정구역개편 논의에 따른 갈등

우리나라 지방자치법은 1949년의 제정 당시에 일제 시의 중앙집권적·관료제적 통치기구의 하부조직으로 있었던 지방행정골격을 지방자치라는 형식으로 법제화한 것이었다(조창현, 2005: 150).

1988년의 지방자치법 개정에 의해 특별시와 직할시의 구가 자치단체로 승격되었으나, 한국의 지방행정구조는 오랜 전통을 지니고 국민생활 속에 내재화됨으로써 제도적 측면이나 기능적 측면에서 급변하는 사회적 환경이나 현대행정의 흐름에 적합하지 못한 문제가 몇 가지 지적되고 있는바, 그 첫 번째 문제는 계층구조의 중첩성으로 인한 비효율성을 들 수 있다.

지방자치법 제3조 2항은 중간자치단체로서 특별시와 광역시 및 도를 중앙정부의 직할하에 두고, 그 관할구역 안에 기초자치단체로서 시와 군 및 자치구를 두고 있다.

동법 제3조 3항은 인구 50만 이상의 시에는 자치단체가 아닌 행정구를 둘 수 있고, 군에는 읍·면을, 시와 구에는 동을, 읍·면에는 리를 두도록 규정하고 있다.

따라서 한국의 지방행정체제는 법률상으로는 2계층제를 채택하고 있지만, 실제적인 지방행정의 작용 면에서는 결국 중앙정부 - 특별시·광역시·도 - 시·군·구 - 읍·면·동 - 리·통에 이르는 4계층제를 형성하고 있다고 하겠다(조창현, 2005: 151).

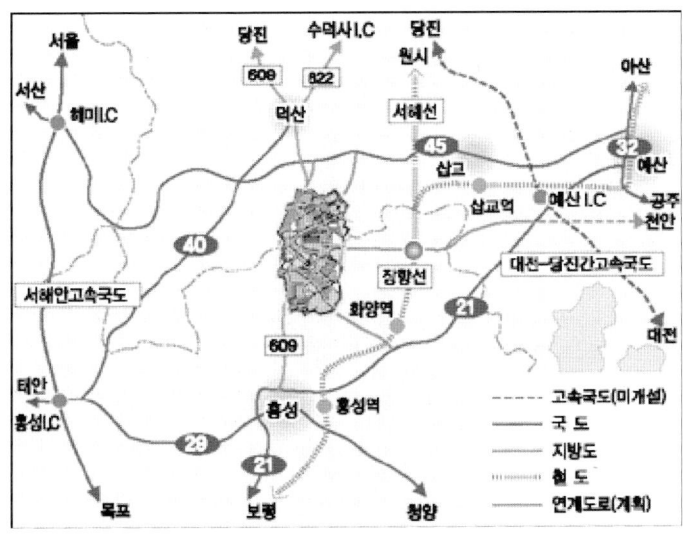

　지방행정체제는 사회경제적 변화에도 불구하고 오늘날까지 답습·유지해 오고 있는 것으로서 행정의 중복·중첩된 감독을 가져옴으로써 지방행정의 민주성과 능률성을 저해하고 지방자치의 발전에 장애요인이 되고 있는 실정이다. 따라서 지방행정구역 개편에 대한 논의는 현행 4단계층을 줄이는 방향으로 개편논의가 제기된 지 오래이며, 그것은 지방자치단체의 적정규모의 설정문제나 전산화를 비롯한 행정능률화의 차원에서 끊임없이 논의되고 있다.

　행정계층구조 변경문제는 참여정부에서 당시 야당이었던 한나라당 일부에서 논의의 진전이 있었으며, 정권교체 이후 현 정부에서 다시 제기된 의제이지만 그 결과는 동안의 경험을 비추어 예단하기 쉽지 않다. 즉 국가통치의 기본골격을 형성하는 중요한 제도이며 역사적 산물로서 국민생활 속에 정착되어 있기 때문에 그 전면적인 개편은 사회혼란의 요인이 될 수 있으며, 막대한 경비도 소요되므로 현행 체제의 유지론도 만만찮게 대두될 수 있다. 따라서 보다 신중한 연구와 검토가 필요하지만 현행 체제를 유지하는 경우에도 적정규모로의 조정과 바람직한 상호 관계의 정립 등을 위한 개선노력이 있어야 할 것이다(조창현, 2005: 152).

5. 도청신도시 명칭선정에 따른 갈등

충남도청은 홍성군과 예산군이 공동유치위원회를 구성하여 입지선정에 성공하였다. 충남의 지형은 칠갑산을 축으로 크게 동서로 나누어지는데, 경제개발추진 과정에서 경부를 축으로 한 충남 북부와 동부 지역에 비해 충남 서부 지역은 상대적으로 개발이 뒤처져 있었다.

하지만 대중국 교류 확대로 서해안 시대를 맞이하면서 서해안고속도로 개통으로 새로운 전기를 마련한 충서 지역은 참여정부의 균형발전정책과 상대적 낙후성으로 인한 개발압력을 주장하고 있던 지역주민들의 염원을 담아 06년 2월 충남도청을 홍성 및 예산 일원으로 이전하는 데 성공하였다.

08년 6월 경북은 안동시·예천군 지역에 공동으로 입지선정되었으나, 상주시 등 타(他) 지자체의 극심한 반발 및 도의회의 결정지연 등으로 상당한 진통을 겪은 후, 법적 문제로 비화될 가능성마저 있었으나 수개월이 지난 후 뒤늦게 수용한 사례에 비추어 볼 때,[34] 충남은 도민들의 화합과 성원 속에서 일사천리로 원만하게

---

34) 일부 자치단체에서 제기한 의혹에 대해 도의회가 입지선정 평가위원회 및 선정 지역에 대

입지선정에 성공하였다. 하지만 공동유치의 한계이자 해결해야 할 난제라 할 수 있는 주요 의제(agenda) 가운데 하나가 바로 도청신도시의 명칭문제이다.[35]

충남도는 신청사 입지와 신도시 명칭에 대해 이미 사전 여론수렴결과 심각한 갈등요인을 발견하였다. 문제의 본질은 신청사의 행정구역이 양 군에 걸치면서 '한 지붕 아래 두 주소'가 불가피해지게 되었다. 해당 시·군에 의해 처리되는 건축허가권도 혼란스럽게 되었으며 신도시 중심부에 신축하게 될 신청사의 위치에 대한 행정구역과 명칭은 첨예한 갈등과제로 제기될 것이 분명해 보인다.

1) 예산지역 입장과 대응

예산 지역은 2006년 2월 도청이전 예정지로 확정된 후 관련 문제에 대해 예산군(기관, 단체, 대학 등)이 주관하여 학술세미나, 공청회, 포럼 등의 행사를 진행한 실적이 전무하다. 뿐만 아니라 도청신도시에 대한 관심을 여러 각도에서 조사하였으나,[36] 공동유치 지역인 홍성군에 비해 상대적으로 부족했다.

본 연구에서 활용한 다음의 사례는, 예산군 홈페이지에 오른 출

한 진상위원회를 구성하여 해당 자치단체에 대한 감사를 거친 후 조례가 확정되었다.

35) 이전계획에 의하면 도청 신청사는 홍북면 신경리와 삽교읍 목리로 연결되는 609번 지방도의 동쪽으로 홍성군과 예산군 경계 지역에 면적 3~7만 평, 연건평 2만여 평 규모의 직사각형 모양의 부지에 위치한다. 신청사 건립비용은 2940억 원이 투입될 예정으로 신도시의 가로망 형태는 북쪽으로 609번 도로와 40번 국도, 남쪽으로는 21번 국도, 동쪽으로는 4번 국도 등과 연결되며, 서해안고속도로, 당진대전고속도로, 장항선철도 등과도 근접거리로 연결되면서 교통의 접근성이 크게 고려되었다.

36) '도청이전특별법' 발의 및 국회통과는 당시 지역구 국회의원인 홍문표 의원과 이완구 지사의 노력이 크게 작용하였던 것으로 분석되었다. 이 결과에 대해 지역 내 언론은 두 사람의 출신이 홍성군이라는 점을 들어 홍성 지역의 노력으로 평가하고 있다.

향인사의 글로 공개되어 있으며, 지역주민의견 일부라는 점에 여과 없이 수록하였다.

존경하는 군수님 수고 많습니다. 저는 태를 묻은 내 고향 예산을 떠나 서울에서 수십 년을 보냈고, 이젠 북경에서 생활한 지도 어언 십여 년이 되었습니다. 이렇게 글을 드리게 된 것은 도청이 예산과 홍성으로 이전된다는 반가운 소식을 들은 후 예산과 홍성이 합병되어야 한다고 우연한 기회에 접하게 됐습니다. 물론 합병해 내 고향이 더욱 발전된다면 얼마나 좋겠습니까? 하지만 그동안 매스컴에서 특히 선거 때면 들리는 홍성＋예산이란 말을 거슬리게 들어 왔습니다. 그 근거로는
  - 예산군이란 명칭은 고려 때부터 존재했고, 1914년 예산군이 정식 명칭으로 되었고, 물론 홍주(홍주목)라고 존재했지만, 1914년 홍성군이란 명칭이 정식 생성되었음.
  - 이중환의 내포 지역 10마을 중 명칭에도 예산과 홍주(홍성 1914)만 있음.
  - 인구는 예산군 92,392명, 홍성군 89,539명
  - 면적은 예산군 약 52.8K㎢, 홍성군 약 44.4㎢
  - 중요 인물은 예산군 윤봉길 의사, 추사 김정희, 대흥형제 등, 대통령입후보자 3번
  홍성군 김좌진 장군, 만해 한용운, 사육신 성삼문 등
  위와 같이 몇 가지 군세 등을 봐도 그렇고 표기의 기본인 가나다순으로 해도 예산 홍성인데 내가 모르는 이유가 있나요? 아님 행자부에 무슨 표시기준이 있습니까? 또 만약에 두 개 군이 합병될 시 개칭되는 도시 이름 작명에 두 개 군에서는 필사적으로 항변하겠지만, 감히 제가 바라건대, 합병 단어가 표출되기 전부터라도 대비해 지금은 군수님으로 과거의 장군님의 명예를 걸고 유비무환하시여 내 고향 예산이란 명칭을 자손만대로 이어갈 수 있도록 노력해 주시길 진심으로 바랍니다. 매스컴에 떠오르는 홍성＋예산이란 명칭이 법적으로 제한되지 않는다면 예산군 홍보팀 좀 활용하셔서 예산＋홍성으로 개칭되었으면 하는 간절한 마음입니다.

2) 홍성 지역 입장과 대응

홍성군은 예산과 함께 도청이전 예정지로 확정된 이후, 지역의 언론과 NGO를 통해 지속적으로 지역공동화 문제와 도청신도시에

대한 관심을 다각도로 여러 차례 표명해 오고 있다.[37] 이하에서는 최근 개최된 지역발전협의회에서 주관한 학술세미나 자료의 일부를 발췌 수록하였다.

김경수 청운대 교수는 홍주의 역사에 근거한 홍성・예산의 통합으로 옛 홍주시의 복원을 주장했다.[38] 홍주는 조선시대 내포 지역의 행정적・군사적 중심 고을로 8개 현을 관할했으며 1895년 이후에는 홍주부로 예산, 청양 등 서북 지역 22개 군을 관할했던 중심지로서 그 위상에 걸맞게 도청이전과 동시에 홍성군과 예산군이 통합해야 한다고 주장했다. 이에 따라 향후 홍주문화권의 역사적 문화적 배경에 힘입어 충남의 정치, 경제, 사회, 문화의 중심지 역할을 수행할 수 있고, 나아가 이명박 정부가 전국을 75개 광역시로의 지방행정구역을 개편하는 안과 연계해 '홍성＋예산＋청양'의 통합방안도 제기했다.
토론자 오배근 도의원은 홍성・예산 양 군이 협력을 통해 공동협의체 등의 구성을, 윤규상 월진회 회장은 도청신도시는 홍성과 예산을 귀속시켜 그 명칭을 '내포시'로 하자는 의견도 제시했다. 홍성군 김원진 의원은 홍성의 공동화를 방지하고 발전을 위해서는 무엇보다도 대기업 유치가 관건이라고 밝혔다. 윤동빈 전 홍성군의사회장은 첨단복합의료산업단지를 조성해 동북아 의료허브의 비전을 가진 병원 등을 유치해야 의료관광이 가능해질 수 있다고 강조했다. 끝으로 홍성군지역발전협의회 일동은 도청 이전에 따른 홍성의 공동화 방지를 위해 도 청사 이중호적 반대, 홍주시 복원, 지방법원 유치 등 세 가지 공동화 방지 결의문을 채택하고 실천할 것을 다짐했다.

3) 충남도 입장

행정구역 명칭을 결정하는 요인으로는 역사성, 지역성, 주민의견 등 종합적으로 영향을 미치는바, 2008년 말까지 각종 보도 자료에 의하면 도청신도시의 명칭에 대한 별다른 조치는 취해지지 않았다. 그 이유는 아직 보상체결이 완료되지 않았고, 토목사업 등 본격적

---

37) 대표적으로 홍성신문은 사설과 칼럼 등을 통해 '홍주시'로의 당위성과 도지사에 대한 결단을 권고하는 내용을 여러 차례 기사화하였다.
38) 홍성타임즈(08. 9. 11). 홍성 – 예산 – 도청신도시 묶어 홍주시 복원

인 개발사업은 2009년 상반기에 예정되어 있으며, 도청이전 완료 시기를 2012년으로 계획하고 있는바, 앞으로 충분한 시간적 여유를 가지고 검토할 것이다.

Ⅳ. 이해관계자 갈등관리와 해결방안 모색

08년 1월 24일 덕산에서 개최된 '창조적 도청이전 신도시 조성 방안'을 위한 국제심포지엄에서 주제발표자로 나선 MIT 대학의 폴 루케즈 교수는 신도시계획이 갖는 의미를 기회와 도전으로 나누어 정리하고 사례를 통하여 시사점을 찾고 있다. 루케즈 교수가 지향하는 미래는 과거에 꿈꾸었던 미래의 도시, 현재 꿈꾸고 있는 미래의 도시, 앞으로 펼쳐 보이고자 하는 미래의 도시로 나누어 이들을 시간적으로 연결해 봄으로써 충남도청 이전 신도시계획의 시사점을 찾아보려는 측면에서 독특하게 접근하였다.[39]

충남도청은 입지선정과정에서 타의 모범을 보였다. 이전과정에서도 미래의 살기 좋은 신도시 건설을 위해 쟁점사항에 대해서는 갈등과 반목보다는 이해관계자 간 타협과 협상을 통한 합리적인 대안을 제시하여 귀감이 되어야 한다.

---

39) 홍성타임즈(08. 1. 25.) 도청신도시 세계적 명품도시로 건설

* 사진은 도청신도시 예상조감도(지역신문자료 참조)

1. 이해관계자간 갈등요인

1) 각종 보상관계

최근까지 86%의 보상을 완료하였으며, 2008년 하반기 전체 보상대상자 530개 가구 중 10여 가구를 제외한 약 98%가 보상이 체결될 것으로 예상된다.[40] 합리적인 보상수준과 절차로 비교적 순조롭게 보상체결이 성립되었지만, 보상에 응하지 않고 있는 일부 가구와 갈등은 사법적 판단을 요하는 등 갈등이 불가피해 보인다. 한편 계획지구 내 세입자 문제로 예정지구 내 세입자 17가구에 대

---

40) 충남개발공사 도청이전 지역 보상팀장 의견임.

해서는 이주비(전세 5천만 원 이하, 이사비용)를 지급하고, 향후 임대아파트 입주권을 부여할 경우에 별 다른 갈등요인이 없는 것으로 조사되었다.

2) 세금감면 문제

도청이전특별법 제43조에 의거, 국가 및 지방자치단체는 기관이전과 도청이전 신도시 건설을 지원하기 위해 필요한 경우에는 '조세특례제한법', '지방세법' 그 밖에 관계 법률에서 정하는 바에 따라 국세 및 지방세를 감면할 수 있다는 규정에 의거하여 각종 세금감면 혜택이 주어진다. 하지만 자녀에게 先상속이 되어 있거나, 제반 요건을 구비하지 못해 관련 규정의 혜택을 받을 수 없는 경우에는 갈등요인이 제한적으로 남아 있다.

3) 청사 위치 및 법적 지위문제

도 청사는 홍성군과 예산군 경계 지역에 위치하게 되는바, 관할지역 문제와 사업추진과정에서 발생할 수 있는 각종 민원요소에 대한 관할, 이중 주소에 따른 법적 지위의 불분명 등 민감한 부분이 갈등유발 요인이다.

4) 도청신도시 위상과 명칭문제

도청신도시는 해당 지역주민들의 요구사항과 행정효율성 등을 감안할 때, 홍성+예산+신도시를 통합하는 광역권 자치단체 형태가 모색될 수 있다. 최근 국회에서 논의가 되고 있는 광역행정구역 개편문제와 일치하는 의견이기도 하다. 여기에 대한 구체적인 대안이 지역주민의 합의 속에 표면화되지는 않았으나, 지역오피니언들의 의견들이 산발적으로 제시된 바 있으며, 향후 다양한 의견의 조율과 여론 수렴문제가 쟁점이다.

5) 도 산하기관 유치문제

도 산하기관에 대한 지역 유치문제는 홍성과 예산 지역 이외에 인근 자치단체까지 유치를 희망하고 있다.[41] 도청신도시 구획 내 이전이 어려운 시설(단체)은 주변 지역인 홍성과 예산에 우선 배치될 것으로 예상되나, 그 외 지역으로 분산될 경우 도청신도시 형성에 부정적 영향을 끼칠 수 있으며, 아울러 유치를 희망하는 배후 지역과의 갈등도 상당 부분 예상된다.

2. 이해관계자간 갈등해결 방향

1) 보상관계

보상금에 대한 불만으로 일부 보상불응 건에 대해서는 공공용지 수용 등 관련 법령에 의거하여 사법적인 절차를 밟을 수밖에 없는 실정이다. 다만 법적 문제로 비화되기 이전에 재산권 보전 및 형

---

41) 참고로 충남개발공사는 07년 2월 홍성읍에 설치되었으며, 충남종합개발사업소는 2010년 예산읍에 설치될 예정이다.

평성을 최대한 고려하고 전문기관의 중재를 통한 타협이 필요하다. 한편 신도시 내 세입자 처리문제에 대해서는 지주들만 대상으로 한 보상체계는 기득권층 보호 차원에서 중요하지만, 사회경제적 지위를 누리지 못하고 있던 세입자 문제는 불평등 해소와 소외계층을 위한 복지정책 확대 차원에서 철저하게 준비되어야 한다. 현재 임대주택 제공, 이주비 보상 등이 검토되고 있는데, 현실적인 수준을 감안하여 적정한 보상수준이 결정되어야 한다.

2) 세금감면문제

관련 규정 및 인우보증을 통하여 최대한 구제할 수 있는 방안을 적극 검토해야 할 것이다. 법률지식 및 각종 규정을 인지하지 못해 발생하는 불이익에 대해서는 엄격한 규정보다는 법이 허용하는 범위 내에서 최대한 배려해야 한다.

3) 도청사 위치 및 법적 위상문제

토목공사가 완료되고 도 청사 위치가 확정되어 위치선정에 대한 논의는 종료된 것으로 판단되며, 도 청사가 현재 행정구역에 걸쳐 있으므로 이중으로 주소를 둘 경우 발생할 수 있는 혼란의 최소화와 병기(倂記)문제에 대한 심층적이고 구체적인 논의가 필요하다. 특히 도청신도시 위상과 명칭문제는 무엇보다 광범위한 지역주민들의 의견수렴과 전문가 견해가 요구된다. 합의에 도달하지 못할 경우 주민투표에 의한 방안이 적극 검토될 수 있다.

4) 도 산하기관 문제

신도시 구획 내 집적 이익과 효율성도 중요하지만, 인근 자치단체의 지역여건이나 주민들의 요구사항을 적극 수렴하여 대승적인 견지에서 공동으로 해결해 나가야 할 문제이다. 특별한 사유가 있을 경우에 인근자치단체로 분산 배치하여 지역균형발전을 꾀하는 방안도 신중히 고려되어야 할 것이다.

3. 갈등관리를 위한 제안

과거 분권 일변도의 관심은 중앙과 지방 또는 자치단체 간의 불필요한 갈등을 초래할 수 있고, 나아가 지방자치제가 협력보다는 갈등적 정치의 양상을 보임으로써 국력의 낭비를 초래한 면이 없지 않았다. 따라서 원만한 사업추진을 위한 이해관계자의 협력과 노력이 적극 요구된다.

1) 기초자치 단체장과 관련 부서(도청이전사업지원단) 역할 강화

도청이전과정에서 두 군수와 관련 부서의 협의 및 역할이 필요하지만, 지여주민들의 관심의제의 구체적인 논의사항과 협의내용은 가시화되지 못하고 있다. 민선자치제하에서는 지역의 수장인 군수의 역할을 매우 크고도 중요하며, 단순히 기존 시가지 공동화에 대한 우려에만 관심을 집중하여 제기하기보다는 양 지역의 상생협력관계 유지 및 신도시의 위상에 대한 양 지역의 구체적인 의견수렴이 필요하다.

두 자치단체의 갈등은 상급기관인 도의 조정과 주민참여에 의한 해결, 자치단체 상호간 조정 등을 통해 원만하게 해결되어야 하며, 정치적 대결구도나 사법적 해결방안을 모색하는 자세는 지양해야 한다.

2) 지방의회의 역할

지방자치의 목적이 주민복지의 증진에 있는바, 사회적 불평등의 방치는 지방자치 목적에 위배될 수 있다는 점에서 지방정부는 지배집단에 대한 중립적 대응을 통하여 일반시민의 보편적 이익을 확보함으로써 사회적 불평등 해소에 노력해야 한다. 특히 지방의회의 역할은 지역주민의 민의대변에 있는바, 보다 적극적인 지원활동이 필요하다.

3) 오피니언 리더의 역할

몇 가지 쟁점사항에 대해 지역유지 및 관련 전문가와 외부 전문가 자문을 구하고 충분한 논의와 대안 제시가 절실하다. 예를 들면, 보상불응자에 대한 중재, 세금감면 예외자에 대한 구제방안, 신도시의 법적 지위 및 위상, 명칭문제, 기타 제반 사항 등에 관한 것이다.

V. 맺으면서

충남도청 이전 사업에 대한 갈등문제를 이해관계자 중심으로 개괄적으로 살펴보았다. 혐오시설과 달리 선호시설은 유치과정에서 갈등을 유발하는 것이 일반적이지만, 충남도청의 경우 공동유치 사업이라는 점에서 타 지역 사례와 상이하여 이전과정에서의 갈등요인이 상존할 수 있다 하겠다.

대부분의 지역개발사업과 마찬가지로 지역주민과 이해관계자들의 상생·협력관계가 크게 요구되는바, 관련 기초자치단체인 예산군과 홍성군은 상호 협력관계를 유지하면서 쟁점사항에 대한 대승적인 합의가 기대된다.

따라서 도청신도시와 예산·홍성 지역의 장기적 상생 발전을 위해서는 갈등요인에 대한 균형적 대응을 통하여 갈등적 관계가 아니라 협력적 관계가 이루어지도록 지향하는 것이 필요하다.

도청 유치과정에서 두 자치단체는 매우 협력적인 공조체제를 구축하여 입지선정에 성공했듯이 이전과정에서도 양 지역은 공동협의체를 구성하여 갈등사안 및 각종 의제별로 의견 차이를 지속적으로 줄여 나가는 지혜가 절실히 요구된다.

개인적인 의견은 양 지역을 대표할 수 있는 가칭 '도청이전공동협의체'를 구성하여 공동협력체제 구축, 계속적인 주민의견 수렴 및 주요 협상결과의 홍보, 상생발전시스템의 구축, 지역의 전문가 활용 등이 반드시 병행되어야 한다.

두 지역 공동발전 목표를 분명히 한 후 도청신도시가 새로운 명

칭과 제3의 신도시로 건설된다면 유치 및 이전을 위한 지역주민의
노력과 염원은 수포로 돌아갈 공산이 크므로 두 자치단체는 실리
와 명분을 분명히 하여 협상을 통한 양보와 배려가 동반되어야 할
것이다.

참고문헌

강인호(2008), 「삶의 중심지 그 가운데는 가는 자와 오는 자의 아픔이
        있다」, 전라남도 도청이전사례, 충남북부권상생협력정책포럼,
        2008년 9월 26일, 공주대 산업과학연구원.
권기헌(2008), 『정책학』, 서울: 박영사.
김보현·김용래(1969), 『지방행정의 이론과 실제』, 서울: 법문사.
김형배(1988), 『지방자치론』, 서울: 계명사.
류지성(2007), 『정책학』, 서울: 대영문화사.
심준섭 외(2008), 『협상의 이해』, 서울: 박영사.
오석홍(2004), 『행정학』, 서울: 박영사.
이달곤(2003), 『협상론』, 서울: 법문사.
이승종(2003), 『지방자치론』, 서울: 박영사.
조창현(2005), 『지방자치론(제6정판)』, 서울: 박영사.
최흥석 외(2004), 『공유재와 갈등관리』, 서울: 박영사.
하혜수(2003), 「지방자치단체간 분쟁조정과정에서 협상론적 분석」, 『한
        국행정학보』, 37(1).
홍성군지역발전협의회(2008), 충남도청 이전에 따른 홍성의 공동화 방
        지를 위한 제1차 심포지엄, 홍주문화회관, 2008년 9월 9일.
Schermerhorn, John R. Jr., James G. Hunt, and Richard N. Osborn,
        Managing Organizational Behavior, 7th ed(John Wiley & Sons,
        2000).
Thompson, L., The Mind and Heart of the Negotiator(Upper Saddle
        River, N.J.: Prentice Hall, 1998).

〈인터뷰〉

대전일보 사회부 이석호 기자
예산군 음봉면 ○○○ 면장
예산군 의회 ○○○ 의원
충청남도 개발공사 담당자
홍성군 관계자
홍성군 의회 ○○○ 의원

제5장

삶의 중심지 그 가운데는 가는 자와 오는 자의 아픔이 있다

- 전라남도 도청이전 사례 -

강인호(조선대 행정학과 교수)

I. 들어가는 말

1995년 민선자치 이후 지방자단체간 갈등과 분쟁이 빈번하게 발생하고 있다(김필두, 1996; 김용웅 외, 1998; 행정자치부, 1999). 이러한 갈등을 바라보면서 행정학을 전공한 학자로서 갈등을 역기능보다는 순기능으로 전환시킬 수 있는 동력은 없는지 고민하게 된다. 필자가 미국에서 귀국해 전임으로 근무하기 시작한 곳이 광주광역시 소재 대학이다. 막 부임했을 때 전라남도 도청 이전을 둘러쌓고 갈등이 불만이 야기하기 시작했다. 한때 1986년 11월 1일 전라남도 광주시가 광주직할시로 승격했을 때 모든 호남 민중들이 함께 기뻐했던 환희는 온데 간데 없고 기쁨은 갈등의 씨앗으로 변하고 있었다. 필자는 그 때 왜 기쁨이 갈등의 단초가 되는가에 의아하게 되었다. 그 때 느낀 것이 삶의 중심지가 옮겨 갈 때 가는 자와 오는 자의 아픔이 있다는 것을 알게 되었다. 도청이전을 둘러싼 갈등의 시초는 1967년 경기도청을 서울에서 수원으로 이전하면서 시작되었다고 할 수 있다. 본 글은 도청이전이 새로운 삶을 개척하고 공생하기를 바라는 마음과 전남도청 이전 사례가 반면교사의 역할을 하기를 기대하는 마음으로 시작하고자 한다.

Ⅱ. 내 이야기와 동의하는 글들

흔히 이야기하기를 갈등은 세 가지 공통요소를 가지고 있다고 한다.42) 첫째, 갈등은 둘 이상의 행동주체인 당사자간에 일어나는 현상이다. 갈등이 성립하려면 갈등주체가 있어야 한다. 이러한 갈등의 주체는 개인, 집단, 조직이 된다. 갈등은 일방적 일수 없기 때문에 양당사자를 전제하여야 한다. 둘째, 갈등당사자들의 가치나 목표에 대한 의견의 불일치에 대한 인식(perception)이 있어야 한다. 갈등은

---

42) 갈등이란 '하나의 인간이 둘 이상의 상호 정반대되는 행위에 종사하도록 동기가 부여된 상황'(Murray, 1984: 138), '조직을 구성하는 개인간, 집단간 및 조직과 조직간에 잠재적 혹은 현재적으로 대립하고 마찰하는 사회적, 심리적 상태'(김흥식, 1993: 7 - 8), '조직내의 의사결정에서 대안 선택기준이 애매 모호하여 어느 대안을 선택해야 할지 곤란을 겪게 되는 상황'(March & Simon, 1958: 112), '조직내에서 목표의 양립, 지각의 차이가 존재 할 때 행동주체간 일어나는 대립적 상호작용'(오석홍, 1994: 594 - 595)등으로 정의되고 있다. 심리학에서 갈등은 눈덩이에 비유된다. 작은 것에서 불신이 싹트면서 감정이 쌓여 눈덩이 처럼 불어난다는 것이다. 개인은 물론이고 집단간의 갈등도 마찬가지이다. 마치와 사이먼에 따르면, 갈등을 일으키는 조건으로 첫째, 공동적인 의사결정의 필요에 대한 인식, 둘째 목표의 차이, 셋째, 현실에 대한 지각 차이를 들고 있다(Mrach & Simon, 1958: 113 - 117). 여기서 첫 번째의 조건은 항상 성립되어야하고, 두 번째 또는 세 번째의 조건 가운데 하나가 성립되면 갈등이 야기된다고 보고 있다.

느껴야 한다는 것이다. 아무리 곤란하고 어려운 상황이라 할지라도 당사자가 느끼지 못하고 알지 못하면 갈등이 야기되지 않는다. 갈등은 대립적 행동이 직접적으로 나타나지 않더라도 당사자들이 갈등을 지각하고 긴장, 불안, 적개심을 느끼기 시작하면 이미 갈등이 내재된다(유해운 외, 2001: 51 - 60). 셋째, 갈등당사자들간 동태적 상호의존적 과정이다. 갈등과정은 문제를 둘러싸고 관련당사자간 역동성을 띠기 마련이고, 따라서 갈등이 해결되려면 이들간 교환, 협상, 타협을 통한 상호작용이 필수적이다. 이렇게 볼 때 갈등의 조건은 '갈등주체'가 있고, '양립될 수 없는 상황'에서 발생하며, '상호작용'이 있고, 갈등과정은 동태적이라는 점으로 요약된다.

사회현상을 분석하고 이의 해결대안을 제시하는 방법이 다양하듯이, 지방자치단체간 갈등현상에 대한 원인이나 이의 해결책을 제시하는 접근시각도 다양하다. 선행연구들은 크게 제도적 접근, 게임이론적 접근, 사회심리적 접근, 협상론적 접근, 정치적 및 경제적 접근 등으로 정리된다.

첫째, 제도적 접근이다. 이 접근은 최근에 많은 연구가 축적되었는데, 갈등현상을 다룰 때 '제도'라는 변수를 강조하고 있다. 여기서 제도는 일종의 규칙이며, 규칙은 공식적 규칙과 비공식적 규칙을 포함하고 어떤 문제영역에서 문제해결규칙의 집합을 말한다. 공유자원의 효율적 관리를 위해서 제도적 규칙의 중요성(김인, 1998), 공유재 이용을 둘러싼 갈등해결을 위한 제도적 틀의 활용(주재복 외, 2003; 홍성만 외, 2003), 자발적 협력을 위해 제도적 규칙설계의 중요성(Osrtom, 1992; Arensten, 2001), 갈등을 협력으로 유도하는 데는 제도가 영향이 크다는 점(Lubell, 2004) 등이 강조되고 있다. 갈등해소는 제도적 틀이나 문제해결의 규칙들을 통해서 갈등이 조정되고 협력이 유도한다는 점이 강조되고 있다.

둘째, 게임이론적 접근이다. 이는 갈등을 행위자간 전략적 게임이나 죄수의 딜레마 구조하에서 각 행위자의 전략적 대응행동에 따른 갈등해소 및 협력의 조건으로 설명하고 있다. 갈등해결은 정책딜레마 발생을 방지하는 것(소영진, 1999), 행위자간 이익극대화 행위와 신뢰성 상실이 협력을 저해하고(신희권, 2002), 행위자(부지개발자와 지역공동체)간의 신뢰성이 결여된 행동(Rabe, 1990), 게임구조하에서 전략적 대응행동(김인철 외, 1999; 고경훈, 2003)등을 분석하고 있다. 행위자의 전략적 대응행동을 분석하고 이에 따른 협력적 방법을 제시하고 있다.

셋째, 사회심리적 접근이다. 틀짓기(frame)개념을 통한 접근방식으로서 갈등문제의 본질적 규명과 갈등해결의 출발점은 이해당사자들이 갈등사안과 행위자를 어떻게 인지하고 또 그것을 어떻게 해석하느냐에 달라진다고 본다. 특히 이해당사자들의 의식속에 자리잡고 있는 해석적 체계를 먼저 이해해야 한다고 강조하고 있다 (Pinkley & Northcraft, 1994; 주경일, 2002; Shmueli & Ben-Gal, 2003; Elliott & Hanke, 2003; Gray, 2004).[43] 갈등을 사회 심리적

---

43) Pinkley & Northcraft(1994)는 갈등과정에서 행위자간 틀짓기(framing)가 중요변수가 되고 있다고 주장하고, 주경일(2002)은 쓰레기입지갈등을 둘러싼 집단행동의 틀과 이에 기반한 틀짓기(framing)가 입지갈등상황에서 어떤 요인들과 상호작용하면서 갈등이 전개해 가는지 탐구하고 있다. Shmueli & Ben-Gal(2003)는 갈등당사자들이 갈등을 해석(틀지기)하는 데 차이가 나기 마련인데, 이런 해석의 차이는 갈등해결에 중요한 영향요인이라고 지적한다. Elliott & Hanke(2003)도 환경오염을 가중시키는 독성물질을 완화시키려는 방법을 찾는데도, 관련 행위자의 해석의 차이가 갈등을 초래하고 있다고 지적하고 있다. Gray(2004)는 환경갈등에서 왜 협력적 해결이 어려운가에 대해 갈등문제와 협력의 상대를 어떻게 틀짓기 하는가가 중요하다고 강조한다.

으로 접근하는 방식에서는 프레임이나 해석의 틀이 갈등을 해석하는 하나의 렌즈로서 역할을 하고, 이러한 렌즈가 재구성될 때(reframing)에 비로소 갈등이 해소된다는 점을 시사해 주고 있다.

넷째, 협상론적 접근이다. 이는 갈등을 푸는 데 협상의 중요성을 강조한다. 갈등당사자간 협상과정에서 협상의 우선순위과 협상교환기술(이선우 외, 2002), 협상의 전략(김상구, 2002), 분쟁조정과정에서 협상의 효율적 방법(하혜수, 2003), 협상의 동태성(Putnam, 2004)등을 강조하고 있다. 갈등은 결국 협상으로 풀어야 하는 데, 이 과정에서 다양한 협상관리전략과 기술을 강조하고 있다.

다섯째, 정치적 및 경제적 접근이다. 정치적 시각에서 접근은 갈등자체를 정치적 문제로 보고 갈등해결을 위해서는 단체장간 협상과 조정을 통해 해결될 수 있다는 입장이다. 갈등해결은 정치적 과정을 통해 정부간 양보와 타협, 제3자 조정수단으로 해결 된다는 점을 강조한다(Gress, 1996; Daley & Layton, 2004). 갈등사안을 정치적 갈등구조를 비교하면서 갈등의 상이한 특성을 부각시키고 있다(김용철, 1998). 경제적 접근은 갈등을 비용과 편익의 불공평성에서 발생한다고 보고 이를 해결하기 위해서는 경제적 보상이나 투자를 통해 해결이 가능하다고 보고 있다(김상헌, 1997; 박기묵, 1997, 백종섭, 2002). 예컨대 맑은 물의 경제적 가치의 계량화를 통한 적절한 보상액 수준을 결정하는 갈등은 해결할 수 있다고 보고 있다. 선행연구들은 갈등현상에 대한 접근이 다양하고, 어떤 변수를 중요시하느냐에 따라 갈등해소의 방법도 달라질 수 있다는 점을 보여주고 있다.

1. 지방자치단체간 갈등의 영향요인

지방자치단체간 갈등에 영향을 미치는 요인은 학자들의 주장이나 시각에 따라 다양하다. 지방자치단체간 갈등에 관한 선행연구를 검토해 보면 영향요인의 범주화가 가능하다. 먼저, 광역정부간의 갈등에서 주요한 영향요인으로는 갈등문제와 직접적으로 관련이 있는 법적, 제도적 근거의 부족을 가장 많이 제기하고 있다(Zimmmerman, 1998; Davis & Puro, 1999; 이종렬 외, 1998; 김인철 외, 1999; 최봉기 외, 1999; 소영진, 1999). 갈등당사자간 협력장치의 미정립이나 갈등문제에 대한 정치적 권력관계(Spaper, 1999; Painter, 2000; 이종렬 외, 1998; 김인철 외, 1999; 최봉기 외, 1999; 소영진, 1999; 조승현, 2003), 지방자치단체 관료의 행위나 특성에 관한 요인도 제기되고 있다(Wright, 1999; Opeskin, 2001). 또한 지방자치단체 내외부의 정치적 환경, 경제적 수준 및 문화적 동질성도 갈등의 요인으로 지적되고 있다(Lane, 1999; Wright, 2003). 둘째, 광역정부와 기초정부간 갈등에서도 광역정부간 갈등에서 제시된 제도적 장치와 협력기구의 미미가 중요요인으로 제기되고(Stoker, 1995; Wise & O'Leary, 1997; Lubell, 2004; 강인호 외, 2003), 이어 행정절차와 구조상의 문제도 갈등요인으로 제기되고 있다(Wise & O'Leary, 1997; Falcome & Lan, 1997; Goy & Elliott, 2003). 또한 갈등사안에 대해 지방단체장과 관료의 특성(Laverty & Palmer, 2001; 이원일, 1998), 당사자의 관여 또는 협상능력의 정도도 갈등의 영향요인으로 지적되고 있다(Falcone & Lan, 1997; Lubell, 2004). 셋째, 기초정부간 갈등에서는 정치, 경제, 사회적 환경적 차원이나

(Ellison, 1998; Martin, 2000; 이종열, 1995), 제도적 장치와 협력기구의 부재(Davis, 2002; Argyle & Marlowe, 2002; 서휘석, 1995; 주재복, 2001), 절차의 문제(Alm & Stephanie, 1996) 등이 제기되고 있다. 여기에다 중앙정부의 개입과 같은 제3자 개입과 이에 대한 당사자의 반응도 주요한 영향요인으로 제기되고 있다(Godschalk, 1992; 김상구, 2002).

선행연구에서 제기된 중요한 영향요인을 집약하면 제도적 장치와 협력기구의 미흡, 지방자치단체의 행태특성, 갈등관련 환경적 요인 등 세 가지 차원으로 요약된다. 그러므로 본 연구에서는 지방자치단체간 갈등에 영향을 미치는 요인으로 제도적 요인, 행위자 특성요인, 환경적 요인 등을 중요변수로 보고 이를 구체적으로 논의하면 다음과 같다.

1) 제도적 요인

일반적으로 제도는 공식적 제도와 비공식제도를 나누어 볼 수 있다. 공식적 제도는 지방자치단체간 갈등문제를 해결하기 위한 관련 법률의 유무, 갈등해결위한 제도적 장치, 문제해결의 규칙들 등을 말하고, 비공식적 제도는 지방자치단체간의 갈등사안과 관련하여 문서화되지 않은 관례나 관행을 말한다.

지방자치단체는 특정한 사업을 추진하는 과정에서는 해당법률에 근거해서 시행하기 하기 때문에 제도적으로 어떤 법률이 존재하는지 여부와 다른 법률과의 충돌성 여부는 지방자치단체간 갈등의 영향요인을 파악하는 데 중요하다. 또한 현행 지방자치법(제142조,

제149조)체계하에서는 지방자치단체간 갈등을 해결하기 위해 당사자간 조정이나 제3자 조정수단들이 있는데, 이의 작동여부의 분석도 중요하다. 당사자간 조정은 행정협의회나 지방자치단체조합, 제3자 조정은 중앙정부, 중앙환경분쟁조정위원회, 시도지사, 자치단체 분쟁조정위원회, 행정심판, 사법부의 판결 등이 있다.

한편 갈등을 해결하는 데 영향을 미치는 일련의 규칙들은 직위규칙, 경계규칙, 권위규칙, 통합규칙, 범위규칙, 정보규칙, 보상규칙 등으로 나누어 볼 수 있다(Ostrom, 1992; Ostrom, Gardner & Walker, 1993; 강성철 외, 2004a).[44] 첫째, 문제해결을 위한 직위의 규칙은 공동체내에 일련의 직위와 각 직위를 보유하는 참여자 수, 임기 등을 규정하는 규칙이다. 통상적으로 이런 직위규칙은 지방자치단체간에 특정사안을 논의하기 위해서 구성되는 관련기구나 협의체 내의 여러 직위를 규정하는 규칙이 있을 수 있으며, 동시에 이런 협의체의 활동을 지도 감독하는 정부기구나 외부기관의 직위를 규정한다. 둘째, 경계의 규칙은 주어진 상황에서 행위자가 누구인가를 결정해주는 규칙이며, 지방자치단체간 갈등과 협력에 있어 관련기구의 직위에 취임하거나 퇴임하는 참여자들이 누구인가로 정의된다. 지방자치단체간 갈등 및 협력관계에서의 행위자는 해당 지방자치단체는 물론, 직접 관련된 공무원, 주민, 감독자로서의 중

---

44) 서비스의 전달이나 이용과 관련하여, 그 공동체내에 있는 직위의 종류, 각 직위에 대한 정원, 직위 점유자의 임기 등을 규정하는 직위규칙(position rules), 직위 점유자의 선정방법, 직위 점유자의 해직방법 등을 규정하는 경계규칙(boundary rules), 특정 직위를 맡은 사람이 할 수 있는 역할을 규정해 주는 권위규칙(authority rules), 집합적 의사결정의 방식을 규정하는 통합규칙(aggregation rules), 행위자가 영향을 미치는 결과의 영역을 한정하는 범위규칙(scope rules), 행위자 사이에 정보가 배분되는 방식을 규정하는 정보규칙(information rules), 편익과 비용의 배분을 규정해 주는 보상규칙(payoff rules) 등이 있다

앙정부 등을 모두 포함한다. 이런 규칙에서는 갈등과 협력의 사안에 대해 누가 혜택을 받으며, 어떤 근거에서 이해당사자가 되며, 외부집단이나 중앙정부가 그 체제에 포함되는가 여부가 주요한 이슈이다. 셋째, 권위의 규칙은 공동체내에 각 직위를 맡는 사람들의 권한의 규칙이다. 이는 특정 직위를 맡은 사람이 할 수 있는 역할이나 기능을 규정해 준다. 지방자치단체간 갈등에서 여러 가지 의사결정과 관련하여 누가 무엇을 할 수 있는가를 밝혀주는 것은 곧 권위규칙이다. 넷째, 통합의 규칙은 지방자치단체간 갈등을 해결하기 위해 형성된 공동체의 집합적 의사결정을 할때 적용되는 의사결정규칙이다. 어떤 활동체제 내에서 집합적 의사결정이 이루어지기 위해서 선택이 어떻게 이루어지게 되는가를 밝히고 있는 것인데, 모든 의사결정이 자치적으로 이루어질 수도 있고 개별적인 의사결정이 선발된 대표집단에 위임되어 있을 수도 있다. 다섯째, 범위의 규칙은 공동체가 수행할 수 있는 일련의 일의 범위를 규정한 규칙이다. 어떤 공동체가 하는 일의 범위를 규정하는 것으로서 주로 사업의 범위를 정하는 것이다. 여섯째, 정보의 규칙은 공동체의 의사전달과 관련된 정보를 창출하고 전달하는 규칙이다. 이는 지방자치단체간 관계의 장에서 갈등을 분석할 때 갈등의 해결을 위해 관련 정보를 당사자들인 둘 또는 셋 이상의 지방자치단체들에게 알려주어야 하는지, 혹은 갈등해결방안의 조성, 편익과 비용의 수준 등 해당 사안에 있어서 중요한 정보를 주민 등 다른 이해관계자들에게도 어느 정도 알려주어야 하는가의 문제를 밝혀 준다. 일곱째, 보상의 규칙은 행위자들의 관계에서 요구되거나, 허용되고 금지된 편익과 비용으로 정의된다. 지방자치단체간 갈등사안에 있어 편익이나 비용의 배분을 규정해주는 규칙이다. 지방자치단체간 관계에 있어서는 갈등의 해결로 인한 결과물(편익, 소유권 등)의 일정한 비율을 갖는다든지, 혹은 일정한 비율의 결과물을 제외한 나머지는 이해당사자인 복수의 지방자치단체들이 공동으로 소유하게 된다든지 하는 것은 보상규칙의 예이다. 통상적으로 어떤 제도적 상황에서의 보상규칙은 특정 행위나 활동의 결과로서 마땅히 예견할 수 있는 것을 규정해 주고 있다.[45] 현실세계에서 갈등사안을 둘러싼 지방자치단체간 갈등과정을 이러한 규칙들을 통해서 들여다본다면 갈등에 영향을 주는 제도적 요인을 살펴볼 수 있다.

2) 행위자 특성요인

지방자치단체간 갈등에 영향을 미치는 중요한 변수중 하나는 행위자 특성요인이다. 여기서 중요하게 고려할 수 있는 것은 단체장의 리더십 행태, 자원동원능력, 관심과 의지, 상대자치단체의 신뢰, 중재자의 신뢰, 문제해결태도 등이다.

첫째, 단체장의 리더십 행태이다. 어떤 조직의 발전도 공식적이든 비공식적이든 효과적 리더십에 달려있다. 물론 다른 변수들도 조직발전에 영향을 주지만 그 중에서도 리더십은 아마 가장 중요

---

45) 이러한 규칙과 관련하여 특정상황 내에서 행해진 행동과 야기된 결과에 누적적으로 영향을 미치는 세 가지 수준의 규칙들을 비교하는 것도 유용하다(Kiser & Ostrom, 1982). 첫째, 운영상의 규칙은 어떤 상황에서 참여자들에 의해 이루어진 일상의 의사결정에 직접적으로 영향을 미친다. 집합적 선택규칙은 적임자를 결정함에 있어서의 그것의 영향과 운영상의 규칙을 변경하는 데 사용된 구체적 규칙을 통하여 운영상의 활동과 결과에 영향을 미친다. 셋째, 헌법상의 선택규칙은 운영상의 규칙과 적임자를 결정함에 있어서의 그들의 영향 및 차례로 일련의 운영상의 규칙들에 영향을 미치는 일련의 집합적 선택규칙을 정교하게 만드는 데 사용된 규칙들에 영향을 미친다.

한 변수이다(이광희, 2003: 643 - 647). 민선단체장들은 지방정치의 참여자 중 누구보다도 인력, 재원, 정보 등의 자원을 보유하고 행사하는 위치에 있고, 과거 임명직 자치단체장에 비해 보다 많은 자원을 구성, 운영에 있어서 보다 높은 자율권을 행사할 수 있다는 점, 주민의 수권이라는 강력한 정당성에 의하여 그 권위를 인정받고 있다는 점, 또 과거의 임명직 단체장 평균 재임기간보다 안정적인 임기를 보장받는다는 점 등에 비추어 강력한 영향력을 지니고 있다(이승종, 1998: 147 - 149). 따라서 지방자치단체간 갈등사안을 다루는 데 있어서 단체장의 영향력은 갈등해결에 중요한 변수로서 작용한다.46)

리더십의 유형은 학자들마다 다양하나 일반적으로 권위적 리더십, 민주적 리더십 등으로 나눈다. 권위형은 모든 결정을 독점하고 부하직원들의 참여는 배제하며 지도자와 추종자의 커뮤니케이션은 일방적이고 명령과 지시가 주종을 이룬다. 과업의 성취에 역점을 두는 이 유형은 부하직원을 조직의 부품으로 간주하거나 사병화하며 인격적인 대우를 거부한다. 반면 민주형은 권위형과 대비되는 개념이며 지도자는 조직성원과의 합의를 통해 정책을 결정하며 부하직원은 하나의 인격체로 존중하고 지도자와 추종하는 인간적인 친화력을 향유한다. 따라서 지도자와 추종자와 커뮤니케이션은 교

---

46) 리더십에 관한 기존연구들은 단체장의 개인적 특성보다는 지방정치, 참여자 또는 사회경제적 조건과 같은 상황요인에 의해 보다 영향을 받는다고 한다(이승종, 1998; 이창원, 1999). 일반적인 단체장의 리더십을 언급할 때는 기존 연구처럼 상황요인이 중요할지는 모르나 지방자치단체간 갈등사안과 관련시켜 볼 때는 단체장의 개인적 특성이 오히려 상황요인보다 중요하다. 갈등사안에 대한 리더십은 개인의 특성에 따라 달리 발휘될 수 있다는 점이다. 이는 갈등상황에 대처하는 리더의 개인적 특성에 따라 리더십의 성과가 달라질 수 있다는 점을 의미한다.

호적이며 주로 설득과 토론의 방식으로 이루어진다(김호진, 2000: 124 - 125). 일반적인 리더십은 조직내에서 특성을 의미하지만 지방자치단체간 갈등과정에서는 리더십은 리더와 추종자간의 관계보다는 상대자치단체와의 관계를 의미한다. 따라서 갈등사안에 대해 단체장이 상대단체와의 관계에서는 권위형과 민주형으로 분류할 수 있다. 예컨대 갈등사안에 대해 단체장이 상대자치단체의 의견을 존중하는가, 상대와 합의를 통해서 정책결정을 하는가, 토론과 설득의 의사결정방식인가, 일방적인 명령과 지시인가 등에 따라 그 유형을 판단할 수 있다. 그러므로 갈등사안에 대해 이러한 단체장의 리더십 행태는 갈등의 영향요인으로 작용한다.

둘째, 자원의존이론에 따르면 집단간 자원을 둘러싼 의존관계가 성립되면 그것은 상호간 권력(power)관계가 발생한다. 자원을 많이 가진 집단이 그렇지 못한 집단보다 영향력을 갖기 마련이다. 단체장의 자원동원능력이라 함은 정치적 자원, 행정적 자원 등에 대한 동원능력을 말한다. 단체장은 지방의회, 지역주민관계에서 핵심적 지위에 있기 때문에 정치적 자원은 지역국회의원, 지역의회, 지역사회에서 높은 정치적 지지를 받은 상태, 행정적 자원은 중앙정부 혹은 상급단체와 긴밀한 관계, 해당단체의 관료들로부터 높은 지지 상태를 말한다. 갈등과 관련하여 중요한 것은 갈등관계에 있는 상대단체에 비해 자원동원능력이 클 경우이다. 단체장이 자원동원능력이 크다면 자신의 의지와 의도대로 갈등사안을 끌고 가려는 경우가 대부분이다. 권력이 상대보다 크면 자율성이 생기기 마련이며, 따라서 갈등해소보다 갈등을 증폭시키거나 심화시켜 대결상태가 장기간 지속될 수 있다. 반대로 자원동원능력이 상대자치단체와 비교해서 적거나 동등할 경우 갈등양상의 변수로 작용할 가능성은 낮다.

셋째, 자치단체장의 관심과 의지이다. 단체장의 갈등사안에 대한 관심과 의지는 지방자치단체간 갈등을 성공적인 협력관계로 전환시키는데 있어서 기본적 요건중 하나이다. 지방자치단체간갈등을 해결하고 성공적 협력체제로 가기 위해서는 단체장이 갈등해결을 위해 적극적인 관여와 해결의지를 보여주어야 한다. 단체장이 갈등사안에 대해 어느 정도의 관심을 가지고 있는가와 갈등문제의 해결을 위해서 어느 정도를 의지를 보여주느냐에 따라 갈등해소에 영향을 미친다. 예컨대 갈등사안에 대해 강한 의지와 관심을 표명하면 그렇지 않은 경우에 비해 어떻게든 타협으로 문제해결에 나설 것이며, 이는 곧 갈등해소로 이어질 가능성이 크다(Augsburger, 1992: 68－69). 문제를 협상으로 풀려는 의지 혹은 협상의지수준이 크거나 적극적이면 갈등이 협력으로 이어질 가능성이 크다.

넷째, 상대에 대한 신뢰성이다. 상대에 대한 신뢰성 여부도 갈등과정에 영향을 미친다. 상대를 신뢰할만한 상대로 인식하느냐 그렇지 않느냐에 등 상대를 어떻게 틀 짓기를 하느냐도 중요한 관건이다(Gray, 2004: 168－170). 따라서 단체장이 상대단체에 대한 신뢰여부도 갈등과정에 영향을 미친다. 상대단체가 지나치게 자신의 입장만을 유리하게 하려한다고 인식하거나 상대단체가 쉽게 문제해결에 나서지 않을 것이라고 불신한다면 그렇지 않은 경우에 비하면 상이할 것이다.

다섯째, 중재자에 대한 신뢰이다. 상위정부 혹은 중재자(제3자)가 비교적 중립적으로 문제해결을 해줄 것이라고 믿거나 상위정부 혹은 중재자가 상대단체에게 호의적인 입장을 가지고 있다고 인식하는 경우도 갈등해결에 영향을 미친다.[47] 그러나 제3자 개입이 곧바로 갈등해결로 이어지지 못한다. 갈등상황에서 제3자 개입이 효과적이기 위해서는 세 가지 조건이 충족되어져야한다. 갈등당사자들이 협상을 하겠다는 의지이며, 갈등당사자들이 받아들일 수 있는 협상을 위한 장의 가능성이며, 조정자에 대한 신뢰이다(Sandole & Sandole-Staroste, 1987: 20). 제3자 중재가 효과적이기 위해서는 갈등당사자와 제3자와의 관계가 신뢰관계인가여부가 중요하다.

여섯째, 문제해결태도이다. 시설입지를 둘러싸고 갈등이 발생하면 단체장은 문제에 대한 대응이 요구되는데, 이 대응여부는 갈등해결여부에 영향을 미친다. 갈등과정에서 단체장이 갈등사안에 대해 두 가지 대응태도를 상정 할 수 있다. 하나는 단체장이 갈등해결에 적극적으로 나서는 경우이다. 갈등사안에 지대한 관심과 의지를 갖고 적극적으로 문제를 해결하려는 태도이다. 이 경우는 어떻게든 해결의 실마리를 찾으려는 노력이므로 대결상황을 벗어날 수 있다. 다른 하나는 단체장보다는 담당공무원이 갈등사안에 나서는 경우이다. 단체장이 전면에 나서지 않고 부하 공무원들에 문제해결을 위임하는 태도이다. 골치아픈 사안이나 개입을 해 보았자 편익을 얻을 수 없을 때 회피하는 태도를 보인다. 단체장이 회피적 태

---

47) 제3자는 갈등당사자들이 갈등을 푸는 데 도와주려는 목적으로 협상에 참여하는 중립적인 개인 또는 조직을 말한다. 갈등해결에 있어서 제3자의 역할은 갈등당사자들의 극한적 대결 양상을 완화하는 데 결정적 역할을 한다(Elangovan, 1995; 서휘석, 2001: 388-389). 제3자의 개입은 대개 갈등이 길어지고 복잡해 질 때, ② 갈등당사자들의 갈등해소노력이 교착상태에 빠질 때, 갈등이 여러 요인에 의해 심화될 때, 갈등당사자간에 어느 정도의 의사소통과 협력이 존재할 때 나타나서 직접적인 협상을 용이하게 하는 촉매적, 보충적 역할과 함께 갈등당사자들로 하여금 특정한 결과나 해결책을 받아들이도록 한다(Fisher, 1997: 166-168).

도로 일관하면 갈등해결은 좀처럼 어렵고, 대결상황이 장기적으로 치달을 수 있다.

3) 환경적 요인

지방자치단체간 갈등에 영향을 요인으로 제도적, 행위자 특성 요인 못지않게 환경적 요인의 고려도 중요하다.[48] 환경적 요인은 정치, 경제, 사회적 상황을 고려 할 수 있는데, 이 중에서도 중요하게 고려할 수 있는 것이 정치적 요인이다. 지방자치단체간 갈등은 사회경제적 요인보다 정치적 요인이 갈등에 민감하게 작용하기 때문이다. 우선 정치적 요인으로 고려 할 수 있는 것은 선거와 같은 정치적 사건의 존재유무이다. 지방자치단체의 단체장이나 지방의원, 그리고 지역출신의 국회의원을 선출하는 선거는 이것을 계기로 지방자치단체간 갈등의 동기를 제공하거나, 진행 중인 갈등을 증폭시키거나 아니면 갈등을 해결할 수 있는 실마리를 제공해 줄 수 있다. 즉 갈등과정에 선거존재유무는 갈등을 증폭시킬 수 있고, 갈등을 해결하는 데 도움을 줄 수 있고, 혹은 갈등의 증폭이나 해결에 영향을 미치지 않을 수도 있다. 정치적 변수로서 두번 째 요인은 중앙정부의 개입정도나 해당지역구 출신 국회의원 등 정치인의 특정현안에 대한 관심정도가 지방자치단체간의 갈등과정에 영향을 미친다. 비록 지방자치제가 실시되고 있으나 중앙과 지방간에는 수직적 역학구도의 유산이 상존하고 있고, 지역핵심사업추진에

---

48) 환경적 요인은 갈등당사자인 지방자치단체간을 중심으로 한 제도적, 행위자 특성 이외의 것을 말한다. 여기에 주요한 변수로 고려될 수 있는 것이 갈등사안과 관련하여 정치적 변수, 지역주민, 지역단체 등이다.

서도 중앙정부의 지원에 의존하고 있는 실정이므로 중앙정부나 중앙정치인은 지방자치단체에 미치는 영향력은 여전히 크다.

한편, 지역의회와 시민단체의 개입정도, 지역주민들의 관심과 참여정도도 환경적 측면에서 고려해야 할 변수이다. 갈등사안에 주민이 개입하는 경우 자치단체는 지역여론을 반영해야 된다. 민선단체장은 지역주민의 입장을 무시할 수 없으므로 직접적인 이해관계를 가진 지역주민의 개입이나 관여는 갈등양상에 변화를 가져올 수 있다. 또 지역NGO나 지방의회가 개입하는 경우에도 갈등사안이 지역사회문제로 발전할 가능성이 높아지며 이런 분위기는 갈등양상에 영향요인으로 작용한다.

Ⅲ. 전남도청이전사례

1. 사례개요

광주광역시와 전남도 통합과 도청이전 문제에 대한 전라남도 의회, 도지사와 광주광역시 의회와 시장 간에 미묘한 견해차를 보이며 본 의사결정 과정에서 심각한 갈등을 보였다. 광주시의회는 지난 2000년 성명서에서 "지난 99년 일단락됐던 도청이전 및 시도통합에 대한 문제를 일각에서 다시 거론, 지역주민의 갈등이 유발되고 있다"며 "광주시장은 조속히 주민투표를 실시해 지역 내 정확한 여론 파악을 통한 소모적 논쟁 중단에 나서야 한다"고 촉구했다. 그러나 허경만 전전남도지사는 통합에 대한 광주시의 의지와 능력이 없다는 것을 확인한 만큼 약속했던 대로 이전을 추진할 것이며 곧바로 조달청에 발주를 의뢰, 연내에 착공할 수 있도록 하겠다고 밝히고, 광주와 전남이 발전하기 위해서는 사회간접자본시설(SOC)이 전국 중상위권으로 부상해야만 가능하다고 전제하고 전남도청 이전을 통해 지역발전의 핵을 하나 더 만들어 SOC를 확충하는 계기로 만들자며 본 계획을 계속 추진했다.

2. 주체 및 원인

도청이전문제가 본격적으로 등장하게 된 것은 1993.5.13일 광주 5.18 대책의 일환으로 대통령특별담화를 통해 전남도청을 관내로 이전하는 대신 현 도청 자리에 「5.18기념공원」을 조성하겠다는 결정이 내려진 이후부터라고 할 수 있다. 이에 전남도 집행부에서는 용역결과를 도의회에 보고하고 사전 동의를 요청했으나 지방자치법 관련 조문 해석을 둘러싸고 집행부와 도의회간에 3차례에 걸쳐 반송이 이루어지는 등 도의회 동의절차 이행에 실패하였다. 이 과정에서 집행부는 도의회 사전동의의 이행을 주장한 반면, 도의회에서는 내무부 장관 사전 승인 후 조례를 제정하는 것이 적법한 절차라고 주장하였다. 도의회에 대한 사전동의 절차를 밟고 있는 동안에 도청이전 반대 서명운동, 19개 시군의회 의장단 설명, 무안삼향 반대투쟁위원회 결성 등 지역갈등이 심화되었다.

3. 경 과

1) 갈등의 발생기

1993년에 김영삼 전대통령 특별담화를 통해 도청의 관할 자치구역내로의 이전 문제가 정책의제화되었다. 그러다가 1995년 제1기 민선도지사 취임과 더불어 도청 이전 논의가 중단되고 시·도 통합으로 정책방향이 전환되었다. 그 이후 3년 반동안 도지사의 다각적인 노력에도 불구하고 광주광역시의 반대와 중앙정부의 소극적인 지원으로 말미암아 시·도 통합은 성사되지 못하였다. 1999년부터 도지사는 시·도 통합정책을 포기하고, 다시 도청 이전으로 정책 방향을 선회하였으며, 1999년 6월 30일 도의회에서 도청소재지 변경 조례안이 의결됨으로써 도청 이전이 결정되었다. 전라남도의 경우 1993년 무안군 삼향면 남악리 일대를 도청이전 최적후보지로 발표한 후 지역갈등이 심화되었으며, 이후 통합 추진기간 동안 잠잠하던 지역갈등이 1999년 도청이전사업을 다시 추진하면서 심화되었다.

〈표 5-1〉 갈등 및 협력의 진행과정

• 1993. 05.13.	광주 5.18 대책의 일환으로 대통령특별담화를 통해 전남도청이전 결정
• 1994. 08. 29	내무부의 행정구역개편 검토안이 발표되었는데 여기서는 광주, 대구, 대전직할시는 통폐합 대상에서 제외
• 1994. 11.	광주·전남지역의 언론매체를 중심으로 통합논의가 활발히 제기
• 1995. 06.	제1기 민선도지사 취임과 더불어 도청 이전 논의가 중단되고 시·도 통합으로 정책방향이 전환
• 1996. 09. 20.	통합을 보다 구체화하기 위해 내무부에 주민투표법의 제정을 건의
• 1997. 06.	전남도의 광주광역시에 주민의견조사 공동실시를 제의
• 1998. 05	도청소재지 입지선정 용역결과 토대로 무안군 삼향면 일원을 신도청소재로 결정
• 1999. 06. 30.	도의회에서 도청소재지 변경 조례안이 의결됨으로써 도청 이전이 결정
• 2002. 02.	현 도청을 무안군 삼향면 남악리 현장으로 이전키로 확정
• 2004. 12	현재 도청건설 공사 진행 중

2) 갈등의 심화기

1994년 8월 25일에 민자당에서 2차 행정구역개편 검토안이 발표되었는데 부산, 인천과 같은 해양인접 직할시는 그대로 존치하되, 광주, 대구, 대전은 인접도와 통폐합하는 방안을 제시하였다. 이어서 1994년 8월 29일에는 내무부의 행정구역개편 검토안이 발표되었는데 여기서는 광주, 대구, 대전직할시는 통폐합 대상에서 제외되었다. 행정구역개편과 관련하여 당과 정부간에 정책혼선과 갈등이 초래되었던 것이다.

이런 배경에서 1994년 하반기에는 광주·전남지역의 언론매체를 중심으로 통합논의가 활발히 제기되었다. 이때 광주일보의 경우 통합논의에 대하여 중도적 입장을 취하면서도 광주광역시의 광역화 필요성을 제기하였고, 광주매일신문과 전남일보에서는 통합 찬성여론 우세보도 등의 특집연재를 통해 통합 논의에 매우 적극적인 입장을 보였다. 이런 단계를 거쳐 각 시·도 의회의 공식적인 입장표명으로 이어지게 되었다. 당시 광주시의회는 통합반대, 전남도의회는 통합지지 입장으로 상호 팽팽히 맞서다 어느 정도 통합논의가 중단되는 잠복기를 맞게 되었다.

이후 허경만 전남도지사 후보는 1995년 제1기 민선도지사 선거 당시 공약으로 광주·전남 통합을 내세웠다. 1995. 6. 27 지방선거를 거쳐 전남도지사로 취임하면서 통합의지를 계속적으로 표명함으로써 통합이슈를 재차 공론화하는데 결정적인 역할을 하였다. 시도통합이 정책의제화 됨에 따라 도에 통합추진전담기구인 「통합이전사업부」를 설치하였고, 1996년 8월에는 시도통합의 마스터플랜인 「광주·전남 통합추진계획」을 수립하였다. 이어서 1996. 9. 20 에는 통합을 보다 구체화하기 위해 내무부에 주민투표법의 제정을 건의하였다.

이와 같은 전남의 적극적인 추진양상에 위기의식을 느낀 광주광역시는 이전의 무대응 전략을 버리고 구체적인 통합반대활동에 들어가게 되는데, 이 과정에서 양 시·도의 시장과 도지사가 회동하였다. 도지사는 통합의 필요성과 추진방안을 설명한 뒤 전문기관에 의뢰하여 공동여론조사를 실시하자고 제의했으나 시장의 반대로 도 단독으로 시도민 여론조사를 실시하였다. 이 과정에서 광주광역시는 반상회 등을 통해 반대 홍보를 펼쳤고, 전남도에서는 통합의 필요성과 당위성에 대한 홍보활동을 전개하였다.

1996년 12월에 전남도는 광주-전남통합을 정부 정책으로 채택해 주도록 청와대, 국무총리실, 행자부 등에 건의하였다. 이 사이 광주광역시의회는 통합반대 결의문을 채택하였고, 광주광역시는 화순, 장성 등 전남지역 중 생활권이 비슷한 지역의 흡수를 주장하며 지사에게 공개질의서를 보냈다. 1997년 1월에 그동안 전남도에서 질의·건의했던 내용에 대한 내무부의 회신이 접수되었다. 행자부는 「지금까지 통합을 검토한 적이 없지만 시도민의 합의를 바탕으로 시도가 같이 건의해 오면 검토하겠다」는 입장을 표명하였다. 행자부의 시·도간 합의우선 원칙에 따라 도는 시에 통합관련 공청회 공동개최를 제의했으나 시는 불참통보를 해와 도 단독으로 3개 권역에서 공청회를 개최하였다. 또한 현실적으로 통합을 추진하기 위해서는 주민투표법이 제정되지 않은 상태에서 주민의견조사를 실시할 수밖에 없다. 주민의견조사의 경우 여론조사와는 달리 전남도 단독으로 할 수 없으며, 광주광역시민에 대해서는 광주광역시가 주관이 돼 실시해야 한다. 이에 전남도에서는 1997년 6월 광주광역시에 주민의견조사 공동실시를 제의했으나 시는 거부입장을 밝혔다. 이후에도 전남도에서는 기획예산위원회에 시도통합 건의서를 제출하였고, 정부·여당에 지방행정 개혁차원의 광역행정구역 개편을 건의하였다. 그러나 사실상 3년 동안 전남도의 주도적 노력하에 추진해 왔던 시도 행정구역 통합정책은 광주시의 주민의견조사 거부로 사실상 무산되고 말았다.

3) 갈등의 지속기

광주광역시의 반대와 중앙정부의 소극적인 지원으로 인해 도 자체적인 노력만으로는 더 이상 시도통합 정책 추진이 무망하다는 판단하에 도지사는 1998년 송년기자간담회를 통해 시도통합 포기 및 도청이전 재추진 방침을 천명하였다. 이에 따라 1998년 9월에 폐지하였던 도청통합이전사업부를 대신하는 도청이전사업본부를 다시 설치하였다. 이어서 도청이전에 관한 도민 공청회를 거친 다음에 1998년 실시한 도청소재지 입지선정 용역결과를 토대로 무안군 삼향면 일원을 신도청소재로 결정하였다. 1999년 5월 8일 행정자치부장관에게 도청소재지 변경 승인을 신청하였고, 5월 12일 행정자치부에서 도청소재지 변경을 승인하였다. 이에 전남도에서는 도청소재지 변경 조례안 입법예고(1999.5.20 – 6.9)를 거쳐 6월 22일 개회한 제145회 전남도의회 임시회에서 조례안을 처리할 예정이었다.

도지사가 주도하여 도청이전 정책이 다시 추진되자, 전남북부지역(나주시, 장성군, 화순군, 곡성군, 담양군 등) 지방의회를 중심으로 도청이전 중단 및 시도통합 추진을 요구하는 성명서 발표가 잇따랐다. 또한 도의회에서도 「광주·전남통합추진위원회」(도의원 16명)이 결성되어 도청이전을 반대하였으며, 광주지역 시민단체와 연대하여 「전남도청이전반대와 광주·전남통합을 위한 범시민추진위」를 결성하여 시도민을 대상으로 한 서명운동 등 도청이전 반대활동을 전개하였다.

대통령의 특별담화로부터 1999년 6월 도청이전 조례가 의결되기까지의 기간, 그리고 조례 의결 이후의 논의까지를 포함하여 도청이전 결정으로 일단락된 듯 하던 광주·전남 통합 문제는 그 이후에도 [광주·전남통합추진위원회] 소속 도의원들이 의정활동을 통해 도청이전사업 중단 및 시·도통합 추진 필요성을 계속 제기함으로써 논란이 수그러들지 않았다. 더 나아가한 시민적 관심이 환기되면서, 도청이전 반대와 광주·전남통합추진을 위한 시민운동이 또다시 전개되기에 이르렀다. 그 동안의 시·도 통합 및 도청이전 정책이 단체장 주도하의 의제설정 과정을 통해 추진되어 왔다고 한다면, 2000년 하반기부터는 이 문제가 시민운동 차원으로 전환되고 있다고 할 수 있다.

우선 도청이전에 따른 광주광역의 공동화 문제는 2000년 4월 13일 총선이후 광주지역 출신 국회의원들을 중심으로 공식적으로 제기되기 시작하였다. 그러다가 2000년 10월 광주광역시에서 발주한 [전남도청이전을 계기로 한 광주발전전략] 연구용역을 수행중이던 광주전남발전연구원이 [광주발전전략자문회의]에 보고한 자료가 언론에 보고되면서 시를 통해 도청 이전에 따른 광주광역시의 생산·고용·소득 감소와 인구유출 등에 미치는 파급효과가 구체적인 수치로 제시되면서 그 동안 단편적으로 제기되었던 도청 이전이후의 광주 공동화 문제의 심각성이 지역사회 주요 현안으로 대두하게 되었다. 물론 전남 도청 이전에 따른 광주의 공동화 문제는 시·도 통합을 추진하던 당시 전라남도에서 구체적인 통계자료를 통해 제시되었다. 그러나 광주광역시에 의해 이 문제가 무시되었다가 도청 이전이 현실화되면서 다시 시민적 공론화 과정을 거치게 되었다.

도청이전에 따른 광주광역시의 공동화 문제가 공론화과정을 거치면서 광주출신 일부 국회의원들이 도청이전 재검토 필요성을 제기하기 시작하였으며, 광주지역의 일부 시민단체와 종교계, 광주지역원로들을 중심으로 광주·전남 통합 무제가 다시 활발하게 거론되기 시작하였다. 그러다가 2000년 12월 22일 광주지역 일부 인사와 동구의회를 중심으로 [전남도청 이전 반대 및 광주·전남통합추진준비위원회]가 발족되면서 그 동안 시민들 사이에서 산발적으로 전개되던 도청이전 반대운동이 시민운동 형식의 시·도 통합운동으로 전환되기에 이르렀다. 그 이후 전라남도의회의 [시·도통합추진위원회] 소속 의원들과 전남지역의 시민단체, 그리고 광주광역시 일부 구의회 의원 등이 [광주·전남통합추진준비위원회]에 합류하게 되고, 2001년 2월 17일 '도청이전 반대 및 광주·전남 통합추진위원회(통추위)'를 결성하기에 이른다. 그리고 2000년 1월 18일부터는 광주·전남 통합을 위한 100 만명 시·도민 서명운동을 시작하고, 3월 24일에는 도청 앞에서 통합 시민대회를 개최하는 등, 시장과 지사에게 시·도 통합 추진에 적극 나설 것을 촉구하고 있다. 이런 가운데 정동채 새천년 민주당 광주광역시 지부장이 고재유 시장에게 시도통합에 적극 나설 것을 권고하고, 고재유 시장도 이전과는 달리 "전라남도가 도청 이전을 중단할 경우 시·도 통합논의를 할 수 있다"는 보다 전향적인 자세를 나타냄으로서 시·도 통합문제는 복잡하게 뒤얽히는 양상을 보여주고 있다.

4) 갈등의 종결기

2002년 전남도에 따르면 현재 광주시 동구 광산동 구 전남도선거관리위원회 건물에 있는 도청이전 사업본부 사무실을 오는 5월께 신도청 건립 및 신도심 조성공사가 한창인 무안군 삼향면 남악리 현장으로 이전키로 확정하였다. 도는 사무실 개설비 4억9천500만원을 확보하고 350평 단층에 사무실과 분양홍보실, 식당, 직원숙소 등을 갖춘 가건물을 오는 4월말까지 준공하기로 했다. 본부 이전과 관련, 부수적 효과를 기대한 목포시는 공사현장이 아닌 목포시 권역으로, 무안군도 남악리보다는 군청 소재지로 이전해야 한다고 각각 주장해왔다. 정해균 이전본부 총무부장은 "원할한 공사 관리감독을 위해 현장에 사무실을 두기로 최종확정했다"고 밝혔다.

도청신청사는 지난해 12월 무안군 삼향면 남악리 현장에서 착공식을 갖은 전남도청 신청사는 7만여평의 부지 위에 지하2층, 지상23층 규모로 연면적 2만4천평 규모로 건립된다. 전체 사업비 2천151억원이 투자되는 청사 신축은 연약지반 개량과 콘크리트 기초공사를 모두 마치고 철골이 5층까지 올라 간 상태다. 올해 말까지

청사의 핵심 건물인 행정동은 7층, 의회동과 민원동은 지하 1층까지 골조공사가 이뤄질 예정이다. 목포시와 무안군이 전남도 신청사 이전본부를 자기지역으로 유치하기 위해 치열한 경쟁을 벌인 가운데 전남도가 이전사업본부를 남악신도시 현장에 이전키로 최종 결정됨으로써 일단은 전남과 광주광역시간의 행정구역 개편은 일단락 되었다.

Ⅳ. 마지막 글

전남도와 광주시간 도청이전 사례는 유치시설을 둘러싼 갈등이다. 이 사례는 갈등관계에서 협력관계로 발전한 사례이라고 할 수 있다. 도청이전 사례는 광역정부간 유치시설갈등에서 갈등발생단계는 단체장간의 적극적 유치행태, 지역주민들의 유치행동가세, 제도적 장치와 협의기구 미흡이, 갈등증폭단계에서는 자치단체간 의사소통미미로 상호불신과 유치관련 행위자의 관심가세가 겹치면서 갈등이 심화되었다. 이렇게 증폭된 갈등은 중앙정부의 중재, 제도설계 및 형성 등으로 갈등이 해결되고 있다. 따라서 유치시설을 둘러싼 광역정부간 갈등에서는 상호불신해소를 위한 의사소통장치의 설치, 유치관련행위자의 이해를 적절하게 조정할 수 있는 중재자, 그리고 행위자 모두가 공유할 수 있는 제도적 장치설치 등이 중요한 협력요인으로 제기되었다. 유치시설갈등에서는 단체장간의 적극적 유치행동과 여기에 지역주민들의 가세로 갈등이 발생하였고, 의사소통장치미비로 인한 상호불신감이 갈등증폭으로 이어지고, 이러한 증폭된 갈등은 중재자의 조정과 이에 따른 상호간 제도형성이 이어지면서 갈등이 해결되고 있다. 단체장간의 적극적 유치행태→의사소통미비로 상호불신→중재자 조정→제도형성 등 과정을 거치고 있다. 행위자특성요인에 따라 갈등이 발생했으나 갈등해결은 제도적 요인이 주요 변수로 작용하고 있다.

제6장 | 정부간 관계(IGR)와 지방정부간 갈등 및 협력*

권경득(선문대 행정학부 교수, 정부간관계연구소 소장)

I. 서 론

오늘날과 같이 다원화된 현대사회에 있어서 모든 사회구성 요소 혹은 단위들은 상호의존적으로 복잡하게 얽혀있고, 그로 이한 불확실성의 증대는 많은 갈등의 원인이 되고 있다. 특히 한국의 경우는 1990년대 들어 전면적인 지방분권체제로의 전환과 더불어 기존의 정부간관계가 획기적인 변화를 맞이하고 있으며, 이 과정에서 다양한 정부간 갈등이 발생하고 있다. 즉, 지방정부간 자율성과 독립성의 범위가 크게 신장하고 있으며, 지방정부간 공동으로 결정하여 처리하여야 할 사안이 증가함으로써 지방정부간의 역기능적 갈등 발생 가능성은 그 어느 때보다 더욱 높아지고 있는 실정이다.

---

* 본 논문은 선문대 정부간관계(IGR)연구소가 수행한 「지방정부간 갈등 및 협력연구」(연구책임자: 권경득 교수)의 내용 중 일부를 수정 및 보완한 논문임.

그 동안 한국의 정부간관계, 특히 중앙정부와 지방정부 상호간의 관계는 대등적·협력적 관계라기보다 다분히 권력적·지배적 성격을 띤 종속의 관계를 형성하여 왔다. 뿐만 아니라 지방정부 상호간의 관계 역시 그 틀의 범주를 크게 벗어나지 못하고 있는 것이 현실이다. 다시 말해서 우리나라 지방정부들은 지금까지 다원적·자율적 성격을 지닌 행정수행 경험이라든가 공동으로 업무를 처리하는 관행 등이 많이 축적되지 않아 상호협력체계를 제대로 구축하거나 운영하지 못함으로써 오히려 많은 갈등이 초래되고 있다. 이렇게 형성된 갈등이 적절한 시기에 적절한 방법에 의해서 해결·조정되지 않을 경우, 그것은 국가 전체적으로나 지역적으로 많은 기회비용을 초래할 뿐만 아니라 행정의 비능률과 주민의 삶의 질을 저하시키는 결과를 초래하게 될 것이다. 그러므로 현시점에서 정부간관계를 토대로 형성되고 있는 갈등의 역기능을 해소하고 새로운 협력적 정부간관계를 정립하기 위한 노력이 대단히 중요하다.

　　이를 위해서는 갈등과 협력에 관한 일반적인 개념을 정리하는 작업을 통해 지방정부가 관련된 정부간관계에 있어서 갈등과 협력에 대한 개념을 재정립하려는 시도가 필요할 것이다. 또한 지방정부간 갈등과 협력의 관계를 규명할 수 있는 모형의 탐색과 함께 실증적 연구의 토대가 될 지방정부간 갈등수준을 측정할 수 있는 토대의 마련이 필요하다. 본 논문은 이와 같은 노력을 위한 기초적인 작업으로서 최근 정부간관계(IGR)의 변화와 국내외 선행연구에 대한 분석 및 검토를 통해 지방정부간 갈등과 협력의 개념화를 시도하고, 지방정부간 갈등 및 협력의 양상이나 수준에 대한 시론적 분석에 초점을 두고 있다.

Ⅱ. 정부간관계의 패러다임 변화

1. 정부간관계의 의의와 유형

　정부간의 상호관계는 미국의 경우 건국 초기부터 연방정부와 주정부간 상호관계에 중심을 두고 있는 연방주의(FED: Federalism)라는 측면에서 논의가 전개되어 왔다. 연방주의는 1930년 이후부터 정부간관계(IGR: Intergovernmental Relations) 개념으로 재정비되어 논의되었으며, 1970년대에는 다시 정부간관리(IGM: Intergovernmental Management)라는 새로운 시각으로 제시되고 있다(주상현, 2001: 9 - 10).

　연방주의 하에서의 정부간 상호관계는 주로 연방과 주(federal - state)의 관계로 한정되며, Cochran(1993: 138)의 지적처럼 정치체제의 공식적·법적 구조의 틀 속에서 파악한다. 반면에 정부간관계론자들은 정부체제내의 모든 정부단위간의 제반 상호작용을 포괄한다고 보아 '연방체계 내의 모든 유형 및 수준의 정부단위간에 발생하는 일련의 행위와 상호작용의 형태'로 정부간 상호관계를 정의한다(Anderson, 1960: 3). 그리고 정부간관리(IGM)란 정치적 측면에서 논의되어 온 정부간관계의 개념을 정부간의 정책적·관리적·행정적 차원에서 재정리한 개념이다(강용기, 1999: 364 - 366). Shafritz(1998: 1162)의 정의에 따르면, 정부간 관리란 '정부간 혹은 민간부분의 네트워크(network) 사용과 창조를 통하여 고도의 불확실성과 복잡한 상황하에서 정부 상호간의 문제들을 해결하는 과정'이다. 결국 정부간 관리의 핵심은 관리이며, 정부간 시스템·구조·정책·프로그램 등이 주된 연구대상이 된다.

〈표 6-1〉 FED, IGR, IGM의 개념적 특징

특징＼개념	연방주의(FED)	정부간관계(IGR)	정부간관리(IGM)
단 위	연방－주, 주 상호간	연방－주－지방정부, 연방－지방, 주－지방, 지방정부 상호간	정부간 관계(IGR) + 행정네트워크(정치·공공·민간부문)
권위관계	연방지향주의	정부간 계층질서	비계층적 네트워크
갈등해결 방법	법, 선거	시장, 게임, 연합	거래, 협상, 토론
가 치	목적(임무: Mission)지향	정책지향	산출물, 프로그램 결과
정치적 요소	고도의 정치성(당파주의)	정책결정(조정)	정책집행(문제해결)
주요 행위자	선거직의 정치인	일반 행정인	정책전문가

자료: Gage, R. W. & M. P. Mendell.(1990: 158).

정부간관계(IGR)를 국가 내에 존재하는 다양한 정부간의 동태적 상호관계를 의미하는 것으로 이해한다면, 위에서 논의한 세 가지 개념은 넓게 보면 정부간관계라는 이름으로 포괄할 수 있을 것이다. 그리고 한국과 같은 단일국가의 경우에 있어서도 중앙정부와 지방정부 혹은 지방정부 상호간의 동태적 상호관계에서 나타나는 일련의 과정이나 활동을 정부간관계로 규정할 수 있을 것이다.

정부간관계에 대한 대표적인 논의로는 Wright(1988: 39-55)의 모형과 무라마츠미치오(村松岐夫, 1981)의 모형을 들 수가 있다.

Wright(1988)는 미국의 연방－주－지방정부간의 관계를 파악하기 위하여 정부간관계와 권위패턴을 특성으로 하여 포괄권위모형, 조정권위모형, 중첩권위모형을 제시하였다. 포괄권위모형(inclusive－authority model)은 아래 <그림 6-1>에서 보는 바와 같이 연방정부, 주정부, 지방정부를 수직적 포함관계로 보는 이론이다. 즉 정부간의 전통적 기능관계를 전제로 하여 주정부의 기능은 연방정부의 하부행정기구로서 역할에 근거한 법적 책임을 가지며, 이에 근거한 주정부는 또 그 목적 실현을 위해 지방정부에 대한 감독권을 행사하게 된다는 것이다. 이는 지역의 중요한 결정들이 해당 지역의 정부가 아닌 상위정부에 의해 이루어지는 형태로 전형적인 계층제적 국가체제의 성격을 띤다고 볼 수 있다.

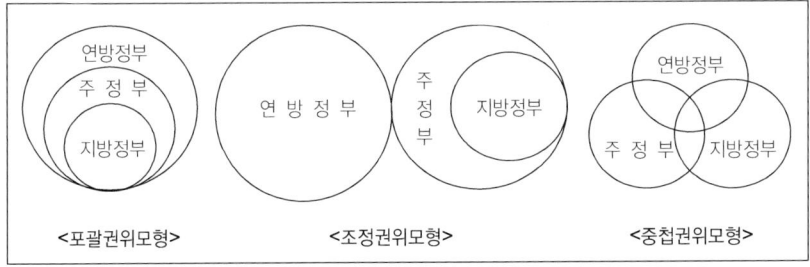

자료: Wright(1988: 40); 주상현(2001: 11 - 16).

〈그림 6 - 1〉 Wright의 정부간 관계모형

조정권위모형(coordinate - authority model)은 정부간관계에 있어 연방정부와 주정부를 대등한 관계로 파악하는 한편, 주정부는 지방정부를 포괄하는 관계로 보는 이론이다. 즉, 연방정부와 각 주정부는 상호간 접촉관계만 유지할 뿐 서로간의 자주성과 자율성을 인정하여 완전히 독립적·배타적으로 운영된다. 이렇게 연방정부와 주정부가 명확한 경계를 가지고 있는데 반해, 지방정부는 주정부에 의존적이거나 완전히 종속적이다. 즉, 지방정부의 자치권은 주정부의 법적인 위임에 의해서만 가능하므로 주정부의 법률에 의하여 그 지위의 폐지·통합·변경이 가능하다.

중첩권위모형(overlapping - authority model)은 Wright가 미국의 정부활동들을 설명하는데 적절한 가장 이상적인 정부간관계 모형으로 제시한 것으로 집권과 분권의 적절한 조화를 바탕으로 정부간 상호의존 내지 협력을 강조하는 입장이다. 여기서 상호의존이란 각 정부간의 자율성을 인정한 가운데 일련의 사회적 요구에 적절히 대응하기 위한 정부 상호간의 협력을 중시하는 사고방식을 전제로 한다.

한편, 일본은 본래 국가와 지방정부라는 틀 속에서 사회전체에 책임을 지는 정부와 일정한 지역에 책임을 지는 정부라는 관계구조를 설정하여 왔다. 이 경우 지방정부는 독립된 정부주체라기보다는 중앙정부의 지방행정기구로서의 성격을 띠게 된다. 결국 일본의 중앙 - 지방관계는 강력한 중앙집권적 경향으로 집약될 수 있는 바, 村松岐夫(1981)는 이러한 종래(1945 - 1955)의 전통적인 중앙·지방관계를 수직적 행정통제모델로 설명하고, 이 모형은 사회정세의 변화와 지방자치제의 발전, 그리고 지방정치의 활성화에 따른 현재의 중앙 - 지방관계를 설명하는데 적적하지 못하다는 지적과 더불어 수평적 정치경쟁모델을 새로운 모델로 제시하였다. 여기서 경쟁을 수평적이라고 한 것은 지방간의 경쟁을 강조한 표현이며, 정치적이라고 한 것은 그 경쟁의 과정이 선거에 기초를 두고 있기 때문이다.

村松岐夫에 의하면 중앙수준의 정치와 지방자치는 상호연동하고 있고, 그 연동의 성격은 행정관계로부터 설명되어야 할 부분과 정당의 활동이나 선거로부터 설명되어야 하는 부분이 있다고 주장한다. 즉, 중앙－지방관계는 정치적 가치와 행정적 가치의 두 종류의 가치를 가지고 있으며, 양자간 관계 하에서 아래로부터 솟아오르는 압력활동과 경쟁에 의해 중앙－지방관계가 규정되는 경우가 있다고 주장한다. 예를 들어 지방정부의 단체장들이 선거공약을 이행하기 위해 중앙정부의 지침과 다르게 움직이는 경우가 있는데, 이것이 경쟁관계에 있는 다른 지방정부로 확산되면서 중앙정부의 지침을 변화시키기도 한다는 것이다. 그리고 이 과정에서 지방출신 국회의원, 지방의회, 지방정부연합, 중앙 성·청의 관료 등 다양한 정치주체들이 등장하는 갈등과 협상의 정치과정이 진행된다고 보고 있다(최외출·이성환, 1991).

반면, 최근까지 일본의 중앙－지방관계는 많은 경우 기관위임사무라든지 보조금 등의 형태로 중앙과 지방이 밀접하게 연결되어 왔고, 그런 의미에서 일본의 중앙－지방관계는 중앙 중심의 융합관계로 볼 수 있으며, 동시에 사무량의 증대가 중앙의 지방에 대한 의존관계를 형성하는 원인이 되었다. 따라서 天川晃(1983)의 지적처럼 일본의 지방자치제도를 분석하는 시각으로 집권－분권과 분리－융합이라는 두 개의 축을 사용하여 설명하는 것이 일본의 지방자치제도를 분석하는데 적합하다 할 것이다. 즉, 제1의 축은 중앙－지방관계에 있어서 지방정부 의사결정의 자율성에 초점을 맞춘 집권－분권을 뜻하며, 제2의 축은 중앙정부와 지방정부간 행정기능의 관계에 초점을 맞춘 분리－융합을 의미한다. 天川晃은 이렇게 중앙관료의 리더십을 어느 정도 존속시키면서 동시에 중앙이 지방에 의존관계를 갖는 일본의 중앙－지방관계를 상호의존모형이라고 하고 있다. 일반적으로 중앙이 지방에 의존하게 되는 배경은 집행정보의 수집이나 정책집행 자체를 위해 지방의 협력이 절대적이기 때문이라 할 것이다. 이러한 상황에서는 중앙지방관계는 서로 대립적이라기보다는 상호의존 혹은 협력이 요구될 수밖에 없다. 이에 따라 村松岐夫는 중앙 – 지방관계에 대한 수평적 정치경쟁모형을 더욱 발전시켜 상호의존모형을 도출하고 전자를 후자의 하위모델로 제시하고 있다.

2. 정부간관계의 패러다임 변화: 거버넌스적 관점

현대정부에서 공공관료는 공공재와 서비스에 대한 시민들의 요구를 충족시켜주기 위해 다양한 형태의 권위와 권력을 사용한다. 이러한 관점에서 볼 때, 정부간관계는 여러 정부단위와 정치적 이해 사이에서의 상호간 활동과 독립적인 선택에 의해 특징 지워진다고 볼 수 있다. 그리고 지방자치의 실시와 함께 지방정치가 활성화되면서 여러 행위자가 지방정치과정에 적극적으로 참여하게됨에 따라 과거처럼 중앙정부 혹은 상위정부가 계층적 구조 하에서 지배적인 행위자로 등장하는 데는 한계가 있을 수밖에 없다. 따라서 중앙정부와 지방정부 혹은 지방정부 상호간에 상호의존적인 관계를 통해 정책을 결정하고 집행하지 않으면 안 되는 상황을 맞고 있다. 이는 앞에서 보았듯이 최근 정부간관계론자들이 상호의존, 상호협력, 정책네트워크 등을 강조하는 측면과 일치할 뿐 아니라, 이러한 시각은 오늘날 국가관리 분야에서 주요한 접근법으로 제시되고 있는 거버넌스(governance) 이론과도 맥락을 같이하고 있다.

여기서 거버넌스란 국가가 일방적으로 서비스를 공급하는 기존의 통치개념과 구분되는 것으로 국가의 공공서비스 공급에 동반자적(partnership) 관계로 공공부분과 민간부분이 참여하는 네트워크형 국가관리 방식을 의미한다. 다시 말해서 민·관의 공동 참여를 통한 공공서비스의 공동생산(co - production), 정치사회의 동반자관계 설정(social - political partnership), 민간의 역할과 시장원리를 활용한 문제해결, 민영화의 진전(privatization), 정부의 간섭을 최소화시키는 신자유주의적 국가관리, 공공부분에의 시장경제원리 적용 등을 통칭하는 종합적 개념이라고 볼 수 있다(김석준 외 3인, 2000: 41 - 48).

이러한 거버넌스적 관점은 지방정부와 관련된 여러 가지 환경적 요인의 기능에 따라 지방정부의 역할이 부각된 현상중의 하나라 할 수 있다. 거버넌스적 관점에서 볼 때, 지방정부는 물론 민간부문의 정책이나 프로그램에 대한 인식의 제고와 함께 실질적인 정책·기획능력이나 문제해결능력의 확보가 전제되어야 한다. 이와 같은 지방정부의 능력형성을 통해 지방정부에 대한 관점은 변화될 수 있으며, 중앙과 지방간의 관계는 물론 지방과 지방간의 관계에서 명실상부한 대등적이고 수평적이며 상호의존적인 관계의 정립이 가능할 것이다. 이러한 거버넌스적 관점의 정부간관계의 정립을 통해 특정 지방정부 내에서는 물론 다양한 정부간관계를 협력적이고 창조적인 관계로 발전시킬 수 있는 계기가 마련될 수 있을 것이다.

3. 정부간관계 이론의 한계와 지향점

그 동안 국내의 정부간관계에 대한 연구경향을 보면 대표적인 정부간관계 모형이라 할 수 있는 Wright의 모형이나 村松岐夫의 모델을 원용해 설명하는 수준에서 그치고 있다. 그러나 Wright모형은 미국의 정부간관계를 설명하는 데는 이론의 적실성과 타당성을 어느 정도 가지고 있지만, 지방자치가 일천하고 미국과 지방자치의 상황이 다른 우리나라의 정부간관계를 설명하는 데는 다음과 같은 논의의 한계를 가진다고 볼 수 있다.

즉, ⅰ) Wright모형은 연방체계의 정부간관계를 설명한 모형으로 단일체계에의 적실성 문제가 제기되며, ⅱ) 이 모형은 정부간관계에 대한 개략적인 설명은 가능하나 실질적인 처방책은 제공해 주지 못하고 있다. 즉, 중첩모형을 이상적인 실천모형으로 하고 있으나 중첩의 범위나 기능, 특히 중첩을 유도시키는 메커니즘과 방법을 제공해 주지 못하고 있다. ⅲ) 이 모형은 공정한 규칙과 게임이 기저를 이루는 협력적이며 경쟁적인 중첩모형을 제시하고 있으나, 공정한 게임의 규칙에 대한 언급이 없고, 게임의 규칙을 단순히 협상·교환관계로만 파악하고 있다(정세욱, 1997).

한편, 村松岐夫는 정부간관계가 갖는 다양한 측면들이 종래의 수직적 행정통제모형만으로는 설명이 되지 않음을 지적하면서 지방이 중앙정부로부터 자율성을 어느 정도 지니는 현실을 수평적 정치경쟁모형을 통하여 설명하고, 자신의 두 가지 모형이 서로 보완적이라는 점을 밝히고 있어서 Wright의 모형에 비해 이론의 현실 적합성이 높다고 볼 수 있다. 특히 일본과 같은 단일국가체계를 형성하고 있는 우리나라의 정부간관계를 설명하는데 어느 정도 적실성을 갖는다 할 것이다. 그러나 村松岐夫의 정부간관계모형은 궁극적으로 중앙과 지방간 관계에만 초점을 맞추고 있는 한계성을 띠고 있다. 즉, 지방분권체제로의 전환에 따른 정부간관계에 있어서는 지방정부의 역할이 강조될 수밖에 없고, 그 과정에서 지방정부 간의 갈등문제가 증폭되어 나타날 것인 바, 이에 대한 설명이 미흡하다는 것이다. 또한 村松岐夫의 정부간관계 모형은 Wright의 모형과는 달리 정부간관계의 두 가지 중요한 측면을 보완적으로 포함하고 있으나, 이 두 가지의 정부간관계가 모든 행정부문에서 동일한 배합(mix)으로 나타나지 않는다는 점을 간과하였다. 즉, 전통적으로 존재해 왔던 수직적 행정통제모형과 새로이 등장한 수평적 정치경쟁모형이 특징적으로 나타나는 정책부문이 일정한 유형을 이루고 있는지의 여부를 규명하지 못함으로써 보다 진일보한 정부간관계론을 구성하는데 미흡하다고 할 수 있다(고경훈, 2000: 74－75).

이상과 같은 관점에서 볼 때, 다음과 같은 세 가지 차원의 이론적 지향점을 고려하여 정부간관계를 설정하는 것이 바람직하다 할 것이다(전라북도연구단, 2002: 17－19).

첫째, 최근의 통치이론은 일방적 통치에서 공동체로서의 상호의존과 참여를 추구하는 파트너십의 확립을 강조하고 있다. 정부간관계에 있어서도 이러한 거버넌스 이론 혹은 파트너십 이론을 적용해 볼 수 있는데, 미래의 정부간관계는 상호의존적이고 공동체의 구성원으로 존재하는 동반자적 관계를 구축하는 방식으로 전개되어야 한다. 즉, 국가나 지방정부 혹은 지방정부간에도 일방적인 지시나 통제에 의한 상호관계의 유지보다는 상호 자율성을 보장하는 동반적이고 의존적 상호관계를 형성하는 것이 바람직하다는 것이다.

둘째, 문제해결의 당사자들이 스스로 참여하여 조직하고(self-organizing), 자기규제(self-regulation)의 능력을 갖추는 방향으로 국가나 지역사회가 재구성되고 있는바, 정부간관계 또한 다양한 정부주체가 자기관리 능력을 갖추고 당사자끼리 문제해결의 능력을 갖추어 나가는 것이 필요하다. 다시 말해서 타율적 해결, 타자에 의한 해결, 강력한 권력에 의한 해결방식보다는 상호 타협과 공존 등의 자기해결 능력의 발휘를 통한 문제해결의 방식이 타당하다는 것이다.

셋째, 중앙정부와 지방정부 혹은 지방정부간 정책 네트워크를 구축하는 방향으로 정부간관계를 설정해야 한다. 결국 앞에서 살펴본 정부간관리(IGM)라는 개념으로 표현할 수 있는데, 이는 다양한 정책주체간 정책 네트워크를 구성함으로써 정책 의사소통과 상호조절 기능을 강화하는 것이라 할 수 있다. 단, 이러한 정책네트워크는 Hakanson & Johanson(1994)의 지적처럼 지속적인 상호작용 속에서 존재하는 것으로 정책주체간의 독립성을 유지하는 가운데 상호 신뢰와 타협적인 자세가 전제되지 않으면 안 된다.

이와 같은 요인들을 고려하여 상호의존적이며 자발적인 네트워크형 정부간관계를 구축하더라도 다양한 정부간의 관계에서는 여러 가지 요인에 의한 무수한 갈등이 발생하기 마련이므로 갈등과 협력에 대한 연구 및 대응방안을 강구하려는 노력은 끊임없이 추구되어야 한다. 이러한 관점에서 갈등과 협력에 대한 개념의 도출이 필요하며, 또 다양한 갈등 및 협력의 양상이 정부간관계에서는 어떠한 모습으로 나타날 것인지의 문제와 관련하여 지방정부간 갈등 및 협력에 관한 보다 적실한 개념의 도출이 요구된다고 할 수 있을 것이다.

Ⅲ. 지방정부간 갈등과 협력의 개념화

1. 지방정부간 갈등의 개념

갈등은 그 동안 연구자들의 다양한 관심 및 학문분야, 분석수준 등에 따라서 여러 가지로 정의되어 왔다. 즉 관심분야별로 개인의 심리수준, 사회실체간의 경쟁 수준, 조직의 관리수준, 그리고 의사 결정과정 수준으로 구분할 수 있으며, 분석수준별로는 개인수준과 개인 및 집단수준으로 구분할 수 있다(<표 6-2> 참조). 이렇게 갈등개념에 대한 학문적 노력의 다양성은 학자들 각각의 입장이나 견해에 따른 상이한 관찰의 결과에 기인하고 있다. 본래 갈등은 인간의 심리학적 측면에서 그 개념정의가 이루어지던 것이 오늘날 조직의 관리학적 측면, 더 나아가서는 사회·정치학 등 제 학문분 야로 확대되어 왔다(최창호, 1999: 696).

다만 Fink(1968: 413-418)의 지적처럼 갈등 개념은 다음과 같은 연구자들의 문제제기에 따라 전개됨을 알 수 있다. 첫째는 갈등주체 의 문제로 과연 어떤 사회적 단위 혹은 요소를 갈등의 소유자 내지 는 당사자로 볼 수 있느냐는 것이다. 이 경우 개인의 내적 갈등(개 인갈등), 개인간 갈등, 개인과 집단간 갈등, 집단과 집단간 갈등, 기타 사회 제 구성요소들 사이의 갈등 등이 중심 논제가 된다. 둘째는 갈등 범위와 관련된 문제로서 갈등을 공개적이고 예리한 토론으로 파악할 것이냐 혹은 노출되지 않은 집약적인 긴장상태로 볼 것이냐의 논의이다. 이는 결국 내재화된 현상을 갈등으로 볼 것인지, 또는 현재화된 현상을 갈등으로 볼 것인지, 아니면 양자 모두를 갈등으로 볼 것인지 등의 논제와 연결된다. 셋째는 갈등대상과 관련된 문제로서 원인이나 효과를 갈등개념에 포함할 수 있는가의 논의이다. <표 6-2>을 통해서도 알 수 있듯이 제 학자들은 갈등의 개념을 규정함에 있어 그 원인을 포함시키고 있는 것이 일반적인 경향이다.

〈표 6-2〉 학문분야별 갈등의 개념

관심분야	학문분야	학 자	갈등의 개념	분석수준
개인의 심리수준	심리학	Whittaker	상충적 요구, 기회, 욕구, 목표 등에 직면해 나타나는 개인의 심리 상태.	개인수준
		Lulofs & Cahn	양립불가능한 상황에 대한 경쟁적 반응, 개인간·집단간 상호 적대감 또는 해결 대상 문제	
사회실체 간의 경쟁수준	사회학	Simmel	원심적이고 부조화스러운 상태	개인 및 집단수준
		Boulding	양립불가능한 선택 또는 결정의 결과.	
		Rapoport	양립불가능하거나 타방의 이익을 침해하지 않을 수 없는 강한 욕구.	
		Fink	상호간 적대적(상충적 목적, 배타적 이익, 적대감, 불합의, 폭력투쟁, 규제된 상호간섭 등)인 심리관계나 상호작용에 의한 사회적 상황·과정.	
	정치학	Marx	생산관계에 관한 적대적 계급간(노동과 자본) 대립. 사회의 희소자원 쟁취를 위한 경제적·정치적 수준의 계급투쟁.	
		Weber	경제적 부·정치적 권력·사회문화적 명성과 같은 희소자원을 보다 많이 획득하려는 사회적 경쟁.	
		Coser	희소자원(가치나 지위)을 둘러싼 이해당사자 상호간 거래(transaction)로부터 발생하는 적대적 관계.	
		Darendorf	목표의 양립가능성이 부재한 상황에서 표출된 충돌·경쟁·논쟁·긴장.	

관심분야	학문분야	학 자	갈등의 개념	분석수준
사회실체 간의 경쟁수준	경제학	박호숙	서로 경쟁하는 개인이나 집단에게 희소한 경제적 자원들을 배분하는 과정에서 나타나는 투쟁관계.	개인 및 집단수준
		Abcarian & Palmer	경쟁적인 개인 및 집단에 대한 희소자원의 배분	
조직의 관리수준	경영학	Beals and Siegel	정상적으로 예견되는 불화 내지 파괴의 행위.	개인 및 집단수준
		Brown	이해관점이 상이한 당사자간의 양립불가능한 행위.	
		Stoner	희소자원이나 작업활동 배분시 상이한 처지·목표·가치·인지에 따른조직 내 개인간 혹은 집단간에 일어나는 불일치(disagreement).	
		Lanford	다른 구성원과 대립되는 행위로서 상반되는 활동이 발생하는 곳에서 언제든지 존재하는 현상.	
		최해진	개인, 집단, 조직에서 일어나는 심리적·행동적 측면. 또는 이 양측 면에서 일어나는 대립적이거나 경쟁적인 상호작용.	
의사결정 과정의 수준	행정학	Deutsch	양립 불가능한 행위가 발생하는 현상.	개인 및 집단수준
		Schmidt & Kochan	상충적 목표의 인식하에 전개되는 방해나 차단과 같은 형태의 산출물.	
		박동서	개인이나 집단 등 행동주체 간에 현재적·잠재적으로 나타나는 동태적 과정으로서의 대립적 상호작용.	
		김영종	양립불가능한 목표달성과 자원의 제약이라는 상황 아래서 이를 인식한 관련당사자 사이에 형성되는 동태적 상호관계.	
		김기태	조직 내에서 목표의 양립, 자원과 업무배분의 비합리, 지각상의 차 등이 존재할 때 행동주체 간에 일어나는 대립적 내지 적대적 상호작용.	
		Minnery	정책결정상황에 직면하여 정책결정 관련 주체들이 정책대안을 선택 또는 결정하는데 있어서 제약을 받고 있는 상황.	
		Simon & March	의사결정의 표준 메커니즘에 장애가 발생하여 행동대안의 선택에 있어서 개인이나 집단이 곤란을 겪는 상황.	
		Pondy	심리적 대립감과 대항적 행동을 내포하는 동태적인 과정.	
		Katz & Kahn	두 개체 중 어느 한 쪽의 행위가 다른 한 쪽의 저항에 대항하여 특정한 결과의 발생을 방지하거나 강요하는 경향을 띤 직접적인 상호작용.	

이와 같은 일련의 견해를 종합하면, 갈등은 결국 다음과 같은 구성요소를 지닌 개념으로 정의할 수 있다. 즉, ⅰ) 갈등은 상호의 존성을 지닌 둘 이상의 관련당사자 사이에서 발생하는 현상으로, ⅱ) 갈등은 그 요인을 전제로 나타나는 바, ⅲ) 갈등은 지각이 전제된 심리적 메커니즘(긴장·불안·적개심 등)과 대립적 행동(농성·시위·파괴 등)을 내포하는 동태적 과정이며, ⅳ) 순기능(불합리한 의사결정, 정체된 사고방식, 획일적 집행 등의 개선)과 역기능(목표달성의 지연 등)을 모두 포괄하고 있다는 것이다.

지방정부간 갈등의 개념을 정의함에 있어서도 이 범주 안에서 해석이 가능하다. 즉 지방정부간 갈등은 상호 배타적 이해관계를 가진 복수의 당사자인 지방정부간의 가치, 지위, 권력 및 희소자원을 위한 투쟁이 존재하는 상태(홍준형, 1995)라고 할 수 있다. 또한 조직 내·외의 행동주체간 대립적 혹은 적대적인 교호작용인 갈등상황에서 '지방정부가 행동주체가 되어 그러한 갈등이 대립적·적대적 행동으로 표면화(현재화)된 상태'라고 할 수 있으며(김필두, 1996: 3), 여러 지방정부가 공익 및 정책대안을 탐색하는 정책결정과정에서 관련된 주체들이 선택과정에서 제약을 받고 있는 상황인 정책갈등(박호숙, 1996: 28)으로 해석되기도 한다.

이상의 논의를 바탕으로 볼 때, 지방정부가 행동주체(갈등주체)가 되고, 갈등이 대립적·적대적 행동으로 표면화·현재화된 것을 지방정부간 갈등으로 정의하는 것이 타당하다 할 것이다. 이에 따라 본 논문에서는 지방정부간 갈등을 '가치·지위·권력·희소자원 등을 둘러싸고 복수의 지방정부간 이해관계가 서로 얽혀 전체적인 이익이나 다수의 공동이익보다는 각자의 권한과 이익에 집착하는 과정에서 나타나는 표면화·현재화된 상호 대립적·적대적 행동'으로 규정하고자 한다.

2. 지방정부간 협력의 개념

협력(cooperation)이란 각 행위자의 행위가 어떤 목적을 지향하는 동시에 각 행위자에게 이득 또는 보상을 제공한다는 가정을 내포한 개념이다. 즉, 각 행위자의 행위는 합리적인 것이며, 협력에 따른 이득은 상호적이라는 것이다(Jamal & Getz, 1995: 186 - 187). 바로 이러한 협력의 개념 속에는 상호의존성과 게임의 규칙이 강조되어 있다고 볼 수 있는데,[41] 이 상호의존성이 협력의 중심개념으로 작용하는 이유는 협상의 조건이 되기 때문이며, 이 조건이 충족되지 못하면 협력관계는 이루어질 수 없게 된다(안용식·김천영, 1995: 21 - 22). 이와 관련하여 Axelrod(1984: 109 - 123)는 일반적인 게임이론의 해법으로는 협력을 도출해낼 수 없는 죄수딜레마 게임에서도 협력은 가능하다고 주장하며, 이를 게임의 반복과 미래의 투영에서 찾고 있다.[42]

Childers & Ruekert(1982: 117)는 협력을 '둘 이상의 행위자들간

---

41) Scharp(1977: 343)는 고전적 자원의존모형에 기반을 두고 자원교환 및 대체가능성을 설명함으로써 상호의존 개념을 중심으로 하는 교환의 게임을 강조한다. Jones(1982: 3)도 상호의존성을 통하여 협력관계가 요청되며, 이러한 조직간의 교환과정은 게임의 규칙에 의해 규제된다고 보았다.

42) 반복게임에 참여하는 행위자들이 게임의 몫 구조(payoff structure)에 미래부분까지 포함하여 새로이 계산하고 정의하기 때문에 현재의 선택은 현재 뿐만 아니라 미래에 있어서의 서로의 선택에 영향을 미칠 수 있다는 사실을 인지할 때 죄수들이 처한 전략적 상황이 달라질 수 있다는 것이다(R. Axelrod, 1984: 10).

공동행동을 통해서 조직내부와 조직상호간의 목표를 동시에 달성하는데 필요한 공정한 자원교환'으로 정의하였으며, Keohane은 협력을 모든 행위자들의 상호정책조정과정을 통하여 참가자모두에게 혜택이 돌아가게 하려는 목적지향적 행위로 파악하였다. Oye와 Schermerhorn도 협력의 개념적 구성요소로 상호이익을 중시하고 있다. Oye는 협력을 상충적 이익과 보완적 이익이 혼합되는 상황 속에서 발생하는 것으로 상호이익 실현을 위한 목적지향적 행위로 보았으며(최남희, 2001: 95 – 96), Schermerhorn(1982)과 사득환(2002)은 협력을 자율적인 조직들간의 각 개별적 목표의 공동적 성취를 위한 긴밀한 관계로서 상호의존 관계를 통하여 각 구성 부분들이 그들의 업무 및 활동목표를 달성하기 위해 자원, 권한 및 역할을 교환하여 상호이익을 증진시키는 것으로 해석하였다. Levine & White(1961)는 협력을 '서로 다른 자율적인 조직이 공동 생산, 제공, 자원이나 활동을 배당하기 위해 결합하는 것'으로 정의한 후, 중요한 요소로 '교환(exchange)'과 '영역일치(domain consensus)'를 들고 있다. 여기서 교환이란 상호 부족한 자원을 교환하는 것으로 인사, 물질, 행정정보 등을 포함하며, 영역일치는 자율적인 조직간에 활동분야가 일치하여야 하는 것을 의미한다.

〈표 6‑3〉 협력의 개념

학 자	협력의 개념
Childers & Ruekert	둘 이상의 행위자들간 공동행동을 통해서 조직내부와 조직상호간의 목표를 동시에 달성하는데 필요한 공정한 자원교환.
Keohane	모든 행위자들간의 상호정책조정과정을 통하여 참가자 모두에게 혜택이 돌아가도록 하려는 목적지향적인 행위.
Oye	상충적인 이익과 보완적인 이익이 혼합되는 상황 속에서 발생하는 것으로 상호이익을 실현하기 위한 목적지향적인 행위.

학 자	협력의 개념
Schermerhorn	자율적인 조직들간의 각 개별적 목표의 공동적 성취를 위한 긴밀한 관계 (deliberate relations)로서 상호의존 관계를 통하여 각 구성 부분들이 그들의 업무와 활동을 달성하기 위해 자원, 권한 및 역할을 교환하여 상호이익(mutual interests)을 증진시키는 행위.
Levine & White	서로 다른 자율적인 조직이 공동 생산, 제공, 자원이나 활동을 배당하기 위해 결합하는 것
사득환	자율적 조직간 각 개별적 목표의 공동적 성취를 위한 긴밀한 관계(deliberate relations)

결국 이상의 논의를 종합해 보면, 협력이란 각각의 단위들이 개별적 목적달성을 위해 상호작용에 기초한 교환 및 협상(exchange and negotiation)을 통해 자원, 권한 및 역할 등을 교환함으로써 상호이익을 증진시키는 것을 의미한다. 즉 협력은 대등한 상호관계를 바탕으로 ⅰ) 둘 이상의 당사자, ⅱ) 상호이익이 되는 공동의 목표 내지는 공유된 문제 해결, ⅲ) (자원)교환 당사자들간의 쌍방적 노력 및 관계과정을 그 구성요소로 하고 있다(노인만, 2002: 27).

한편, 이러한 성격의 협력과 관련하여 그 주체를 지방정부라는 사회실체에 국한시키게 되면, 이를 지방정부간 협력이라고 칭할 수 있을 것이다. 한표환·김선기·김필두(2002)는 지방정부간 협력을 '인접한 혹은 일정한 간격으로 떨어져 있는 지방정부들이 시설설치, 경제 및 개발, 교류 및 행사, 행정서비스제공 등의 분야에서 각 개별적 목표의 공동적 성취를 위해 긴밀한 상호보완관계를 유지하는 가운데 공생적인 사업관계를 도모함으로써 상호이익을 증진시키는 것'으로 규정하였다. 즉, 개별 지방정부는 시·공간적으로 제한되어 있는 지역의 범주를 벗어나서 다른 지방정부와 상호의존(보완)적 관계의 구축을 통해 소기의 목표달성에 공동으로 대처함으로써 상호이익을 증진시킬 수 있다고 보고, 지방정부간 협력은 참여 지방정부가 동일한 목표를 설정해 놓고 각각의 한정된 자원과 역량을 동원하여 목표지향적인 상호보완작용을 통한 공동생산적 과정을 거쳐 최종 생산물 혹은 성과를 창출함으로써 공동이익을 향유하는, 이른바 "공동생산적 접근(co - productive approach)"의 속성을 지니고 있다는 것이다. 그리고 안용식·김천영(1995)은 지방정부간 협력관계란 협력과 조정의 개념을 동시에 포함한다고 전제한 후, Schermerhorn의 정의[43]를 인용하여 협력을 공식적인 규칙을 설정하지 않는 가운데 설정되는 교환·호혜적 상호관계로 보았다.

이상을 보면 지방정부간 협력관계는 조직상호간의 특성과 구조를 기초로 발생하는 복잡하고 역동적인 성향을 지닌 상호작용관계로서 규명되어야 할 것이다. 즉 지방정부의 협력을 "다양한 수준의 지방정부가 상호의존작용에 기초한 교환 및 협상을 통해 자원, 권한 및 역할 등을 교환하여 상호간의 공동이익을 실현시켜 나가는 자율적이고 목적지향적인 활동"을 의미하는 것으로 이해할 수 있다. 이러한 지방정부간 협력은 세계화, 지방화, 정보화라는 새로운 지방행정 환경변화에 능동적으로 대응하기 위한 필수조건이라 할 수 있으며, 실질적으로 대처능력을 향상시키게 될 것이다(경기도, 1999). 또한 지방정부간 협력을 통하여 지방정부들은 각자의 비교우위를 최대한 활용하고 상호 보완함으로써 지방발전을 자율적·내생적 발전을 추구할 수 있을 뿐만 아니라, 공간적 외부성(spatial

---

43) Schermerhorn(1975)은 협력을 개별적인 운영목표의 공동성취를 위한 자율적 조직간의 관계로 보았다.

externalities)을 갖는 광역적 사업을 통해 무분별한 공공시설의 개별설치를 미연에 방지함으로써 중복투자로 인한 국가자원의 낭비를 방지할 수 있게 된다(McCall, 1994: 4).

3. 지방정부간 갈등과 협력의 관계

한 사회는 크게 대립 및 갈등의 부정적 현상과 경쟁 및 협력의 긍정적 현상이 존재하는 이원적 복합구조로 이해하여야 할 것이다. Robbins(1993: 445 – 446)는 갈등에 관한 관점을 고전적 관점(traditional view), 행태적 관점(behavioral view), 그리고 상호작용적 관점(inter – actionist view)으로 구분하여 각각의 특성을 제시하고 있다. 첫째, 고전적 관점은 갈등을 고정적인 것으로 보는 1930 – 40년대의 지배적인 관점이었다. 이 경우 갈등은 의사소통의 불량, 사람들간의 개방과 신뢰의 부족 및 종업원들의 욕구와 열망에 대해 경영자가 적기에 효과적으로 반응하지 못함으로서 초래되는 역기능적인 결과로 보았다. 둘째, 행태적 관점은 갈등을 모든 집단과 조직의 행태에서 불가피한 자연적인 것으로 보는 관점으로, 갈등은 상존하는 현상으로 받아들여야 하며, 갈등이 집단과 조직의 성과증진에 유익할 수도 있다고 보았다. 셋째, 상호작용적 관점은 갈등을 조직의 변혁과 혁신에 대한 요구에 반응하기 위한 기재(mechanism)로 파악하여 어느 정도의 갈등은 오히려 조직에 유익하기 때문에 최적의 갈등수준을 유지하는 것이 조직에 이롭다고 보았다(이광종, 1993: 19 – 20).

사득환(2002: 128 – 129)은 상호작용적 관점의 시각에서 지방정부간의 환경협력은 자율성을 갖춘 지방정부간의 공정한 게임의 규칙에 입각한 문제해결을 둘러싸고 상호의존 관계를 도모하게 된다고 한다. 상호의존성이 없으면 협력은 존재하지 않으며, 이러한 상호의존 관계의 발생은 자기이해가 걸쳐있는 목적을 달성하기 위한 서로간의 자원의존 때문인 것으로 보았다. 하지만 이러한 상호의존의 관계는 경쟁적(zero-sum)인가, 공생적(non zero-sum)인가 하는 점이 문제가 되며, 경쟁적일 때 상호갈등이 표출되며, 상호협력의 가능성이 종결됨을 의미한다고 하였다.

<표 6-4>는 경쟁적 과정과 협력적 과정이 커뮤니케이션, 지각, 타인에 대한 태도, 과업지향성에서 어떻게 전개되는지를 보여주고 있다. 커뮤니케이션의 경우 경쟁적 과정에 있을 경우 오도나 회피 등의 행위가 표출되지만, 협력적 과정에서는 정확하고 솔직한 정보교류가 이루어지게 된다. 특히, 타인에 대한 태도의 경우 경쟁적 과정에 있을 경우 적대적이며 상호불신의 태도를 견지하지만, 협력적 과정에 있을 경우는 우호적이며 상호신뢰의 태도를 보이게 되어 차이를 보이게 된다. 경쟁적 과정과 협력적 과정은 상호배타적인 관점에서 전개되는 것이 아니라, 동태적인 관점에서 상호의존적 관계를 형성하게 된다.

〈표 6-4〉 경쟁적 과정과 협력적 과정

구 분	경쟁적 과정	협력적 과정
커뮤니케이션	커뮤니케이션 오도·회피·정보염탐	정확·솔직한 정보교류
지 각	차이와 위협에 민감 반대감정 자극 타인의 관점 회피	유사성과 공통이해에 민감 타인들의 관점 수용

구 분	경쟁적 과정	협력적 과정
타인에 대한 태도	의심과 적대감 타인이용 의향 상호불신	우호적인 태도 협조적인 반응 상호신뢰
과업지향성	분업방해 자원공유 방해 활동조정 방해 갈등의 일방적 자극 일방의 권력증대 강압·위협·기만 사용	분업·생산성 향상 자원공유와 조정 갈등의 건설적인 해결 쌍방의 이해조정 갈등관계의 범위 축소 쌍방의 권력과 자원향상

자료: Deutsch, 1973: 29－31, 사득환(2002: 128) 재인용.

<그림 6－2>는 지방정부간 갈등과 협력의 관계를 그림으로 나타낸 것이다. 아래 모형은 지방정부간에 상호의존적 관계에서 형성되는 특정 문제(이슈)에서부터 출발하게 된다. 이러한 특정문제는 제도적·행태적 측면의 영향요인에 의해 행위자들간에 전개되는 행위가 집결되고 반응하는 행위의 장에서 지방정부간 관계의 방향성이 형성되며, 이러한 방향성은 교환과 협상의 과정에서 경쟁적, 또는 협력적 모습을 보이게 된다. 이 경우 경쟁의 정도가 심하게 되어 갈등의 정도가 극에 달하게 되면 특정문제는 행위의 장으로 피드백 되며, 이 경우 특정문제는 새로운 국면에서 다시 전개된다. 하지만 협력에 대한 인식이 높아 갈등의 정도가 통제 가능한 범주 내에서 전개되면, 특정문제는 교환과 협상의 과정을 거쳐 문제의 해결 또는 협력의 관계로 발전하게 된다.

이와 같이 행위의 장에서의 관련 행위자의 특성과 갈등 및 협력요인이 서로 영향을 미치게 되어 그 수준이나 정도에 따라 협력관계가 형성되기도 하는 반면, 새로운 문제를 발생시킬 수도 있을 것이다. 정부간관계에 있어서 교환 및 협상의 과정은 갈등의 증감

이 교차하는 동태적인 과정으로 이해하여야 하며, 따라서 이 과정에서 정부간 갈등수준의 차이로 인해 수용, 협조, 타협, 회피, 갈등의 잠재화 등의 결과를 만들게 된다. 수용, 협조, 타협의 경우 문제해결 및 협력강화로 진행하는 반면, 회피 및 갈등의 잠재화는 갈등현안의 새로운 국면을 조성하는 요인으로 작용하게 되고 이는 다시 행위의 장에서 피드백 되게 된다. 피드백되는 과정에서 기존 현안과는 다른 새로운 문제의 발생을 의미하는 전환 및 연계 등으로 인해 현재의 문제와는 별개의 새로운 문제가 발생할 수도 있다. 다시 말해 단일 이슈에서 출발한 문제가 교환 및 협상의 과정에서 새로운 문제를 발생시키는 것으로 단일이슈에서 복합이슈로의 새로운 국면을 맞이하게 되는데 이 경우를 [그림 2]에서는 점선으로 표현하였다. 이 경우 이를 새로운 문제로 인식하여 기존의 문제와는 별개로 취급할 것인가 아니면 기존 문제의 연장으로 이해해야 할 것인가의 문제가 남게 된다.

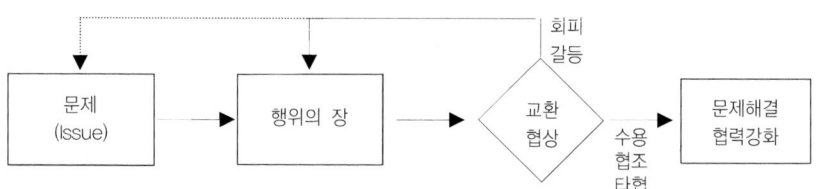

〈그림 6-2〉 지방정부간 갈등과 협력의 관계

Ⅳ. 지방정부간 갈등과 협력의 측정

1. 갈등 수준에 대한 이해

Robbins(1974: 93 - 100)는 갈등의 수준이나 강도를 물리적으로 측정할 수는 없겠으나 갈등의 해결방법이 투입되어야 할 역기능적 갈등이 있고, 오히려 자극이 필요할 정도로 조직이 무감각하고 정체되어 있어 발생하는 갈등이 존재한다고 보았다.

Gibson(1982: 209), Chung & Megginson(1981: 264), Brown(1983) 등은 갈등의 강도와 조직의 유효성과 관련하여 갈등관계모형을 개발하였다. 모든 조직에는 고도로 순기능적이며 따라서 성과에 적극적인 영향을 미칠 수 있는 갈등의 적정수준(optimal level of conflict)이 존재하며, 만약 갈등수준이 지나치게 낮으면 성과도 악영향을 받게 되고 나아가서 조직의 생존마저도 위험을 받게 된다고 보았다. 반면에 갈등수준이 지나치게 높으면 그 결과 발생하는 무질서 역시 조직의 생존을 유협할 수 있다고 보았다.

조직차원에서 조직성과의 수준을 높이는 기술혁신과 변화는 낮은 수준의 갈등하에서는 촉진되지 않기 때문에 어느 정도는 갈등을 자극해 줄 필요가 있으나, 반대로 높은 수준의 갈등은 부정적인 결과를 피하기 위해서 감소시키려는 노력이 필요하게 된다. 따라서 문제는 갈등의 존재가 아니라 갈등을 어떻게 관리하느냐이다.

<표 6-5>는 갈등수준과 조직성과간의 관계를 나타낸 것으로 갈등수준이 매우 낮거나 없으면 조직이 환경의 변화에 대한 적응

력이 둔화되거나, 무사안일, 냉담 및 침체하는 경향을 보이게 된다. 또한 갈등수준이 매우 높을 경우 역시 혼란, 활동의 방해, 비협조적, 조정의 곤란, 무질서 등의 역기능이 표출되게 된다. 그러나 어느 정도의 적정한 갈등수준은 조직으로 하여금 목표를 향한 적극적 활동, 기술혁신과 변화, 문제해결책 탐색, 환경변화에 대한 신속한 적응과 창조성 발휘 등의 순기능을 한다.

〈표 6-5〉 갈등표출수준과 조직성과의 관계

갈등의 수준	조직에의 영향	조직의 특성	조직성과 수준
저 혹은 고	역기능적	환경의 변화에 대한 적응력 둔화 무사안일 냉담 침체	저
적정	순기능적	목표를 향한 적극적인 활동 기술혁신과 변화 문제해결책의 탐색 환경변화에 대한 신속한 적응과 창조성	고
고	역기능적	혼란 활동의 방해 비협조적 조정의 곤란 무질서	저

자료: 이재규(1986: 334)

이러한 논의는 지방정부의 차원에서도 적용이 가능할 것으로 판단된다. 지방정부간에 공통의 관심사에 대해 각 지방정부가 어느 정도 관심을 가져야 하고, 이러한 관심사에 대해 각 정부의 행위주체는 어느 정도 긴장이 존재해야 상호 협력을 위한 기틀이 마련될 수 있다. 그러나 상호 관심사에 대해 무관심으로 일관하거나 갈등의 수준이 적정수준을 넘어 매우 높은 수준을 유지하게 되면 지방정부간 협력은 어려운 국면으로 전개될 것으로 예측할 수 있다.

2. 갈등의 전개과정에 따른 갈등수준의 변화

1) 갈등의 전개과정에 따른 갈등수준의 변화에 대한 이해

갈등은 시간이 경과함에 따라 그 수준이 변화한다. 즉 관리방법
에 따라 갈등의 수준이 감소하거나, 계속적·누적적으로 다음 사
건과 연결되어 더 높은 수준의 갈등상황으로 발전되어 순환의 형
태를 취하게 된다(이재규, 1986: 335).

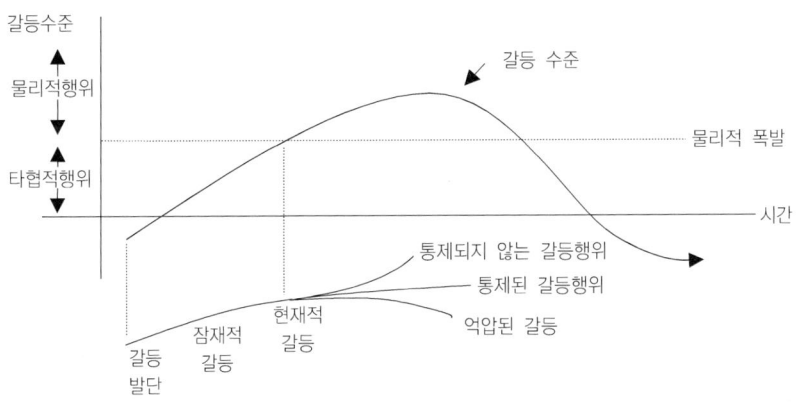

〈그림 6-3〉 시간의 경과에 따른 갈등의 진행과정

월턴(R. Walton)도 개인적 갈등을 설명하면서 ① 갈등의 이슈,
② 잠재화된 갈등을 촉진시키는 상황, ③ 당사자의 행동, ④ 갈등
의 결과 등의 갈등요소가 있으며, 이러한 요소들이 순환형태를 취

한다고 보았다. 즉, 대립하고 있는 두 행위주체 사이에 잠재적 갈등이 존재할 때에는 오직 이슈만 존재하지만, 계기가 되는 사건이 발생하면 잠재적 갈등이 현재화하게 되며, 그 결과로서 일어나는 갈등행동은 결과 때문에 마침내 진정되어 다시 돌발할 때까지는 경시된다. 현재화된 갈등은 통제되지 않는 갈등행위를 보이기도 하며, 통제된 갈등행위를 보이기도 한다. 또는 억압된 갈등이 되어 잠재적 갈등상태로 돌아가는 경우도 있다. 통제되지 않는 갈등행위는 갈등수준이 높을 경우에 해당되며, 통제된 갈등행위는 갈등의 대상이 되는 상대와 건전한 긴장상태를 유지하는 것으로 긍정적인 행위의 결과를 만들어 낼 수 있다. 그러나 갈등당사자 또는 상대방 중 일방의 갈등수준이 현저히 낮아질 경우 현재화된 갈등은 잠재적 갈등상태로 돌아가게 되거나 갈등이 고조된 행위자는 갈등해결을 회피하게 된다. 이러한 경우를 억압된 갈등으로 볼 수 있다.

2) 갈등수준에 따른 문제해결방식의 차이

고경훈(2002: 35)은 갈등의 당사자들이 자기집단에 돌아올 편익(pay - off)을 고려하여 협조전략이나 갈등전략을 선택할 것으로 보았다. 따라서 이러한 갈등상황을 분석하기 위해서는 갈등 당사자들이 자기만족과 상대방의 만족을 계량화하여 전략적으로 선택하게 될 편익정도에 대한 파악이 이루어져야 한다. Rohim(1991)은 갈등의 당사자가 상대방과 불일치에 직면하였을 경우에 계속적인 자기주장과 양보의 두 차원을 조합하여 강요, 수용, 타협, 협조, 회피 등 다섯 가지 갈등처리유형을 도출하였다. 또한 전영길(1997: 371

-375)은 모의협상을 갈등분석 및 조정가능성 측정지표로 사용하기 위하여 이슈에 대한 찬/반의 형태로 구분하고자 하였다. 이는 어떤 한 이슈에 대해 양 조직이 나타내는 의견일치여부를 이용하여 합의가 가능한 의제와 불능한 의제를 명백히 구별하기 위한 것이라 할 수 있다. 따라서 조직간의 갈등을 조정하기 위해서는 이슈와 관련하여 합의가능영역의 파악이 선행되어야 한다고 보았다. 그는 이슈와 관련하여 집단별로 찬성과 반대라는 의견의 경향을 파악하여 합의가능영역을 도출하고자 하였다. 합의가능영역은 동의 합의가능영역과 부동의 합의가능영역으로 구분하여 살펴볼 수 있다.

한편, Kilman & Tomas(1975: 971-980)는 갈등관리에 관한 협조성(cooperative) 정도(협조적 또는 비협조적)와 독단성(assertiveness) 정도(독단적 또는 비독단적)라는 두 차원과 갈등처리에 관한 분리적/경쟁적 방법(경쟁 또는 적응)과 통합적/문제해결적 방법(회피 또는 협조)의 두 차원을 조합하여 회피(avoidance), 수용(accommodity), 협조(collaborating), 타협(compromising), 경쟁(competition)의 다섯 가지 갈등처리모드를 제안하였다. 회피는 관련 집단들이 양립할 수 있는 목표를 향해 노력하지 않고 문제의 이슈가 중요하지 않기 때문에 집단들은 서로 상호작용을 피하려고 하는 경우를 말한다. 수용은 집단들의 목표가 양립할 수는 있으나 상호작용이 전반적인 목표달성에 중요하지 않다고 생각될 때 일어난다. 협조는 상호작용이 집단의 목표달성에 매우 중요하고 집단들의 목표가 양립가능할 때 일어난다. 타협은 상호작용이 목표달성에 중간정도로 중요하고 목표가 완전히 양립가능하지도 않고 양립불가능하지도 않을 때 일어난다. 경쟁은 상호작용을 하는 집단들의 목표가 양립할 수 없고 상호작용이 각 집단의 목표달성에 중요할 때 발생하는 것으로 공격적인 행동을 함으로써 갈등을 해소하려한다(이광종, 1993: 36).

이상의 논의를 지방정부간 관계에서 이를 적용하여 살펴볼 수 있다. <그림 6-4>는 이러한 지방정부간의 관계에서 갈등의 수준이 어떻게 갈등상태를 해소하거나 증폭시키는지를 보여주고 있다. A정부와 B정부 모두 갈등현안에 대한 갈등수준이 낮을 경우 두 정부는 수용 또는 협조의 태도를 보이게 된다. 또한 적정수준의 갈등을 보이는 경우 두 정부는 타협의 과정을 거쳐 문제를 해결하는 방향으로 접근을 시도하게 된다. 그러나 일방의 정부만 갈등수준이 높을 경우 갈등수준이 높은 정부는 갈등현안에 대한 해결방안 모색에 대해 회피하여 억압된 갈등으로 이끌게 된다. 마지막으로 두 정부 모두 갈등수준이 높을 경우 경쟁을 통해 적대적 행위를 보이게 되어 갈등현안 해결은 어렵게 된다.

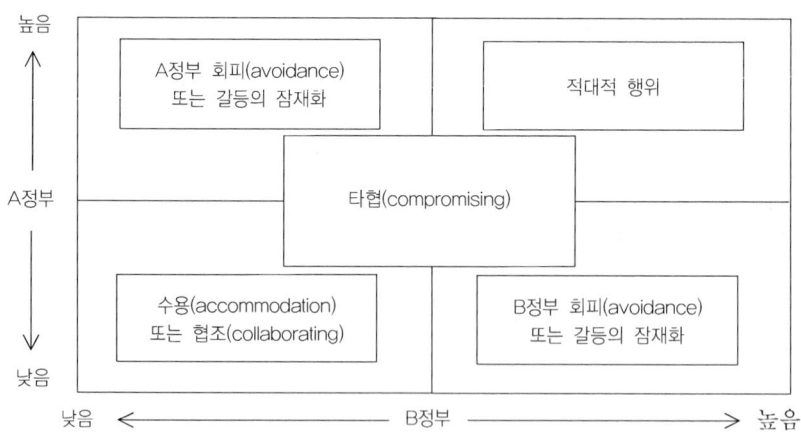

〈그림 6-4〉 지방정부간 갈등수준의 변화에 따른 행위패턴

3. 갈등수준 측정을 위한 기준에 관한 논의

1) 갈등의 인지 및 반응차원의 관점

조직은 개인과 집단의 집합이며(Daft & Steers, 1986: 503), 갈등 속에 있는 집단행동은 개인행동과 비슷하다(Callahan & Pleenor, 1988: 2002)고 할 수 있다. 그러나 갈등의 표출은 개인내·개인간·집단수준으로 국면이 전환되면서 질적인 수준의 차이를 보이게 된다. 또한 집단간의 행동은 개념적으로 보면 개인간의 행동과 유사하다(Luthans, 1992: 387). 다시 말해 기본적으로는 그 어떤 수준의 갈등에 관한 연구의 내용과 원리는 다른 수준의 갈등에 관한 연구의 내용 또는 원리와 크게 다르지 않다(Wedge, 1987; 이광종, 1993: 10 - 11)는 사실에 근거하여 집단수준에서의 갈등수준 측정을 위한 지표는 개인은 물론 집단수준에서의 갈등수준의 합으로 정리할 수 있다.

지방정부간 갈등의 표출은 크게 개인적 수준의 갈등, 개인간 수준의 갈등, 집단수준의 갈등으로 나누어 살펴볼 수 있다. 그리고 이러한 각 수준의 갈등은 갈등현안에 대한 전개양상을 설명하고 있는 <그림 6 - 5>와 같이 진행된다고 할 수 있다.

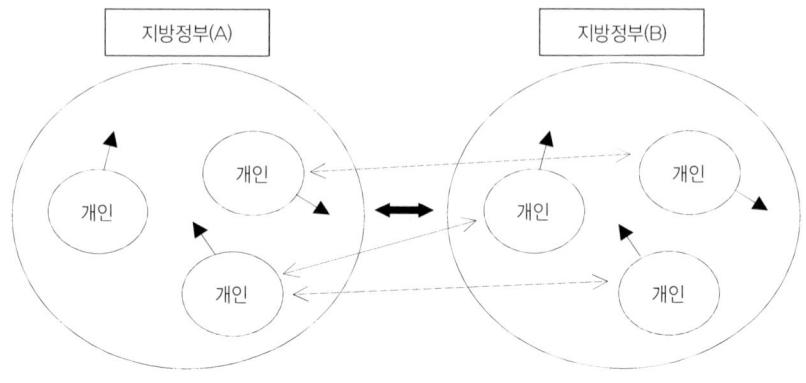

〈그림 6-5〉 갈등의 전개양상

(1) 개인적 수준의 반응

모든 갈등잠재력이 적극적인 갈등행동으로 전환되는 것은 아니다. 갈등인식의 문제는 개인의 성격에 따라 다양하게 반응하게 되며, 혹은 개인적인 인내심으로 인해 아무런 갈등 반등을 보여주지 않는 경우도 있다. 개인적 수준에서의 갈등에 대한 반응은 갈등현안의 미해결로 인한 긴장의 정도, 의사결정 등에 대한 인식의 불만정도, 이해관계의 정도를 통해 측정할 수 있다.

(2) 개인간 수준의 반응

갈등은 당사자 일방 또는 양방에 은닉되어 있다. 이 경우 양 당사자는 갈등소재를 의식하는 것이 좋은지 혹은 수동적 행위를 선택할 것인지에 대해 결정하게 된다. 따라서 갈등인지가 갈등반응으로 나타나는 최초의 능동적 행태이다. 더불어 갈등이 공개적으로 진행되는가 아니면 간접적으로 진행되는 것이 유리한가 하는 것을 확실히 하게 된다. 갈등반응은 목적과 관련한 갈등노출에 적합하게 선택된다. 조속한 갈등의 파악은 건설적이고 문제해결적인 대책을 세울 기회를 제공한다. 적대자간의 근본적인 문제확산과 첨예화는 막을 수 있다.

이해조정이 불가능하고 또 해결전망이 없는 경우에는 당사자간에는 일방적인 이익실현을 위한 적대행동이 나타나게 된다. 가장 극렬한 형태가 투쟁이다. 이러한 행태는 상대에 대한 의심과 불신의 정도, 상대에 대한 존경심의 정도, 상대방이 원인을 제공자라는 부정적 인식의 정도 등으로 측정된다.

(3) 집단수준의 반응

집단간 갈등은 그 결과로서 집단 내부에 있어서 뿐만 아니라 집단간의 관계에 있어서도 여러 가지 변화를 가져온다. 집단내의 변화를 살펴보면, 응집력의 증가, 집단의 과업지향성 강화, 리더십의 전제화, 조직과 구조의 엄격화, 통일성의 강조 등을 들 수 있다. 또한 집단간의 관계에 있어서의 변화도 보이게 되는데 특히, 적대감과 부정적 태도의 증가, 경직된 편견의 증가, 집단간 커뮤니케이션의 감소, 타집단행동에 대한 엄격한 감시 등이 나타나게 된다.

2) 갈등 표출방향의 관점

갈등의 표출은 특정문제에 대한 반응에 있어서 방향성을 갖는다. 방향성은 동질성과 이질성의 측면에서 표출된다. 이는 동질적인 심리와 행위를 구성하고 있는 정도와 이질적인 심리와 행위를 구성하고 있는 정도의 측면에서 살펴볼 수 있다.

먼저 동질성은 내부적 상황의 결속을 강화하는 내부지향성을 가지며, 이질성은 타방과의 관계에서 형성되는 것으로 외부지향성을 갖는다. 내부지향성은 개인심리 및 행위의 동질성의 측면에서 본 방향성을 의미하며, 외부지향성은 개인심리 및 행위의 이질성의 측면에서 본 방향성을 의미한다. 다시 말해 개인심리의 내용이 유사한 가 아닌가에 따라 갈등의 표출양상은 다르게 나타난다. 예를 들어 개인심리의 내용이 유사한 경우 이를 같이 하는 개인과의 결속을 통해 집단을 결성하게 되며, 이렇게 결성된 집단은 타방과의 관계를 형성하게 된다.

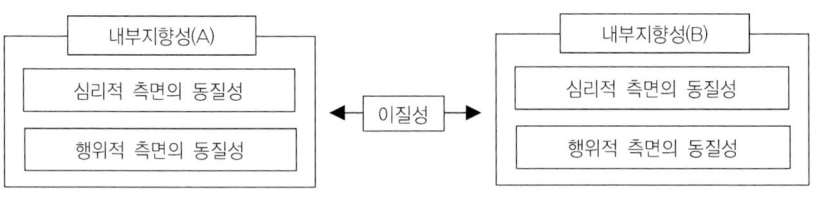

〈그림 6-6〉 갈등 표출의 방향성

3) 통합적 논의

갈등의 표출은 문제에 대한 반응이 개인의 내적 차원에서 표출될 수도 있으며, 외부로 표출될 수도 있다. 또한 개인간의 관계의 측면에서 보면 문제 인식에 있어서 유사한 이해관계를 형성하고 있는 집단내에서의 표출과 이해가 상충되는 집단에 대한 개인적 행위로 표출된다. 집단간의 관계의 측면에서 보면 문제인식과정에서 집단의 외형이 변화하는 과정을 거쳐 이해가 상반되는 집단에 대한 행위로 표출된다.

<표 6-6> 갈등수준의 측정을 위한 기준

구 분		갈등표출방향	
		내부지향성	외부지향성
갈등의 인지 및 반응차원	개 인	개인의 심리	개인심리의 외적 표현
	개인간	개인간 행위의 결속	대립되는 개인에 대한 행위
	집단수준	집단의 결속	대립되는 집단에 대한 행위

V. 결 론

갈등에 대한 종전의 연구는 대체로 개인 및 개인간 갈등, 혹은 집단내 및 집단간 갈등에 초점을 맞추어 수행되어 왔다는 점은 주지의 사실이다. 이와 같은 갈등의 연구영역은 동서를 막론하고 정치행정체제가 민주화·분권화함에 따라 여러 유형의 정부간관계를 바탕으로 한 갈등에까지 확대되기에 이르렀다.

현재 한국의 경우에도 지방자체제도의 실시로 지방분권체제로의 전환과 더불어 지방정부의 자율성과 독립성이 크게 신장되고 있으며, 정부간관계 역시 더욱 밀접해 짐에 따라 정부간관계에 얽힌 갈등문제의 원숙한 해결 및 관리방안을 논의할 필요성 또한 그 어느 때보다 증대되고 있다.

본 연구는 그동안 진행되어온 갈등에 관한 선행연구의 내용을 검토하여 갈등과 협력의 개념을 정리하고, 이를 토대로 정부간관계에 있어서의 갈등 및 협력의 개념화를 시도하고자 하였다. 또한 갈등의 효과적 해결 혹은 관리를 위해 갈등과 협력의 관계를 규명하고자 하였다.

본 연구에서는 지방정부간 갈등을 '가치·지위·권력·희소자원 등을 둘러싸고 복수의 지방정부간 이해관계가 서로 얽혀 각자의 권한과 이익에 집착하는 과정에서 나타나는 표면화·현재화된 상호 대립적·적대적 행동'으로 규정하였으며, 지방정부간 협력은 '다양한 수준의 지방정부가 상호의존작용에 기초한 교환 및 협상을 통해 자원, 권한 및 역할 등을 교환하여 상호간의 공동이익을 실현시켜 나가는 자율적이고 목적지향적인 활동'으로 정의하였다. 그리고 관련 지방정부가 당사자로서 개별적 목적달성을 위해 상호작용에 기초하여 자원, 권한 및 역할 등에 대한 교환/협상(exchange and negotiation) 활동을 전개함에 따라 지방정부간의 갈등과 협력의 운명이 결정되기 때문에 갈등과 협력은 별개의 것이 아니라 상호연관관계에 있음을 밝히고 있다.

제7장

지방정부의 갈등관리

: 아산시 사례

임정빈(선문대학교)

I. 서 론

지역간 이익갈등을 유발하는 핵심 요인들 중 하나가 자원의 분배를 둘러싼 갈등이다. 자원분배 갈등은 그것이 선호대상인가, 혹은 기피대상인가에 따라 님비(NIMBY)/핌피(PIMFY)갈등으로 분류되어왔다. 행정자치부가 1990년대 중후반 동안 발생한 지방정부간 갈등사례들을 분석한 결과를 살펴보면, 님비·핌피갈등이 전체의 93.6%를 차지하고 있다(행정자치부 외 1999). 그리고 다른 연구결과를 보면, 2000년대를 넘어오면서 이익갈등에서 핌피갈등이 차지하는 비중이 점차 증가하고 있는 것으로 나타났다. 특히 다양한 핌피자원이 등장하면서 갈등의 강도가 매우 커진 반면, 그에 대한 제도적 대응은 대단히 취약한 것으로 분석되고 있다(강성철 외

2005).

핌피갈등은 단적으로 지방정부의 지위와 행정적 기능의 변화로 인해 관련 당사자들의 렌트추구(rent‐seeking) 활동이 크게 활성화된 데에서 비롯된다. 주지하듯이 렌트는 생산요소의 기회비용을 초과하여 자원 소유자에게 지급되는 이윤이다. 즉 어떤 생산요소를 차선의 경제활동에 투입할 때 얻을 수 있는 소득을 초과하는 부분, 또는 완전경쟁시장에서 얻을 수 없는 초과이윤이나 이권과 특혜라고 할 수 있다. 예컨대, 신제품 개발, 시설 입지, 정부 정책 등으로 인해 발생할 수 있는 초과이익을 들 수 있다(Buchanan 1980, 3‐15; Tollison 1982, 575‐602; Levi 1988). 특히 정치적 시장에서의 렌트추구는 정치적 기제를 활용하여 독점적 지위를 확보하고 소득과 재화의 강제적 이전을 도모하고자 하는 효용극대화 행위로 나타난다(윤흥근·유석진 1994, 215). 그렇지만 렌트추구는 인위적으로 개별 이익을 확보하는 경쟁과정에서 사회전체적 자원을 낭비하고 통합을 저해하는 역기능을 초래한다.

이 연구에서는 지방정부간 렌트추구에 따른 핌피갈등의 요인 및 구조와 특성을 분석하고자 한다. 1990년대 이후 지방은 매우 자율적이며 역동적인 정치시장으로 성장하였다. 님비·핌피와 같은 용어는 집단적 차원에서 지역공동체의 이익을 극대화하려는 다자간의 합리적 행위를 함의한다. 따라서 지방정치시장에서 이러한 렌트추구는 사적이기보다는 집단적 활동의 성격을 띠며, 자원의 특성, 관리제도, 다양한 이익추구자 및 조정자들에 의해 문제구조가 조성된다. 통상 렌트추구행위는 렌트추구자들이 얻게 되는 이익보다 더 많은 비용을 들이는 과다소산(over dissipation)의 가능성이 적다고 설명된다. 즉 불완전경쟁, 위험, 회피, 불완전정보 등으로 인해 과소소진(under dissipation)의 가능성이 더 크다(김석태 2003, 79 – 87; Tollison 1997, 510). 그렇지만 제로섬게임전략이 동원되는 경우에는 과다소산이 발생할 수 있음을 배제할 수 없다. 실질적으로 많은 핌피갈등은 지역민들의 과도한 집단의식을 조장하며, 전부 아니면 전무라는 식의 렌트추구 행태를 표출해왔다. 그렇다면 그러한 문제구조를 유인하는 핵심 요인들은 무엇인가?, 지방정치시장에서 렌트추구자들의 이해와 전략의 특징은 무엇인가?, 그리고 그에 따른 갈등의 구조와 특성은 어떻게 이해할 수 있는가?

이 연구는 변화된 지방 통치환경과 미흡한 기명제도가 첨예한 갈등을 유인하였던 아산시와 관련된 철도 역명 선정을 둘러싼 분쟁 사례를 분석하였다.

II. 이론적 배경

1. 지방정부간 갈등의 변화

최근의 지방정부간 갈등은 님비 갈등에서 핌피자원을 둘러싼 갈등으로 전환되면서 이른바 렌트추구형 갈등이 크게 증가하는 추세를 보이고 있다. 재정력이 취약한 지방정부의 경우 핌피자원의 유치가 지역경제의 활성화와 지방재정 확충에 직접적으로 기여하기 때문에 지방정부간 렌트추구가 매우 경쟁적으로 전개되고 있는 것이다. 렌트추구의 대상이 되는 핌피자원은 도청·시청·군청 등과 같은 공공기관이나 승계되는 재산권, 공공시설이나 편의시설, 고속철도 중간역 등과 같은 사회기간시설, 첨단산업단지, 국제적인 행사 등 자원배분 양상에 따라 지역에 경제적인 이익을 가져올 수 있는 모든 유·무형재들이 포함된다.

〈표 7-1〉 핌피자원의 유형

형 태	성 격	종 류
유형재	공공시설	공공기관, 공기업, 특구, 학교, 연구단지, 문화시설, 사회기간 시설 등
	생산시설	기업도시, 공단 등
	위락시설	관광단지, 테마공원, 경마장 등
무형재	행 사	올림픽, 월드컵, 박람회, 국제회의 등
	명 칭 (브랜드 네임)	지명, 사회기간시설명, 캐릭터 등

출처: 장우영·임정빈. 2006.

핌피자원을 둘러싼 최근의 갈등사례들로는 아시아·유럽정상회의(ASEM) 국제회의장 유치를 둘러싼 서울시·경주시·제주시·고양시 간의 경쟁, 전남·경북·충남도청 이전 갈등, 김천·울산의 경부고속철도 중간역 설치 요구, 태권도 공원 유치를 위한 경주시·강화군·무주군의 갈등, 경기도 멀티미디어 산업단지 유치를 둘러싼 용인·화성·안성의 갈등 등을 꼽을 수 있다(김도희, 2003: 158). 이외에도 행정복합도시건설 등 지방분권정책에 수반되는 공공기관 이전의 유치를 둘러싼 갈등도 폭발적으로 전개되고 있다.

특히 충청권의 경우 당진항명칭분리갈등, 호남고속철도 분기구간 갈등, 국립노화종합연구소를 둘러싼 충북, 충남 대전간 갈등,

첨단의료복합단지를 둘러싼 대전, 충남의 공동유치와 충북간의 갈등, 국제과학비즈니스벨트유치를 둘러싼 대전과 충북간의 갈등 등 핌피갈등이 급격히 증가하고 있는 추세이다.

2. 지방정부간 핌피갈등의 특성과 관리전략

핌피자원은 접근성이 높을수록 편익이 증가하고 낮을수록 편익이 감소하는 성질을 띠고 있다. 그리고 그러한 편익은 시설이나 입지 주변인들에게 집중되는 반면, 그것에 소요되는 비용은 공간적으로 고르게 분포된다(Smith 1977, 118). 예컨대, 공공기관의 유치는 지가 상승 및 인구 유입에 따른 소비증가로 지역경제를 활성화시킬 것으로 기대된다. 사회기간시설명과 같은 무형재도 지역민의 우월의식 및 잠재적 경제적 가치를 고무하는 긍정적(positive) 외부효과를 발생시킨다. 반면 이에 소요되는 비용은 수혜 지역에 국한되지 않고 전체 공동체에 포괄적으로 부담된다. 이러한 면에서 발생되는 편익의 규모가 클수록 핌피자원을 둘러싼 유치갈등 또한 증폭될 개연성이 짙어지는 것이다.

공공재의 공공성에 의거해서 핌피자원의 분배방식이 시장원리를 따르지 않는다는 점은 핌피갈등의 발생을 불가피하게 만드는 측면이 있다. 즉 핌피자원은 거래당사자들의 효용을 도모하는 시장활동이 아니라, 공동체 전체의 효용을 도모하는 비시장적 활동에 의해 분배된다. 따라서 시장활동을 대체하는 정부의 개입이나 정치적 의사결정과 같은 '교환으로서의 정치'(politics of exchange)가 핌피자

원의 기본적인 분배방식이다(Buchanan 1980, 3 - 15). 그렇지만 그
것이 이해당사자간 렌트추구를 조절하며, 공동체의 순이익을 가져
올 수 있는지는 다음과 같은 측면들에서 의문시된다.

님피갈등은 정보 또는 효과의 '불확실성'(uncertainty)의 영역 속
에서 전개된다. 불확실성은 대안을 실행에 옮겼을 때, 그것들이 실
제로 가져올 결과를 알 수 없는 논쟁적 상황을 가리킨다(John
1984, 446 - 447). 공공재가 유발하는 외부효과와 비용 - 편익의 불
균형성에 대한 과학적인 사전 측정이 용이하지 않기 때문에 이러
한 불확실성의 발생은 불가피하다. 즉 님비자원이나 님피자원이 어
느 정도의 이득이나 손실을 초래할 것인지에 대한 객관적인 예측
이 불가능하다는 것이다. 불확실성은 해당 지방정부와 지역주민들
의 주관적인 가치 판단을 조장함으로써 갈등을 심화시키는 요인이
다. 이러한 주관적 가치 판단은 대상 자원에 대한 선호·기피 의
식 및 지역발전을 우선시하는 공동체의 속성과 결합되어 이루어진
다(권경득·임정빈·장우영 2004; 김용철 1998). 예컨대, 사회기간
시설명은 그 기명방식에 따라 지역민의 우월감이나 열등의식 뿐만
아니라, 잠재적인 경제 가치에 대한 기대감 또한 크게 자극한다.
요컨대, 이러한 지역의식과 님피자원 외부효과의 결합으로 인해,
지방정부간 렌트추구는 자원의 효율적 분배를 저해하고 과다한 갈
등비용을 초래하기 십상이다.

렌트추구행위는 행위자들의 개별적인 선택이 상대방의 효용에 영
향을 미치는 배타적 상호의존구조를 조성한다. 이러한 구조는 행위
자들이 상호간의 선택에 따라서 득실의 결과가 변화되는 문제상황
에 돌입해 있음을 의미한다. 문제상황은 (1) 게임의 참여자, (2) 참

여자의 포지션, (3) 각각의 포지션에서 참여자가 취할 수 있는 행위, (4) 선택을 중간 결과 또는 최종 결과로 이끄는 의사결정함수(decision function), (5) 결과, (6) 이용가능한 정보, (7) 비용/편익에 입각한 행위와 결과의 이득함수(payoff)와 같은 요소로 구성된다(채경석 1997, 224).

펌피자원 획득에 있어서 이러한 문제상황은 당사자 중 일방이 이득을 취하면 상대방이 손실을 입는 제로섬 게임구조를 가지고 있다. 그렇지만 명칭과 같은 무형재의 경우 복수 기명이나 제3의 기명 등 선택지가 보다 다양하기 때문에 반드시 제로섬 게임이 형성되는 것은 아니다. 그렇지만 이 경우에도 당사자들의 자원 독점 의지와 집단적 지역의식 등에 의해 실질적으로는 제로섬 게임구조가 형성될 수 있다. 이러한 렌트추구의 결과, 렌트의 소진이 발생하고, 그 만큼의 자원 지출의 낭비가 생긴다. 렌트가 완전히 소진되면 완전한 낭비가 발생하고, 부분만 소진되면 부분적 낭비가 발생한다. 이 낭비분이 렌트추구로 말미암은 독점의 비용이 되는 것이다(김행범 2004, 201 – 202; 지종화 2005, 242 – 244).

지방정부의 갈등관리 및 대응은 비용과 편익의 균형을 이루기 위해 다양한 선택들을 추구하는 정치적 전략이다. 보다 구체적으로 갈등대응은 문제 해결을 위한 교환·협상(exchange & bargaining) 메카니즘의 운용을 의미한다. 선행연구들은 갈등의 당사자가 상대방과 불일치에 직면할 경우 취할 수 있는 대응의 차원을 크게 두 가지, 즉 계속 자신의 관심사를 충족시키는 방법과 상대방의 관심사를 충족시켜주는 방법으로 구분하고 이 두 차원의 조합을 통해 회피(avoidence), 수용(accommodation), 경쟁(competition), 타협(compromising), 협조(collaboration) 등으로 전략의 유형을 제시하고 있다 (Blake & Mouton, 1973; Rahim, 1983; Lulofs & Cahn, 2000). 첫째, 회피는 당사자들이 갈등의 표출을 꺼려해서 갈등상황에 대해 언급을 피하고 침묵을 지키는 방식이다. 상호작용이 집단의 목표에 상대적으로 중요하지 않거나, 집단간의 목표가 양립할 수 없을 때 일어난다. 둘째, 수용은 갈등의 완화를 위해 상대방의 주장에 동의하는 방식이다. 이것은 당사자들간 목표가 양립할 수는 있으나 상호작용이 전반적인 목표달성에 중요하지 않다고 판단될 때 일어난다. 셋째, 경쟁은 이견에 대해 일방의 결정을 지배하고 강제하려는, 즉 상대방을 압도하여 자신의 주장을 관철하는 방식이다. 이것은 상호작용을 하는 집단들의 목표가 양립할 수 없고 상호작용이 각 집단의 목표달성에 중요할 때 발생하는 것으로 공격적인 행동을 통해 갈등을 해소하려는 전략이다 넷째, 타협은 상호 교환과 양보를 통해 당사자들간 일정 정도로 만족을 추구하는 방식이다. 이것은 상호작용이 목표 달성에 다소 중요하고 목표가 완전히 양립가능하지도 그렇지 않지도 않을 때 일어난다. 다섯째, 협조는 상호 만족할 만한 합의의 추구를 선호하는 방식이다. 이것은 상호작용이 집단의 목표달성에 매우 중요하고 집단들의 목표가 양립가능할 때 일어난다(Lulofs & Cahn, 2000:101 - 110, 이광종, 1995:36). 이러한 전략은 단일하게 사용되기보다는 시기별로 가변적이며, 대개 혼재되어 사용된다. 규범주의를 강조하고, 부의 외부효과 극소화 하는 방향으로 운영하는 것이 유용하다고 보여 진다(박호숙, 2003:20 - 30).

Ⅲ. 역명선정제도

1. 역명의 특성 및 가치

　역명의 무형재적 특성은 다음과 같이 강조할 수 있다. 역명은 국지적으로 경제적 편익을 발생시키는 지역공공재(local public good)의 성격을 갖는다. 역사로 인해 발생되는 편익을 향유할 수 있는 범위는 널리 퍼져 있다. 그렇지만 역사가 발생시키는 편익과 역명이 발생시키는 편익의 수혜 범위는 반드시 일치하지 않는다. 즉 기명방식에 따라 역명이 발생시키는 편익은 반드시 양 지역에 균등하게 배분되지 않을 수 있다. 예컨대, '역'은 일방에 배타적으로 편익을 점유시킨다. 이처럼 역명 선정 제도나 정책결정에 따라 렌트 발생지역이 달라질 가능성이 상존하는 것이다. 역명은 경제적 가치 외에도 지역공동체의 자의식이 관련되어 있기 때문에, 편익의 규모를 객관적으로 산정하기가 용이하지 않다. 즉 편익에는 '공통의 이해 수준, 집단적 선호와 유사성 정도, 그리고 의사결정에 의해 영향을 받는 집단들간의 자원 배분 상황' 등 공동체적 속성이 맥락화되어 있다(Kiser & Ostrom 1982). 따라서 명칭은 공동체의 긍지나 선호, 우월의식 등이 투영된 상징으로 수용됨으로써, 그 가치의 크기가 매우 주관적으로 산정되는 경향이 크다. 그리고 이 점은 인접 집단간 갈등을 더욱 심화하는 요인으로 작용한다.

2. 역명선정제도

일반적으로 공공시설은 관련 법률이나 제도에 의해 제반 명칭을 선정하고 있다. 예를 들어 지명(地名)의 경우 측량법 57조에 의거해 지방자치법 및 기타 법령들에서 정하도록 하고, 그 외의 지명은 동법 58조의 규정에 따라 지명위원회를 구성하여 결정하고 건설교통부장관이 고시하도록 되어 있다. 하천명(河川名)의 경우 하천법 7조에 의거해 국가 하천 및 지방1급 하천의 명칭은 대통령령에 의하여 정하고, 지방2급 하천은 시·도지사가 지정하도록 되어 있다. 다만 당해 하천이 다른 특별시, 광역시, 또는 도의 경계에 위치한 때에는 상대 시·도지사와 협의하도록 되어 있다. 이에 반해 역명은 법적 구속력을 가진 별도의 선정 절차가 부재하다[44]. 고속철도역명의 경우 '철도역명의 제정 관례'에 의거해 선정하도록 하고 있다. 즉 철도역명은 해당 자치단체의 지명위원회에서 제정하는 방식이 그 동안의 통상적인 관례였다. 다만 역명에 대한 지역간 대립이나 주민 반대 등이 발생하는 경우에는 합성 명칭이나 대표지역 명칭 등으로 결정할 수 있다. 그리고 고속철도건설촉진법시행령 제5조에 따라 건설교통부 장관이 기본계획을 수립한 후에는 주요 경유지 및 역 등을 관보에 고시하도록 하고 있었다.

2008년 2월 한국철도공사는 철도역명의 선정제도의 문제점을 보완하고 역명을 둘러싼 지방정부간, 지역민간의 갈등을 감소시키기

---

44) 한국철도공사는 '2008.2.5에 와서야 광역철도역명 및 노선명 제정업무처리기준'을 제정하여 운영하고 있으나 하고 있으나 법률의 형태이기 보다는 기준내지는 지침으로 여러 가지 문제점을 노정시키고 있다.

위하여 광역철도역·노선명 제정업무처리기준을 제정하였다. 그
중 역명선정과 관련된 핵심조항은 제3조이다.

제3조(역명선정 등 기준)

① 광역철도 역의 명칭 선정 또는 변경은 다음 각호의 순위에
의한다.

1. 1순위: 역세권 행정구역 명칭

2. 2순위: 역세권 우위 행정구역 등 명칭(여러 행정구역으로 분
할된 경우)

3. 3순위: 고적, 사적 등 문화재 명칭(역사적 인물 포함)

4. 4순위: 주요공공기관 또는 주요공공시설명칭

② 제1항의 선정 또는 변경은 다음 각호의 기준에 부합하여야
한다.

1. 광역철도역명은 국민이 이해하기 쉽고 부르기 쉬우며 가능한
장래 변경될 소지가 적은 명칭을 사용한다.

2. 철도공사 소관 및 수도권 연락운송기관의 다른 역명과 동일
(역명발음상 동일한 것을 포함한다)하거나 혼동될 우려가 있는 역
명은 사용하지 아니한다.

3. 특정단체 및 업체의 이해와 직결된 명칭은 광역철도역명으로
사용하지 아니한다. 다만, 「역명부기 업무처리기준(광역철도업무처
리기준 제1호, 2007.3.12)」에 의거 부기역명으로 사용하는 경우에
는 예외로 한다.

그러나 이 또한 법률의 형태라기보다는 일종의 지침수준으로 법
적인 구속력이나 강제력을 발휘하기 어려워 또 다른 갈등을 불러
일으킬 소지를 안고 있다.

3. 제3자 조정과 갈등관리

지방정부간 자원 배분에 있어 그것을 직접적으로 규정하는 법률이나 제도 뿐 아니라, 교착된 분배과정을 조정하는 중재 제도 역시 매우 중요한 역할을 한다. 즉 지방정부간 갈등은 복합적인 발생 원인들에서 비롯되기 때문에, 이 같은 상태를 제거하기 위해서는 교환·협상과정에 활용될 제도적 기제들이 요구되는 것이다(안성호 1991, 139 - 155). 지방정부간의 교환·협상은 지방자치법령상의 조항에 의해 담보되고 있다. 현행 지방자치법은 (1) 지방자치분쟁협의회 (2) 사무의 협력과 위탁 (3) 행정협의회 (4) 지방자치단체조합 (5) 지방자치단체장 등의 협의체를 규정하고 있다(지방자치법 제139 - 154조). 이를 범주화하면 지방정부간 갈등 해소 기제는 의사결정주체에 따라 당사자간 협의 결정과 제3자에 의한 조정으로 분류할 수 있다. 이 중 제3자 조정은 대개 갈등이 당사자간 조정을 통해 통제될 수 있는 범위를 벗어난 시점에 시도된다. 따라서 그것은 당사자간 조정이 불가한 상황에서 제3자에 의한 권위적 해결방식을 뜻하기 때문에, 타율적인 반면 보다 효율적일 수 있다.[45] 그러나 조정 내용이 관철되기 위해서는 그에 대한 순응체계

---

45) 원론적 의미에서 제3자에 의한 조정은 알선(conciliation), 조정(mediation), 중재(arbitration), 재판(adjudication) 등을 통해 정부간 갈등을 해소하는 경우를 의미한다(Gawthrop 1960). 알선은 알선자가 당사자들에게 자율적 해결의 길을 터주기 위해 당사자들의 견해를 타진하여 전달하고 협상의 조건을 제시하는 등의 노력을 통해 당사자들의 의견 접근을 돕는 활동이다. 조정은 조정자 또는 조정위원회가 당사자간 쟁점을 조사하고 조정안을 제시하여 수락을 권고하는 정치적 활동이다. 중재는 당사자간의 협상과정을 돕거나 협상과정에서의 문제점들을 감소·해소시킴으로써 협의를 용이하게 만드는 활동이다. 이러한 방식으로는 상급기관에 의한 조정, 특별기관에 의한 조정, 지역별·분야별 분쟁조정위원회에 의한 조정, 구역개편, 사법부에 의한 조정 등이 있다. 이밖에 사법적 제도로서는 행정심판과 권한쟁의 심판이 있다.

의 존재 및 조정안의 구속력 있는 집행이 전제되어야 한다. 그렇지 않다면 조정은 오히려 갈등을 더욱 증폭시키는 부가 요인이 될 개연성을 안고 있다(권경득·임정빈·장우영 2004, 577-578).

IV. 아산시 사례

1. 천안아산역명칭 갈등사례

1) 역명 선정의 논의

천안·아산간 역명 갈등은 역사가 대부분 아산시 행정구역 내에 소재하고 있는 반면, 대외적으로 '천안역'으로 명기·통용되어왔다는 점이 발단이 되었다. 따라서 '천안역'명이 고착되는 경우 그에 의해 발생되는 렌트는 자연스레 천안시가 독점하게 되었다. 이에 대한 아산시의 문제제기가 끊이지 않자, 건교부는 2000년 8월 고속철도건설기획단(이하 '기획단'), 철도청, 충청남도, 아산시, 천안시에 역명 선정에 관한 의견을 제출하도록 하였다. 그리고 건교부는 기획단과 철도청이 제시한 '철도역명 제정 관례에 따른 역명 선정방식'을 수용하였다. 즉 고속철도 역사가 소재하고 있는 지역의 상급 지방정부(충청남도)가 지명위원회를 개최하여 해당 지역의 행정구역, 유적지, 관광명소 등의 기존 명칭 및 지명학회 등 전문기관의 의견을 참고하여 확정한다는 것이 그 골자였다(건설교통부b

2003).

이에 따라 충청남도는 동년 10월 24일 행정부지사, 고속철도역 관계자 및 전문가 등 8인으로 구성된 '충청남도 역명칭 지명위원회'(이하 '지명위')를 개최하였다. 천안시와 아산시의 주장이 팽팽히 대립하는 가운데, 이 회의에서는 역사 소재지인 장재리의 지명에 근거하여 '장재역'이라는 새로운 역명을 확정하였다. 그렇지만 '장재역'은 리(里) 단위 명칭으로서 대외적인 인지도가 매우 낮다는 이유로 건교부에 의해 거부되었다(건설교통부b 2003). 사실 '장재역'안은 양시의 거센 압력에 직면한 지명위가 불가피하게 도출한 정치적 절충안이었다. 그런데 건교부가 고속철도의 활성화를 위해 전국적 지명이 반영된 안을 선호했을 뿐만 아니라, 렌트의 독점을 소실하게 된 천안시 또한 강력하게 반발한 탓에 이 안은 수용되기 어려웠다.

이후 지명위가 양시에 새로운 의견을 제출하도록 회부하자, 우선 천안시는 다음과 같은 이유들로 '신천안역'과 '천안아산역'을 제시하였다. 첫째, 경부고속철도 첫 기착지로서 역명이 갖는 의미가 중대하므로 전국적인 지명이 반영되어야 한다. 둘째, 역사 구조물 일부와 주변 지역이 천안시 관할구역이며, 역사 소재지인 아산시 장재리 주민의 생활권과 경제권 또한 실질적으로 천안시에 편입되어 있다. 셋째, 양시의 경제와 인구 규모를 비교했을 때, 천안시 이용객이 훨씬 더 많을 것으로 예측된다. 넷째, 대부분의 철도역이나 IC, 공원, 공항 명칭은 지명도가 상대적으로 높은 인근의 지역명을 사용하고 있다(충남시사신문 03/03/06).

반면 아산시는 다음과 같은 이유들로 '아산역'과 '장재역'을 제시하였다. 첫째, 역사의 소재지가 명백히 아산시 관할구역이므로 속지주의 원칙에 따라야 한다. 둘째, 역사의 건축허가권자가 아산시장이므로 역사의 관할권도 당연히 이에 귀속된다. 특히 역사 이용과 관련된 일체의 공공서비스가 아산시에 의해 제공되며 이에 대한 비용도 아산시가 부담하고 있다. 셋째, 1999년 건설교통부가 제정한 고속도로 IC의 명명 지침에 따르면, 시·군 단위 이상의 소재지 행정구역명을 따르도록 하고 있다. 경부고속철도 '광명역'의 경우에도 소재지명에 근거하고 있다. 넷째, '아산역'안을 거부하는 것은 아산시의 자치권을 침해하는 행위이다(아산시a 2003).

취약한 관습적 규칙에 의거해 이같은 형식논리들을 절충한다는 것은 역내 차원에서는 매우 난망하였다. 통상 제3자를 통한 정치적 교환행위는 조정자의 '조정 권한과 가용 자원의 규모'에 의해 좌우된다. 더욱이 양 지방정부간 경쟁의식과 주민통합 및 도시개발과 산업 유치 등 이면의 정치적 경제적 렌트는 보다 강화된 조정 능력을 요하였다. 이러한 면에서 지명위는 실질적인 조정 권한과 자원을 확보하고 있지 못하고 있었다. '조정'보다는 '중립'에 급급하였던 지명위는 결국 기제출한 '장재역'을 재차 건의하였고 예상대로 즉시 거부되었다. 기획단 또한 2001년 6월 자체적으로 전문가들의 자문을 토대로 '충의역'안을 건의하였으나 이 또한 거부되었다(건교부b 2003). 이로써 역명 선정은 새로운 조정자가 등장할 수밖에 없는 국면으로 치달았다.

2. 제3자 조정과 지방정부간 갈등대응

역명 선정이 난항을 겪자 건교부는 제정 관례에 의한 방식을 준용하여 보다 광역화된 협의절차를 도입하였다. 지명위의 조정능력이 한계를 드러내고 역명 선정 이슈가 전국화되는 상황에서 건교부의 직접 조정은 불가피했다. 또한 여기에는 합리적인 절차를 통해 상대적으로 지명도가 높은 역명을 선정하려는 건교부의 의도가 작용하였다. 건교부는 줄곧 고속철도의 활성화, 대외적인 대표성, 이용객 편의, 지역 의견을 역명 선정 기준으로 강조해오고 있었다. 건교부는 정부 차원의 역명 선정기구로 관계 기관 및 전문 학회 인사와 각 지방정부의 추천인사들이 참여하는 '고속철도 역명칭 선정 자문위원회'(이하 '자문위')를 구성하였다(건설교통부c, 2003)[46].

1, 2차 자문위 회의에서는 역명 선정에 실패하였으나, 운영규칙을 의결하고 복수의 후보안들(천안역, 천안아산역, 충의역, 온양역, 장재역)을 결정하였다. 이 안들은 양시의 추천인사들이 제시한 안들('신천안역'과 '아산역')을 배제한 것들이었다, 여기에서 눈여겨 볼 것은 '아산역'이 후보안에서 배제되었다는 점이다. 뒤의 세 안들이 아산의 지역 대표성을 반영하는 안들이긴 하나 지명도가 낮아 사실상 앞의 두 안 중에서 결정될 것이 유력했다. 주지하듯이 두 안은 천안의 렌트 독점이나 과점을 의미하는 역명이어서 아산

---

46) 자문위는 '임시 자문기구'로서의 성격을 갖는다. 여기에는 건설교통부, 철도청, 고속철도건설공단 각 1인(당연직), 중앙지명위원회위원 중 3인, 전문 학회 추천인사 3인, 그리고 역명 관련 지자체인 광명시, 대구시, 경주시 각 1인 그리고 충청남도, 천안시, 아산시 추천인사 각 1인 등으로 구성되었으며, 뒤에 중앙지명위원회위원 1인이 불참하여 총 14명이 자문위원으로 참여하였다(건설교통부c 2003).

시는 강력하게 반발하였다. 예상대로 최종안을 결정하기로 한 3차 회의의 협의가 결렬되자, 자문위는 운영규칙에 의거하여 위원 투표를 시도하였다. 자문위는 종래의 후보안들을 폐기하고, '천안아산역'과 '아산천안역'을 표결안으로 상정하였다. 그러나 아산시는 공정성을 기해야 한다는 이유로 투표방식의 변경을 주장했다. 즉 건교부장관의 지도·감독을 받고 있는 당연직 위원 3인을 표결에서 제외할 것과, '아산천안역'을 단일 후보안으로 한 가부투표를 실시할 것이 그것이었다(건설교통부c 2003). 사실상 투표 거부를 뜻하는 이같은 아산시의 주장은 건교부가 공정한 조정자의 역할을 상실했다는 판단에 따른 것이었다. 2003년 4월 23일 결국 아산시측 추천위원이 퇴장한 상태에서 자문위는 '천안아산역'을 의결하여 건교부에 건의하였다.[47)

자문위의 역명(건의안) 결정은 지역성장기구의 전면적인 개입을 불러왔다. 아산시 지역개발단체총연합회는 역내의 거의 모든 시민사회단체들을 망라하는 '아산역 사수투쟁위원회'(이하 '투쟁위')로 확대 개편하였다. 투쟁위는 '아산역'명 관철을 위한 민관복합체이자 단일쟁점기구의 성격을 띠었다. 전현직 국회의원과 시·도의원 및 행정동우회 관계자 등 아산시 정치엘리트들이 이 기구를 주도하였다. 그리고 아산 향우회와 역내 언론이 여론을 적극적으로 동원하는 가운데 투쟁위는 읍·면·동 단위까지 신속하게 조직화되었다.

---

47) 건교부가 줄곧 전국적 지명도를 우선적으로 반영한 역명을 선호해온 탓에 아산시의 불신은 점차 증폭되어갔다. 자문위 회의에서도 아산시는 당연직 위원들이 천안시에 유리한 도면과 자료들을 제출하는 등 천안 지명을 의도적으로 강조했다고 주장했다. 반면 건교부는 자문위 구성시에는 아무런 이의를 제기하지 않았음에도 불구하고, 아산시가 당연직 위원들의 표결을 거부하는 것은 온당하지 않다는 이유로 표결을 정당화했다(아산시b 2003).

투쟁위는 진정, 서명, 성명 등의 온건한 방식에서 대규모 집회, 항의 방문, 행정조정 신청 및 법적 대응에 이르기까지 갈등을 고조시켰다. '천안시개발위원회'(이하 '개발위')는 방어적 렌트추구자로서 조직화와 투쟁의 규모는 상대적으로 미약했지만, 자문위의 의결을 관철하는데 총력을 기울였다. 개발위 또한 마찬가지로 지역정치엘리트들을 충원하여 공청회와 대 행정기관 로비 등을 벌여나갔다.[48]

이로써 역명갈등은 최고조기에 접어들었다. 그리고 기존의 지방정부간의 선도자 - 선도자 게임구조는 추종자 - 추종자 및 선도자 - 추종자 관계가 중층적으로 재구조화되었다. 이들의 렌트추구 전략은 각각 역명에 대한 과점과 독점으로서, 즉 천안시는 '천안아산역'의 유지를 아산시는 '아산역'으로의 개칭을 추구하였다. 정치엘리트들은 기 선거에서 역명을 주요 공약으로 내걸었기 때문에, 재선 등의 정치적 이해로 인해 지역성장기구에 경쟁적으로 참여하였다. 그리고 지역 연고가 매우 강한 향우회와 역내 언론들을 중심으로 한 강성 여론이 비등하였다. 이 때문에 지역성장기구 내에서 대안적 주장들은 거의 제기되지 않았다.

---

48) 고속철도 개통이 목전에 다가온 시점에서 자문위에서 역명이 의결되자, 아산시와 투쟁위는 2003년 상반기에 이를 철회시키기 위한 총력투쟁을 벌였다. 아산시는 4월 26일 국무총리, 건설교통부, 행정자치부, 충청남도에 자문위의 역명 결정의 부당성을 지적하고 이를 무효화하라는 시정건의서를 발송하였다. 감사원에는 '역명표결 부당행위'에 대한 진정을 청구하여 그것이 건교부에 이첩되었다(전영준 외, 2003). 투쟁위는 중앙과 지방의 주요 일간지들에 건교부를 규탄하는 성명서를 연일 게재하고, 서명운동, 천막농성, 인터넷 시위, 청와대 1인 시위 등 다양한 방법으로 반대운동을 펼쳤다. 천안아산역사 앞에서는 수천명의 아산시민이 참여하는 집회를 수차례 개최하였다. 그리고 과천정부청사 앞에서 1만여명의 아산시민이 참여한 집회를 개최한 5월 초부터는 본격적으로 역명 이슈를 전국화하기 시작했다(충남신문 03/05/08). 한편 천안시와 개발위는 성명과 건의문 등을 통해 건교부와 충청남도의 미온적 행정처리를 지적하고 자문위의 의결을 속히 집행할 것을 요구하였다. 이들은 건교부의 공식적인 역명 발표가 미루어지자 건교부장관과 충남도지사의 사퇴를 공개적으로 요구하기 시작했다. 특히 개발위는 천안시와 시의회의 지원 속에 공청회 개최, 건교부장관 항의 방문, 역내 여론 환기 등 아산측에 대응하는 활동을 벌여나갔다(천안신문 03/05/24).

3. 갈등의 확산 및 조정

아산시는 2003년 8월 4일 지방자치법 제156조 2에 의거하여 국무총리실 '행정협의조정위원회(이하 '조정위')'[49]에 협의·조정을 신청하였다. 신청 내용은 아산시 관할 행정구역내에 위치한 고속철도 역사의 명칭이 타 자치단체명이 우선 호칭되는 '천안아산역'으로 선정된 것은 역명 선정의 기본 원칙인 속지주의를 위배하고 자치권을 침해하는 중대한 사안이므로 아산 지역의 여론이 반영된 역명으로 조정해달라는 것이었다(아산시b, 2003). 그렇지만 조정위는 동위원회에서 협의·조정하는 대상은 중앙행정기관의 장과 지방자치단체장 간에 의견을 달리하는 공동사무만이 해당되므로, 역명 선정 사안은 국가 고유사무인 바 협의·조정 대상에 해당되지 않는다고 이를 각하하였다(천안신문, 03/09/01).

그렇지만 이는 건교부가 새로운 조정안을 제시하는 계기가 되었다. 조정위의 각하 결정에도 불구하고 행정협의·조정의 '사무 범위'에 대한 논란은 가라앉지 않았다. 조정위는 고속철도역명의 결정을 국가사무(건설교통부)로 해석하였으나, 아산시는 협의·조정의 대상 사무는 공동사무에 한정되지 않고, 자치사무 및 국가(위임)사무가 포함된다고 주장하였다(홍준형 2003).[50] 행정협의·조정

---

49) 행정협의조정위원회는 중앙행정기관의 장 또는 지방자치단체장의 신청에 의하여 당사자간에 의무를 처리함에 있어서 의견을 달리하는 사항에 대하여 협의·조정하는 기구이다. 조정신청이 있는 경우 이를 국무총리에게 보고하고 행정자치부장관·관계 중앙행정기관의 장 및 당해 지방자치단체의 장에게 통보하도록 하고 있다. 규정에 의한 협의 조정사항에 관한 결정을 할 때는 지체 없이 이를 서면으로 국무총리에게 보고하고 행정자치부장관·관계중앙행정기관의 장 및 당해 지방자치단체의 장에게 통보하여야 하며 통보를 받은 관계 중앙행정기관의 장과 당해 지방자치단체장은 그 협의·조정결정사항을 이행하여야 한다(지방자치법 제156조의2 및 동법 시행령 제54조의 4).

신청은 대개 행정심판이나 행정소송의 전 단계로 이해되기 때문에, 조정위의 결정은 건교부에게 조속한 역명 선정의 취지로 받아들여졌다. 그리고 건교부 내에서도 아산시 행정구역에 소재한 역사명을 '천안아산역'으로 선정한데 따른 보상책의 제시가 제기되어오고 있었다.

　건교부는 2003년 8월28일 자문위의 의결을 수정하여 '천안아산역( )'을 새로운 역명안으로 제시하였다(충남시사신문 03/08/29). 건교부는 괄호내 병기 명칭은 지역 및 인물명칭이 아닌, 지역을 상징하는 명소 또는 사적지명이어야 함을 아산시에 통보하였다. 아산시와 투쟁위는 장관 면담을 통하여 괄호 병기안을 거부하고 역명 재선정을 촉구하였다(충남시사신문 03/09/01). 그렇지만 이 안을 계속 거부할 경우 '천안아산역'이 확정되는 상황에 놓여 있었다. 그리고 사실상 법적 소송 외에 '아산역'안을 관철시킬 수 있는 방안도 없었던 터라 괄호 병기안을 수용해야 한다는 여론이 비등해지기 시작했다. 반면 천안시와 개발위는 협의·조정 신청까지 각하된 상황에서 공식적으로 논의된 바 없는 괄호 병기안을 철회할 것을 주장하였다(천안신문 2003/09/08). 그러던 중 건교부가 재차 아

---

50) 이 부분에서 역명갈등의 관리와 관련한 제도의 취약성이 다시 한 번 드러난다. 기실 사무의 배분은 법률적 의미의 자치권이 행사되는 범위를 한정지을 뿐 아니라, 실질적으로 자치권의 내용을 이루기도 하는 것이라 지방자치 일반과 관련하여 대단히 중요한 의미를 지닌다. 지방자치가 실시되기 이전에는 사무의 배분 문제가 큰 의미를 지니지 못했다. 강력한 중앙집권체제 아래 중앙정부와 지방자치단체가 사실상 하나의 몸체가 되어 있었기 때문이다. 그렇지만 지방자치의 확대 속에서 사무 배분이 명확하지 못할 경우 권한 행사의 소재와 범위를 놓고 다양한 문제들이 발생할 수 있다(김병준 2000, 135－136; 396). 조정위의 각하 결정에도 불구하고, 현행 법령(지방자치법 156조 2 및 동법시행령 54조의 2)에는 행정조정협의회 구성, 기능, 절차 등의 조문에 대상 사무가 명확하게 규정되어 있지 않다. 따라서 국가사무만을 조정·협의 대상으로 한다는 조정위의 결정에 적지 않은 반론이 제기되었다. 또한 조정위의 해석대로 경부고속철도사업은 국가사무이기는 하나, 당해 역사가 소재하는 지방정부가 법적 행정적으로 밀접한 권한을 가지고 있는 점도 간과할 수 없었다.

산시에 괄호 병기안에 대한 여론조사와 주민투표를 제안하자 아산시는 이를 수용하였다. 아산측의 괄호 병기안 수용은 두 측면을 고려한 전략적 선택이었다. 우선 괄호 병기안은 적어도 '천안아산역'보다는 나은 차선의 렌트라 할 수 있었다. 또한 역명이 '천안아산역'으로 최종 선정될 경우에 아산시와 투쟁위가 져야 할 정치적 부담을 최소화할 수 있었다.

괄호 병기안의 확정은 2단계에 걸쳐 진행되었다. 첫 단계의 안건은 괄호 병기안 수용 여부였고, 두 번째 단계의 안건은 병기될 명칭의 내용이었다. 건교부는 우선 아산 지역의 시·도의원, 언론인, 사회단체장, 리·통장, 새마을 지도자, 공무원 등 1,500명을 대상으로 괄호 병기안 수용 여부 및 명칭에 대한 여론조사(2003년 9월 17 - 20일)를 실시하였다. 그 결과 수용 여부에 대해서는 찬성과 반대 비율이 50대 50으로 나타났다. 괄호내 명칭의 선호도는 '온양온천, 아산신도시, 현충사, 기타' 순으로 나타났다. 그리고 이를 바탕으로 전체 아산시민을 대상으로 주민투표(2003년 10월 22일)가 실시되었다. 이 투표는 지방정부의 쟁점 현안에 대한 최초의 주민투표였다. 19,056명이 참여한 투표 결과(유효 투표수 17,705), 찬성과 반대가 각각 55.6%와 44.4%로 나왔다. 그리고 병기명에 대한 선호도는 '온양온천(54.2%), 아산신도시(33%), 현충사, 기타' 순으로 나타났다. 이를 바탕으로 아산시는 '천안아산역(온양온천)'과 '천안아산역(아산신도시)'의 복수안을 채택하여 건교부에 통보하였다. 그리고 건교부는 11월 20일 경부고속철도 4 - 1공구 역사명을 '천안아산역(온양온천)'으로 최종 확정하여 발표하였다(충남시사신문 03/10/25; 건설교통부d, 2003).

그러나 아산시는 이내 '천안아산역(온양온천)'의 무효화를 주장하였다. 주민투표는 법적 구속력이 없으며, 시민들의 여론을 참작하기 위한 수단에 불과하다는 것이 그 이유였다(충남시사신문 03/10/25).[51] 그렇지만 '천안아산역(온양온천)'이라는 차선의 렌트를 확보하게 되자, 지역 이익을 더욱 극대화하려는 전략의 시도가 실질적인 사유로 해석된다. 아산시와 투쟁위는 2003년 11월 27일 헌법소원과 행정소송을 제기하였으며, 또한 헌법재판소에 건설교통부 장관을 피청구인으로 하는 권한쟁의 심판을 청구하였다. 이러한 상황속에서 2004년 4월 1일 고속철도개통식과 함께 경부고속철도 4-1공구는 건설교통부의 결정대로 '천안아산(온양온천)역'으로 개통되었다. 그러나 2004년 4월 11일 아산시는 1심에서 패소하였고 서울고법에 항소하였으나 '각하' 결정이 내려졌다. 또한 2006년 2월23일 대법원은 "역이름을 결정하는 과정에서 주민들의 이해관계를 조정하는 등 필요한 절차를 거쳐 합리적으로 결정한 점인 인정 된다"며 건교부를 상대로 낸 '역사명칭결정처분취소소송'에서 원고패소 판결한 원심을 확정했다. 또한 헌법재판소에 청구한 권한쟁의심판사건(2003헌라2)에 대하여도 2006년 3월 30일 역시 각하결정을 선고하였다. 이로서 고속철도역명갈등은 법적으로 해결되었으나 아직도 두 자치단체의 감정적 갈등은 계속되고 있다.

---

51) 이와 같은 주장은 다음의 점들에 근거한다. 첫째, 주민투표를 시행할 수 있는 법적 근거(주민투표법)가 존재하지 않았기 때문에, 아산시 투표결과는 구속력을 갖지 못한다는 점이다. 참고로 주민투표법은 2004년 1월 29일 제정되었다. 또한 주민투표의 대상에 대한 제한 사항이나 효력에 대한 강제력의 보장 방법 등은 여전히 논쟁 중이다. 둘째, 주민투표 참여율(약 13.4%)이나 괄호 병기안에 대한 찬반 비율을 고려할 때, 이를 아산시민의 전체 여론으로 간주하기 어렵다는 점이다.

4. 광역철도 역명 갈등

1) 광역철도 역의 특성 및 가치

2005년 1월부터 수도권 전철이 천안까지 연결되어 평일 하루에 170회 운행하며 2만4000명이 이용하고 있다. 하루 30회 운행하는 급행의 경우 천안에서 용산역 까지 1시간20분이면 닿기 때문에 출퇴근시간 회사원과 학생이 주로 이용하고 있다. 더욱이 일반인 기준으로 2200원이면 이용할 수 있어 고속버스를 대신하는 교통수단으로 급부상하고 있다.

또한 전철요금은 고속버스의 절반에 불과하며 서울 구석구석 까지 전철망이 연결돼 있고 환승도 쉬워 승객이 점차 증가하고 있는 추세이다.

천안은 수도권 전철개통으로 인구와 기업증가, 역세권 개발 등 효과를 톡톡히 누리고 있는 것으로 나타났다(충북인터넷뉴스, 08/02/14). 1년 만에 기업유치 2.5배 증가하였으며 천안이 수도권으로 인식되고 있어 시민들의 자긍심과 도시 이미지가 높아지고 있는 것으로 평가되고 있다. 수도권과 생활권이 통일되면서 시민들의 문화와 의식수준이 크게 향상되었고 각종 문화 예술 공연과 시설을 이용하고 접할 수 있는 기회도 확대되는 등 삶의 질 자체에 변화가 생기고 있다.

수도권 전철 개통 이후 천안이 시각적으로 달라진 것은 전철역을 중심으로 한 지역개발에 엄청난 탄력이 붙고 있다는 점이다. 현재 천안에는 천안역을 비롯해 두정, 직산, 성환 등 4개 역에 전철이 정차하고 있다. 전철이 개통된 뒤 천안역과 두정역 주변이 재개발 되고 복합영화관과 주상복합건물, 민자역사 등이 들어서며 신흥 상업지역으로 탈바꿈하고 있다.

일반 기차역은 중장거리 여행을 위한 터미널에 불과하지만 전철역은 시내버스처럼 시민들이 이용하는 생활공간이므로 전철역을 중심으로 개발되고 각종 상업과 문화시설이 들어선다. 실제로 천안역을 제외한 나머지 역은 시 외곽에 위치해 개발수요가 미치지 못했지만 전철이 개통된 뒤 새로운 부도심으로 성장하고 있다. 더욱 주목할 만한 것은 천안시내 대중교통체계가 철도와 버스, 택시가 연계되는 환승시스템으로 자리 잡아 가고 있다는 점이다. 복잡한 시내버스 노선을 전철역을 중심으로 단순화 하는 대신 환승시스템을 도입해 시민들의 이용 편익을 높여 선진화되고 있다는 것이다. 특히 도심 깊숙이 전철이 연결됨에 따라 도시경전철 사업까지 추진하는 등 대중교통 체계가 한층 업그레이드 되고 있다.

독립기념관이나 재래시장 이용객이 전철 개통 이후 지속적으로 증가하고 있고 능수버들 흥타령 축제 관광객은 2005년 18만4000명이었던 것이 지난해 85만명으로 5배 가까이 급증하고 있어 수도권 전철 개통이 관광산업 활성화에도 크게 기여하고 있음을 보여준다.

또한 천안은 전철이 아산과 신창까지 연장될 경우 서울과 중부 서해안권을 잇는 관문도시로서의 높은 위상을 가질 수 있을 것으로 분석되고 있다. 현재도 천안은 천안아산역 개통에 따라 봉명·쌍용 두개의 역을 추가로 확보하게 돼 서부권 개발에 더욱 탄력이 붙고 있는 실정이다. 수도권전철이 신창까지 연장될 경우 2020년에 이르러서는 천안 100만과 아산 80만 등 인구 180만명의 매머드급 도시로 성장할 것이라는 연구결과도 발표되고 있다. 이러한 긍정적인 효과는 서울지역 원정쇼핑과 천안역 주변 노숙자 유입 증가 등의 부정적인 문제 까지도 상쇄시키고 있는 실정이다.

2) 역명선정의 논의

신창역(新昌驛)은 장항선의 철도역이었다. 그러나 2004년 12월 10일 무배치간이역으로 격하되었으나 장항선 복선전철화 계획의 종점역으로서 역이 아산시 신창면 오목리 300번지에서 아산시 신창면 행목리 346-7번지 일대로 이설되어 천안역, 용산이나 청량리까지 전철을 이용할 수 있게 된다. 인근에 한국폴리텍Ⅳ대학 아산캠퍼스와 순천향대학교가 있다.

〈표 7-2〉 신창역 관련 갈등사례의 주요 경과 내용

일자	내용
2005년 12월 31일	수도권 전철 온양온천역에서 신창역까지 연장 국회 본회의 의결 확정
2006년 5월 9일	코레일(한국철도공사)이 아산시에 신창역 역명 제정 협의 공문 발송
2006년 6월 8일	아산시에서 신창면에 주민의견 수렴 요청 공문 발송
2006년 8월 17일	신창면에서 아산시로 '장항선 역명 선정 제출'이라는 제목 하에 '신창·순천향대역' 선정 통보
2006년 9월 26일	아산시 지명위원회 개최 '신창순천향대역' 선정
2006년 10월 10일	아산시에서 코레일에 지명위원회에서 결정된 '신창순천향대역' 통보
2008년 2월 8일	코레일 '광역철도·노선명 제정 업무처리기준' 마련
2008년 2월 14일	코레일에서 아산시에 '신창순천향대역' 불가 통보 및 역명제정 의견 요청 공문 발송
2008년 4월 4일	아산시 시정조정위원회 개최, '신창순천향대역'으로 결정
2008년 7월 11일	아산시에서 코레일에 '신창순천향대역'으로 통보
2008년 7월 31일	코레일 '신창역'으로 결정 후 국토해양부에 통보

충남 천안. 아산지역 대학들은 광역전철 역사명 선정을 놓고 치

열한 경쟁을 벌이고 있었다.

철도공사는 광역전철 천안구간 – 고속철도 천안아산역 – 아산 구간을 잇는 전철역의 이름을 경쟁입찰이나 자치단체의 의견을 들어 결정하고 있는 가운데 천안·아산지역에 있는 10개 대학들이 역사명 선정에 높은 관심을 보이고 있었다.

광역전철의 천안지역 통과 역은 성환, 직산, 두정 등 3곳으로 이 가운데 성환역은 부기역명으로 남서울대가 단독 응찰하여 결정되었고 인근 5개 대학의 학생들이 이용하는 두정역은 경쟁입찰 끝에 부기역명으로 '백석대역'이 결정됐다. 이렇게 되자 두정역을 이용하는 단국대, 상명대, 한국과학기술대, 공주대 학생들은 총학생회가 주축이 돼 부기역명 백지화 운동에 나서는 등 갈등양상을 보이고 있었다. 관련 5개 대학 학생회는 지난 21일 두정역에서 공동 기자회견을 갖고 보조역명은 역에서 근접해 있으면서 공익성과 인지도가 높은 기관으로 정해야 함에도 불구하고 그렇지 못했으며 전철역이라는 공공재를 단지 금액만 높게 써 내면 낙찰 받을 수 있게 한 방법도 불합리하다며 백지화를 주장하였다.

아산시에 위치한 대학들도 역명에 대학명을 넣기 위해 많은 노력을 하고 있는데 그 중 가장 적극적으로 활동하고 있는 대학은 순천향대학으로, 이 대학은 천안 – 아산 구간의 아산지역 종착역명을 놓고 '순천향대역'을 주장하고 있다.

순천향대학교는 광역전철의 유치와 관련하여 주민 대상으로 유치 홍보를 적극적으로 전개하였다. 순천향대역으로 결정되면 직접 투자로 ▲ 신창면 소재 4개 노인복지회관(경로당)의 리모델링과 ▲ 전철역사에 지역주민을 위한 복지시설을 설치하겠다는 약속하였고 간접투자로 ▲ 노인건강공원의 대학 옆 저수지 주변에 신설, 유비쿼더스헬스케어센터, 게이트볼경기장, 아산시 전용 하키구장 등을 건립하겠다고 약속했다(C뉴스, 06/07/15).

순천향대는 역명 제정을 앞두고 가장 발 빠르게 움직였다. 2006년 역명 제정 당시 '신창역'이냐 '신창순천향대역'이냐는 논란이 계속됐지만 아산시 지명위원회에 당위성을 설명하고 역명을 '신창순천향대'로 결정하도록 이끌어냈다. 아산시는 이를 코레일에 전달했다.

반면 아산시와 지역주민들은 '순천향대역'으로만 표기할 경우 '신창'이라는 고유 지명이 사라질수 있는 데다 인근에 있는 아산기능대학과의 형평성도 제기될 수 있다며 소극적인 입장을 보이고 있는 형편이었다.

순천향대는 2006년 5월 신창지역 주민 등 4천617명으로부터 동의 서명을 받았으며 지역발전을 위해서도 순천향대로 결정돼야 한다"며 순천향대 역명 선정에 전력투구하고 있었다. 이에 비해 주변 대학들은 순천향대의 주 역명(主 驛名) 확보 움직임과는 달리 보조역명 획득에 물밑작업을 벌이고 있었다. 이들 대학은 보조역명 선정이 이슈화되면 유리할 것이 없다고 보고 물밑에서 조용히 움직이고 있었다.

대학 관계자들은 "수도권 전철 역사에 대학명이 들어가는 것은 학교의 이미지를 높일 뿐만 아니라 학생 모집에도 상당한 영향을 미치게 돼 역명을 둘러싼 각 대학들의 반응은 매우 민감할 수밖에 없다"며 "철도공사가 역명선정과 관련, 수익성에 집착하는 모습을 보이는 것은 수익도 별로 챙기지도 못하고 이미지만 나빠지는 결과를 낳을 수 있다"고 주장하기도 하였다. 철도공사는 광역전철 1호선 부기역명을 공개 입찰에 부쳐 경쟁이 치열했던 두정역에서만 예정가보다 높은 1억3천600만원을 써낸 백석대를 부기역명 표기자로 결정했을 뿐, 나머지 6개 역명은 입찰 예정가인 3천만원 안팎에서 결정됐다(연합뉴스, 2006.06.28).

2006년 5월 한국철도공사는 천안-온양온천간 복선전철 및 장항선 개량사업이 마무리단계에 접어들면서 이전 및 신설역 명칭에 대한 협의를 해당지자체에 요청한바 있다.

대학측은 '신창·순천향대역'은 지역명칭을 사용해 신창역을 제시한 신창면 지역주민들의 의견과 대학발전을 통한 지역발전을 위해 순천향대역으로 유치하자는 순천향대측간의 의견을 조율한 것이다라고 주장하였다. 또한 역 이용객중 80% 이상이 재학생과 교직원인 점을 감안해 순천향대역으로 하는 것이 바람직하며 "역명 유치와 관련하여 지역발전을 위한 노인건강과학공원 건설 등을 계획하고 있으며, 2007년말 노인건강과학공원 준공을 목표로 순천향대부속병원과 연계한 유비쿼터스 의료센터와 잔디스타디움 등을 건설할 계획"이라고 밝혔다(순천향대신문, 06/08/31).

2006년 8월 17일 신창면은 '장항선 역명 선정 제출'이라는 제목으로 한국철도시설공단에서 시행중인 천안-온양온천간 복선전철 및 장항선 개량사업과 관련해 지역주민의 의견 및 지역발전을 위해 역명을 '신창·순천향대역'으로 선정했다는 내용을 아산시장에게 제출했다.

이에 아산시 도시계획과는 지난 11일 아산시 지명위원회 개최를 위해 신창면에서 제출한 내용과 함께 건설과에 통보했으며 건설과는 장항선 개량사업과 관련한 이전역(신창, 도고온천)의 역명 심의를 위해 아산시지명위원회를 동년 8월 26일 개최하였다.

지명위원회[52)]는 신창순천향대역을 최종선정하여 결과를 다시 도시계획과에 전달하였고 도시계획과에서 한국철도시설공단에 통보하게 하였다.

아산시는 지명위원회의 결정에 따라 26일 천안 - 온양온천간 복선전철 및 장항선 개량사업과 관련하여 이전역 명칭에 대한 아산시의 의견을 최종 결정하여 신설역 명칭과 함께 한국 철도공사측에 최종의견을 통보하였다.

아산시는 지역주민, 학계, 전문가 등 다양한 채널을 통해 의견수렴과정을 거쳤으며 이를 토대로 시정위원회와 지명위원회를 통해 "신창순천향대역"과 "도고온천역"으로 아산시 의견을 최종 결정한 것 이다.

그러나 뒤늦게 한국폴리텍(VI)아산대학이 역명을 신창역(폴리텍아산대학역)으로 지정해 달라며 코레일에 정식요청하였고, 오히려 역사에서 더 가까운 폴리텍대학명이 아닌 신창순천향대역에 대한 부당함을 호소하는 민원을 아산시에 제기 한 것으로 알려져 새로운 갈등을 내포하게 되었다.

3) 조정의 불응과 갈등의 지속

코레일이 아산시 관내 수도권 전철 종착역의 역명을 신창역으로 최종 결정하자 순천향대학교는 '신창역 결정을 인정할 수 없다.'면

---

52) 아산시 지명위원회는 시장이 위원장, 부시장이 부위원장 그리고 3인의 민간위원과 산업경제국장, 건설도시국장 등 총 7인의 위원이 구성되어 있으며 간사는 도시계획과장이 맡고 있다.

서 '신창순천향대역' 사수를 위해 법적 대응까지 불사할 뜻을 밝혔다. 순천향대는 "코레일이 아산시에서 주민의견과 지명위원회 등을 거쳐 선정해 통보한 '신창순천향역'을 '신창역'으로 결정한 것은 주민들과 대학 측의 바람을 무시한 전형적인 탁상행정의 표본"이라며 "대학의 운명을 걸고 전철역명을 바로 잡을 때까지 언론에 홍보하는 한편 행정소송 등 법적인 대응을 검토하고 있다."고 밝혔다.

대학측은 "2006년 당시 순천향대학 부총장과 코레일 사장, 본부장 등이 함께한 자리에서 지자체와 주민들의 동의가 있다면 대학명칭을 넣지 못할 이유가 없다고 말했다."면서 "그 말을 믿고 적극 추진한 대학과 지역주민, 아산시 의견을 무시하고 코레일이 일방적으로 역명으로 결정한 것에 대한 책임은 반드시 물을 것이라고 주장하였다.

또한 당시 코레일 측이 그렇게 가능성을 시사하지 않았다면 다른 방법을 모색했을 수도 있었을 것"이라고 말했다. 또한 부기명 신청 여부에 대해서는 "현재 코레일 측의 결정을 받아들일 수 없는 입장에서 부기명을 생각하는 것은 적적하지 않다. 부기명은 그때 가서 고민해볼 일"이라고 말한 뒤 "역과의 거리가 멀다고 하는데 사실 크게 문제될 것이 없다. 기숙사 쪽에서 직선 거리는 그리 멀지 않으며 앞으로 이에 따른 나름대로의 계획을 제시하겠다고 주장하였다. 순천향대 총학생회도 '최대 이용자인 학생들을 무시한 처사'라며 이미 경찰에 대전 정부종합청사 앞과 서울 코레일 광역사업본부 앞 집회 신고를 낸 상태이며 총동창회 차원의 항의도 시사하였다(C뉴스, 08/08/05).

이에 대해 철도공사측은 반박성명을 통해 다음과 같이 주장하였다.

광역전철역의 본역명 제정은 ▲ 신설노선 개통으로 신설된 역 ▲ 노선의 변경으로 기존의 역을 이설한 경우 ▲ 기존역명을 변경하는 경우 등 3가지가 있으며 이 중 신설과 이설역명제정은 철도건설사업시행지침(국토해양부지침) 제31조에 의해 코레일(한국철도공사)이 지자체와 협의를 거쳐 개통 5개월전에 결정하여, 국토해양부에 통보하도록 되어 있다.

이에 따라 코레일은 연말 개통을 앞두고 있는 가칭 '쌍용동역'과 '신창역'에 대해 관련 지자체와 협의를 하였으며 각각 '쌍용나사렛대'와 '신창순천향대'로 회신을 받았음을 인정하였다. 그러나 이들 역명은 코레일이 정한 기준(광역철도역·노선명 제정 업무처리기준)에 부합하지 않기 때문에, 역명을 해당지역 지명을 딴 '쌍용동역'과 '신창역'으로 정하고 '나사렛대'와 '순천향대'등 부기(附記)역명으로 표기하는 방향으로 관련 지자체와 협의중에 있다고 밝혔다. 이러한 결정의 근거로서 '광역철도역·노선명 제정 업무처리기준'을 제시하고 가능한 장래 변경될 소지가 적고, 특정단체 및 업체의 이해와 직결된 명칭은 광역철도역명으로 사용하지 않도록 하고 있으며, 부기역명으로 사용하는 경우는 예외를 인정하고 있음을 강조하였다. 이에 따라 행정구역명칭을 최우선적으로 역명으로 적용토록 하고, 지역명을 역명으로 제정하기 적합하지 않은 역명은 부기하고 이용객수와 정차횟수에 따라 사용료를 징수하는 것이라고 주장하였다. 현재 13개역에 역명부기를 사용하고 있으며, '쌍용동역'과 '신창역'의 역명부기 사용료는 역세권 규모로 볼 때 비교적 저렴한 수준으로 책정될 것임을 밝혔다(코레일, 08/08/04).

이에 대해 순천향대 측은 코레일의 이러한 반박성명에 대하여 지역주민과 지자체의 의견을 형식적으로 수용하여 정부가 추진하는 지역균형발전과 상충되는 이해할 수 없는 탁상행정의 표본으로 공기업이 주민과 지자체, 수요자를 무시한 대한민국에 탁상행정이 발을 붙이지 못하도록 만천하에 고발, 경종을 울리는 계기로 삼을 것이라고 주장하였다(충청일보, 08/08/04). 뿐만 아니라 2005년 당시 수요자 입장에서 정부가 전철노선연장을 결정하고 전철 역사명칭은 정반대로 지자체와 주민의 의견을 무시한채 지명을 고집해 결정함으로써 처음부터 부기명을 팔려는 장삿속으로 진행됐다고 항의하였다.

코레일 측은 각 지자체가 대학명이 들어간 역명안을 제시하자 역세권 행정구역 명칭, 역세권 우위 행정구역 등 명칭, 고·사적등 문화재 명칭 등을 역명으로 한다는 광역철도업무처리기준을 제정하고 2008년 2월 5일부터 시행에 들어갔었다.

그러나 코레일은 이 같은 선정기준보다 현재 부기역명(괄호안 역명)을 사용하며 사용료를 지불하고 있는 대학들의 반발이 우려된다는 점을 더 큰 문제로 지적했다.

이미 10여개 대학들로부터 부기역명 1년 사용료로 3000여만원 가량을 받고 있는 상황에서 순천향대와 나사렛대를 사용료 없는 공식역명을 제정할 경우 타대학에서 더 이상 사용료를 지불할 수 없다거나 환불해 달라는 소동이 발생할 수 있다는 것이다.

천안지역의 경우 남서울대의 경우 이미 사용료를 지불하고 부기역명을 쓰고 있는데 인근대학들이 공식역명으로 제정된다면 형평성에 맞지 않는 다면서 아직 최종결정이 나지 않은 상황인 만큼 신중하게 검토해 최종안을 국토해양부에 제출할 것이고 밝혔다.

그러나 '서울대입구역', '고려대역', '성균관대역'등 아예 대학명으로 역명을 사용하는 광역전철 10여개 역은 왜 특혜가 아닌지 제대로 해명하지 못하고 있었다. 심지어 '한양대역'과 '한대앞역'이 공존할 수 있는지에 대한 사유를 밝히지 못하고 있었다. 때문에 코레일의 적극적인 부인에도 불구하고 일부에서는 지방대학의 절박함을 이용하여 수익만 챙기는 처사라는 비난까지 받고 있다.

코레일측은 수도권에도 이와 유사한 사례가 많지만 업무기준에 따라 역사명칭을 결정할 수 밖에 없으며 역사명칭 확정은 국토해양부 소관이라고 밝히면서 기존의 입장을 고수하면서 갈등은 여전히 남아있는 상황이다.

Ⅵ. 결론 및 정책적 제언

이 연구는 아산시 철도역 명칭관련 갈등사례로 핌피갈등의 요인 및 구조와 특성을 고찰하고자 하였다. 일견 역사의 '입지'가 아니라 '역명'을 둘러싸고 갈등주체간에 갈등이 발생하였다는 점은 적지 않은 시사점을 던져준다. 우선 지방통치 환경의 변화로 인해 자원의 배분과정에서 자연스레 갈등주체간 렌트추구가 가열되고 있다는 점이다. 대부분의 핌피갈등은 시설의 입지 문제에 관련되어 있으나, 이 사례들에서는 입지갈등이 전혀 발생하지 않았다.

자원의 특성과 그것의 이용·관리 제도는 핌피갈등의 촉진 요인으로 파악된다. 핌피자원은 긍정적 외부효과를 발생시키며, 정치적 교환이라는 배분방식을 따른다. 역명의 경우 자기지역(대학)명을 지배적으로 반영함으로써 지역(대학)의 브랜드 가치를 상승시킬 수 있다. 이러한 브랜드가치의 상승은 주민통합과 우월의식을 유인하는 무형의 자산이 된다. 그리고 역사가 발생시키는 경제적 가치를 더욱 극대화하는 효과를 낳는다.

따라서 정치적·경제적 렌트를 독(과)점하려는 갈등주체들의 경쟁은 매우 치열할 수밖에 없었다. 지방정치시장에서 이러한 렌트추구의 대상은 비단 시설물에 국한되지 않고 다양한 유·무형의 핌피자원으로 확대되고 있다.

아산시 사례들의 경우 자원의 효율적 관리·이용에 있어 적실한 법과 제도의 중요성을 역설한다. 제도의 안정과 그에 바탕한 상호신뢰는 불필요한 갈등을 예방할 뿐 아니라, 갈등이 발생한 경우에도 효율적 메카니즘을 통해 갈등을 최소화할 수 있다. 반면 취약한 제도는 갈등관리에 실패할 뿐만 아니라, 오히려 갈등을 조장하는 요인으로도 작용할 수 있다. 이와 관련해서 우선 '철도역명 제정 관례'라는 역명 선정제도의 취약성이 매우 두드러지게 부각된다. 규정 법률이 부재한 탓에 양지방정부는 고속도로 IC나 기타 공공시설의 명명지침을 자의적으로 해석하는 소모적 논변을 벌였다. 그리고 조정위와 아산시간의 '사무 범위'(지방자치법) 논란이나, 건교부와 아산시간의 '주민투표 실효'(주민투표법) 논란 등은 조정 제도의 한계를 드러낸다. 갈등 자체의 발생이 불가결한 것이라면, 합리적인 자원배분규칙과 이익 조정시스템의 중요성은 더욱 강조될 수밖에 없다. 또한 그것은 지방정치를 활성화하는 맥락에서 갈등처리결과의 예측 가능성을 담보할 수 있어야 할 것이다.

신창역사례의 경우 코레일 측은 각 지자체와 대학이 대학명이 들어간 역명안을 제시하자 역세권 행정구역 명칭, 역세권 우위 행정구역 등 명칭, 고·사적등 문화재 명칭 등을 역명으로 한다는 광역철도업무처리기준을 제정하고 2008년 2월 5일부터 시행에 들어갔었다.

　그러나 코레일은 이 같은 선정기준을 급하게 제정한 것은 경제적인 이유 즉, 현재 부기역명(괄호안 역명)을 사용하며 사용료를 징수함으로서 역명칭을 통해 얻을 수 있는 부가적 가치에 더욱 많은 관심을 갖고 있다는 오해를 불러일으켰다. 그리고 이는 곧 지자체와 주민, 대학들의 요구를 거부하는 형태가 되었고 이는 각지자체와 대학들로부터 신뢰를 상실함으로서 그들이 제정한 기준에 대한 신뢰마져 저하되게 하였고 궁극적으로 역명선정의 정당성마져도 상실되게 하는 요인이 되었다.

　공공선택론의 설명에 따르면 렌트추구행위는 정부실패의 주요 원인으로 지적되는 바(Tullock, Seldon & Brady 2000), 행위의 대상이 렌트라는 점도 간과할 수 없지만, 그 방식이 대단히 비생산적이라는 점이 렌트추구행위의 보다 본질적인 문제점이다. 경우에 따라 자원의 효율적 배분을 이루기 위해서는 자연적 렌트추구행위가 동태적으로 요구되기도 한다. 그렇지만 이 사례에서 볼 수 있듯이, 핌피자원에 대한 렌트추구행위에 있어 과다소산의 가능성은 결코 적지 않다. 더욱이 인위적 렌트추구행위는 자원의 효율적 분배를 저해하고 사회적 비용을 가중시킬 뿐이다. 따라서 이에 대한 제도적 대응은 재차 강조될 필요가 있다. 렌트추구의 소진은 경쟁자의 수, 승리확률, 위험상황, 기간 등에 의해서 영향을 받기 때문에, 렌트추구행위를 통제하는 제도는 잠재적 렌트추구자들간의 경쟁 여부 및 유형을 암묵적으로 결정한다(Congleton 1988). 즉 정치한 제도적 기제를 통해 렌트추구비용을 최소화하는 전략이 지방정치시장에 요구되는 시점에 놓여 있는 것이다.

첫째, 이 연구는 공공재의 문제를 규율하는 법조항이나 제3자 중재와 같은 관리전략의 중요성을 제고시킨다. 갈등해결에 있어서 신뢰형성이 제도운용에 반드시 선행하는 것은 아니며 오히려 제도운용 과정에서 신뢰형성이 모색될 수 있음을 보여준다. 그런데 제3자 중재를 요하는 시점은 대개 갈등이 당사자간 협의를 통해 통제될 수 있는 범위를 벗어난 시점으로, 이 경우 당사자간 조정 의지가 매우 희박하고 협의통로가 경화되어 있다. 따라서 이익갈등의 중재자로서 제3자의 권한이나 이를 뒷받침하는 관련 규정들의 안정성은 갈등당사자간 신뢰형성과 중재결과에 대한 순응을 담보하는 원천인 셈이다. 이러한 점에서 제3자가 직권중재와 같은 강력한 조정권한을 부여받고 있느냐의 여부, 그리고 합리적 조정안을 만들 수 있는 법조항의 구비 여부가 갈등의 해결과 지속의 분기점이었던 점은 상기할 필요가 있다.

둘째, 공공재 갈등을 형성하는 구조적인 요인 중의 하나가 외부효과를 요체로 하는 경제적 요소이다. 여기에서 자원 활용에서 발생되는 비용과 편익에 대한 객관적 측정가능성 여부는 갈등의 심도에 큰 영향을 미치는 것으로 분석된다. 다시 말해서 공공재라 하더라도 재화의 유형에 따라 그것의 외부효과를 객관적으로 측정할 수도 그렇지 못할 수도 있다. 연구사례의 경우, 역사명이 가져올 수 있는 정(positive)의 외부효과에 대한 기대감과 편익에 대한 갈등주체들의 주관적 판단 때문에, 갈등 해결이 난망하였다.

넷째, 갈등해결과정은 기본적으로 복수의 당사자간 대립관계를 전환시키기 위한 자원의 교환·협상과정이다. 이 연구에서는 이에 요구되는 자원을 신뢰와 제도의 영역으로 나누어 살펴보았다. 갈등 해결에 있어 이 양자의 측면은 상관적 또는 선후의 맥락을 형성한다. (ㄱ) 우선 제도를 행위를 제약하는 일련의 규정들(a set of rules)이라고 이해할 때, 신뢰는 이러한 제도의 안정적 운용에 선행하는 절차적 공정성의 함수라 할 수 있다. (ㄴ) 이와는 반대로 신뢰의 기반이 약한 상황에서 제도 운용을 통해 신뢰를 강화하는 경우도 있는데, 이때 에는 제3자의 역할이 매우 중요하다.

제8장	지방정부의 정책추진과 갈등관리의 단계별 영향요인*

– 남양주시 소각잔재매립장 입지선정 갈등 사례를 중심으로

강문희(한국방송통신대학교 행정학과)
김창수(부경대학교 행정학과)

I. 문제의 제기

중앙정부는 물론 지방정부의 정책추진과정이 일종의 공공갈등관리과정이라는 점에 대해서는 최근 대부분의 정책학자들이 동감하고 있는 부분이라고 판단된다. 우선 정책 그 자체가 공공갈등의 대상이 되고 있다는 점은 지금까지 나타났던 다양한 사례들을 통해서 쉽게 입증될 수 있다. 중앙정부의 경우 대부분의 대규모 국책사업의 선정과 추진과정에서 강한 반발을 경험해 왔으며(새만금 간척사업, 한탄강댐 건설사업, 동강댐 건설사업, 방사성 폐기물처분장 건설사업, 천성산 고속철 터널건설사업 등), 지방정부 역시

---

* 본 글은 연구자들이 공동연구원으로 참여한 2007년 중앙공무원교육원 발주 〈구리시–남양주시 간 폐기물처리시설 광역화 사업 사례〉 학습용 정책사례개발 용역 정책보고서의 일부에 기초하고 있음.

각종의 비선호 시설(쓰레기매립장, 소각장, 하수도종말처리장, 화장장 등)에 대한 입지선정과 건설 및 운영관리에 있어 지역주민과의 갈등상황을 겪어온 것이다. 자치제가 활성화되기 시작한 '90년대 이후 더욱 잦은 빈도로 우리의 정책현실에 나타나기 시작한 정부와 시민간의 갈등양상은 이제 성공적인 정책을 위해서는 반드시 풀어내야 할 정책과제로 자리매김하고 있는 상황이라고 할 수 있다. 즉 정책의 일반적 과정으로 논의되고 있는 수립 및 결정 – 홍보 – 집행 – 평가 및 환류의 전 과정에서 정책수혜자의 의견수렴과 동감 그리고 참여를 반영하는 일은 정책의 순조로운 추진에 있어 필수적인 전략이자 요건이 되고 있는 것이다. 이를테면 공공재의 건설을 둘러싼 수혜자와 피해자간의 갈등 그리고 개발과 보존 등과 같은 양립된 가치를 어떻게 조절하느냐가 중요한 정책이슈로 등장하게 된 것이다. 최근 갈등사례에 대한 국내 학계의 관심과 연구노력이 부쩍 증가되어 온 점이나, 정부 역시 2007년 2월 12일 대통령령을 통해 "공공기관의 갈등예방과 해결에 관한 규정(대통령령 제19886호)"을 제정함으로써 갈등의 사후적 해결방식 보다는 사전적 해결방식에 중점을 두고자 하는 것은 결국 이상의 정책현실을 반영하는 것이라고 할 수 있다.

본 연구 역시 정책추진과정이란 일련의 갈등관리과정이라는 관점에 기초하여 그동안 학계의 관심을 받지 못했던 한 사례를 부각시켜보고자 한다. 갈등관리란 갈등의 예방과 해결을 위한 모든 노력을 의미한다(지속가능발전위원회, 2003: 1)는 점에서 이러한 노력들이 정책의 추진단계별로 어떻게 이루어졌는지를 살펴보는 것은 궁극적으로 정책의 성패요인을 판단해 볼 수 있도록 하는 기초자료를 제공할 것으로 판단된다. 본 연구가 주목한 사례는 지난 1991년 입지선정에서 시작하여 가장 최근에 이르기까지 무려 18년 이란 긴 세월 동안 정책추진의 난항을 거듭하고 있는 경기도 남양 주시의 쓰레기 소각잔재매립장 건설사례다. 유사한 입지선정 갈등을 겪었음에도 불구하고 대체로 성공적인 정책추진을 경험했던 기타의 많은 지방정부 사례와 달리 남양주시 사례의 경우 장기간 동안 대립적 상황을 거듭하고 있는 것은 갈등관리의 차원에서 주목해 볼만한 특이사례라고 할 수 있다. 과연 남양주시는 왜 정책추진에 실패하고 있을까? 본 연구는 이 특이사례를 정책의 추진단계별로 분석해 보고 공공갈등의 해결과 관련된 시사점을 도출하는데 목적을 두고 있다. 본 연구는 다수의 국내선행연구들이 이론적논의를 기반으로 도출한 일정한 분석모형에 입각하여 갈등사례를 분석하고 있는 것과 달리, 정책단계별 사례의 개요와 쟁점 및 구조를 기술하는데 치중함으로써 정책단계별 성패의 영향요인을 탐색해 보는 귀납적 방식을 취하고자 한다. 사례의 설명은 주로 신문기사와 언론보도, 법원의 판례와 갈등당사자들이 제시한 각종 문건자료와 2007년 8월에 실시한 지역주민, 반대투쟁위원회 임원 및 관계공무원과의 심층면접결과에 바탕을 두고 있다.

이하의 논의는 크게 세 가지 내용으로 이루어지게 된다. 첫째, 지금까지 18년에 걸쳐 진행되어온 남양주시 쓰레기소각잔재매립장 건설 갈등의 정책단계별 전개과정을 살펴보기로 한다. 둘째로는 정책추진과정에서 단계별로 성패의 주요 영향요인이 무엇이었는지를 분석해 보기로 한다. 마지막으로는 사례의 전 과정에 대한 정책평가를 내용 및 절차의 합리성이라는 두 가지 기준에 의해 평가해 보고 갈등해결의 대안에 대한 논의를 전개하기로 한다.

Ⅱ. 정책단계별 사례의 전개과정

1. 정책수립 및 결정단계

남양주시의 소각잔재매립장 건설정책의 형성은 크게 두 가지 국면으로 평가될 수 있다. 하나는 1991년 별내면 광전리 일대를 매립장 부지로 선정하게 된 과정이며, 다른 하나는 2000년 7월 수원지법으로부터의 건설승인 취소판결이 난 이후 설계변경을 통해 구리시와의 광역화 협약을 맺는 과정이다.

우선 매립장 선정은 1991년 각 읍, 면에서 후보지를 선정하여 제출한 사항 중 별내면 광전리 1번지 일원이 적합한 최종후보지로 환경처에 보고되었고, 같은 해 9월 14일 환경처는 현 부지를 폐기물관리법에 의한 매립장 후보지로 선정하였다. 이듬해인 1992년 1월 10일 광역쓰레기처리시설(매립장) 설치를 확정하였다. 1992년 8월 10일에는 「일반폐기물 처리 기본계획」을 수립하여 환경처에 제출하여, 1993년 12월 22일 폐기물관리법 제8조 규정에 의하여 환경처 장관으로부터 「국가종합폐기물처리 기본계획」승인을 얻게 된다. 1994년 7월에는 「남양주권 광역매립지 조성사업 타당성조사」를 통해 6개 후보지 중 광전리를 최적의 입지로 선정하였다.

남양주시가 광전리를 매립장 부지로 선정한 것은 1992년이었는데, 이때만 해도 주변에 아파트가 없었다. 그러나 1995년 별내면 일대를 건교부와 경기도가 청학택지지구로 신도시개발허가를 하고 아파트 건설이 시작되면서 상황은 반전되기 시작한다. 신설되는 아파트 단지가 매립장 부지에서 불과 2㎞ 정도 밖에 떨어지지 않은 근접거리에 위치한데다가 분양 당시 매립장 건설에 대한 충분한 고지가 이루어지지 않았다는 것이 후에 주민 반발을 일으키는 중요 요인이 된 것이다(<그림 8-1> 참조). 아래 <그림 8-1>은 수락산 중턱에서 소각잔재매립장 반대투쟁위원회 관계자가 촬영한 청학리 전경을 보여주고 있는데, 소각잔재매립장 예정 부지는 오른쪽 끝에 산지가 절개된 모습으로 나타나 있다. 청학리 아파트단지와 매립장의 거리는 800m 정도이고, 산자락을 400m 정도 넘으면 광릉수목원이 나타난다.

결국 1997년부터 매립장 부지 반경 2㎞ 안(2004. 4. 6 판결문에서 원고적격을 인정)에 6300여 가구가 입주하면서 주민반발은 자신의 재산권보호라는 차원에서 새로운 국면을 맞이하게 된다. 매립지 주변의 원주민들을 중심으로 이루어졌던 반대투쟁이 이제는 입주자들의 반대투쟁위원회로 조직화되었으며, 이들의 활동은 장외투쟁은 물론 적극적인 법원소송으로까지 비화되기에 이르게 된다. 결국 폐기물 처리시설 설치계획승인처분 무효확인 청구소송에서 수원지방법원은 2000년에 주민들의 반대의견을 받아들여 승인처분에 대한 무효판결을 내리게 된다.

〈그림 8-1〉 청학리 전경과 소각잔재매립장 예정 부지

남양주시 P팀장에 의하면, 애초에 남양주시에서는 본 위치에 소각장, 매립장, 음식물처리시설장, 재활용품 선별장 등을 설치하는 환경관리센터를 설치할 계획이었다. 1995년까지 환경부 지침은 1소각장 1매립장 원칙을 내세웠기 때문이다. 그러나 1997년부터 폐기물처리시설 광역화 논의가 있어서 남양주시는 구리시와 2000년 12월 20일 폐기물처리시설에 대한 행정협약을 맺게 된다. 이러한 배경 뒤에는 남양주시 내부의 여러 가지 상황변화와 지방의회의 역할이 있었다. 남양주시장은 경기도지사에게 남양주권 광역쓰레기매립장 설치를 추진하는 내용의 「일반폐기물처리 기본계획」을 제출하는 한편, 관련 주민간담회, 공청회 등을 실시하고, 용역의뢰결과 제출된 환경영향평가서를 기초로 한강환경관리청장과의 환경영향평가협의를 거친 다음 광역쓰레기매립장에 대한 기본설계를 마쳤다. 그런데 남양주시의회가 1995년 12월 21일 소각로 설치를 우

선사업으로 추진하여야 한다는 내용의 의안을 의결하자, 남양주시장은 1996년 1월 25일 소각장을 설치하여 소각잔재 매립을 원칙으로 하는 것으로 사업계획을 일부 변경하였다. 이에 따라 소각장과 매립장이 분리되는 근거를 마련했으며, 2000년 12월 20일 구리시와 환경빅딜 이후 남양주시는 매립장만 설치토록 결정되었다. 매립장이 생쓰레기에서 소각잔재로 변경되면서, 매립예측량이 감소함에 따라 사업 부지를 변경(축소)하고, 침출수처리시설, 주민편익시설 등을 설치하는 계획변경을 하게 되었다.

현재 소각장은 구리시 토평동에 구리시와 공동 설치하여 2002년 4월부터 운영 중이다. 음식물처리장은 남양주시 관내 이패동 및 진접읍 내곡리에서, 건설폐기물은 진건읍 송능리, 진접읍 연평리와 호평동에서 처리하고 있으며, 하수처리장은 진건읍 진관리와 화도읍 금남리 등에서 처리·운영되고 있다. 이에 대해 남양주시는 관내 타 지역과의 형평성을 고려해 볼 때, 별내면 광전리는 매립장 입지로서 타당하다는 입장을 견지하고 있다(남양주시 P팀장 면담, 2007. 8. 13).

이와 같이 1991년부터 2000년에 이르기까지 나타난 정책수립과정은 남양주시의 성급한 입지결정과정과 주민반발에 의한 매립지 건설승인 취소판결 그리고 사업규모의 변경에 따른 소각잔재매립장으로의 정책변동으로 특징지어지고 있다. 시의 관점에서는 합리적인 입지선택과 광역화에 따른 건설규모의 축소를 통해 최선을 다했다는 것이며, 주민들의 관점에서는 여전히 시가 민주적 절차를 거치지 않은 채 일방적으로 광전리 일대의 매립장 건설을 고수하는 것으로 비쳐지고 있는 것이다.

2. 정책홍보 단계

남양주시의 매립장 건설과 관련된 정책홍보활동은 전반적으로 건설의 당위성을 일방적으로 주민들에게 강요하는 방식에 따라 추진해 왔다는 점을 보여주고 있다. 남양주시가 취한 홍보전략의 변화를 시기별로 나누어 보면 크게 네 가지 국면의 변화가 나타나고 있다.

첫째, 1단계로서 2000년 12월 이전에는 재산가압류 등 법상 조치로 주민들에게 강경한 입장이었다(남양주시 P팀장 면담, 2007. 8. 13). 즉, 지역주민들과 설명회와 간담회를 개최하면서 쓰레기처리장 입지를 기정사실화하고 대화를 통해 설득하는 전략을 취하고 있다. 아래에 예시된 남양주시 P팀장과의 면담내용은 초기 남양주시가 시도한 일방적 설득전략의 면모를 그대로 보여주고 있다.

> 1991년과 1992년 광전리 일대에 매립장 부지가 선정될 당시에도 청학리 자연부락을 중심으로 반대가 있었습니다. 그러나 강경하고 적극적인 대처(재산가압류, 행정대집행, 위협 등)로 인해 주민들이 많이 놀라고 섭섭하여 지금까지 불신의 뿌리를 형성하고 있는 것이 사실입니다. 당시에는 주로 법무계장 출신들이 법적으로 아무런 하자가 없다는 자신감에 기초하여 일을 성급하게 밀어 붙였다는 사실을 인정합니다(남양주시 P팀장 면담. 2007. 8. 13).

둘째, 2단계로서 1997년 별내면 아파트 주민들이 가세하면서 반대운동이 본격화되는 시기인데, 2000년 12월 이후에는 1999년 수원지법을 거쳐 2001년 5월 1일 서울고법 항소심에서 "구 폐촉법 제9조에 근거한 입지선정위원회 구성 등의 절차상의 흠결 때문"에 남양주시는 패소하게 되고 상소를 포기했다. 남양주시는 패소한 후, 동일한 장소에 규모를 축소하여 소각잔재 매립장사업을 추진하면서 주민들과 대화를 추진하고, 특히 소규모 그룹으로 나누어 대화와 설득을 시도했다(남양주시 P팀장 면담, 2007. 8. 13).

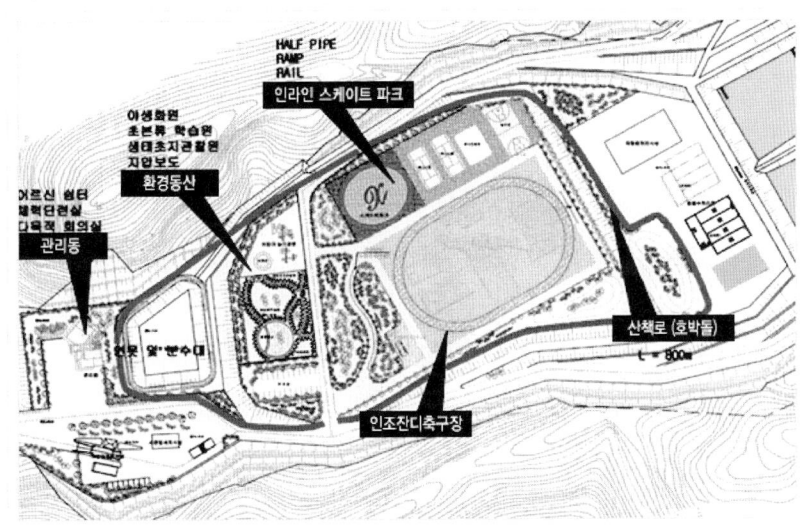

〈그림 8-2〉소각잔재매립장 일대 주민편익시설 조감도

셋째, 3단계로서 광역화사업으로 전환된 쓰레기소각잔재매립장에 대한 적극적 홍보시기에 해당된다. 이 시기에 남양주시는 소각잔재매립장(에코 랜드)건설계획을 구체화하였고 주민들의 반발을 완화하기 위한 각종의 지원사업과 주민편의시설 건설계획까지 세우게 된다. 우선 주민들의 협력을 얻어내기 위한 방안으로 주민지원사업기금 60억원을 조성하고 이를 운영하기 위해 '주민지원사업협의회' 구성을 제안하고 있다. 또한 소각잔재매립장 건설기간동안 주민들이 추천한 전문가 및 주민대표와 남양주시가 선정한 감리단이 공동으로 공사를 감독할 수 있는 공동건설방안도 제안하고 있다. 건설이 완료된 이후에는 매립장 관리를 철저히 하기 위해 유급으로 채용된 주민감시단이 폐기물 반입차량을 감시하고 매립장의 운영을 관리 감독할 수 있는 방안도 제시된다. 한편 <그림 8-2>에 나타난 바와 같이 매립장 주변에 환경동산, 인라인스케이트장, 인조잔디축구장 및 산책로 등 주민편익시설을 건설할 것을 조감도를 통해 보여주고 있기도 하다. 남양주시는 이상의 사업내용을 KBS 영상사업단에 의뢰하여 2003년 9월에 홍보동영상을 제작하여 이장, 새마을 지도자, 부녀회장, 노인회장 등에게 배부하고 학교와 교회, 공동주택관리사무소, 노인회관에 배부하게 된다. 동시에 주민설명회를 소모임 별로 개최하고 마을대동회 및 척사대회참석 그리고 지역 종교지도자와의 면담 등을 통해 실시하는 등 적극적인 대주민 홍보활동을 펼치게 된다. 그러나 이러한 홍보활동은 2003년 12월 20일 별내초등학교에서 개최하기로 한 주민설명회가 무산되어 실질적인 대화기회가 차단되는 위기를 맞게 된다. 당시 반대투쟁위원회 위원장이었던 김○○씨가 중심이 되어 주민설명회장소인 학교 정문에서 주민들의 설명회장입장을 방해하였으며, 이미 강당에 들어와 있던 주민들도 이런 상황을 보고 퇴장하여 사실상 무산되었다(남양주시 P팀장 면담, 2007. 8. 13).

넷째, 4단계는 2005년 11월 이후 2006년 4월을 거쳐 남양주시가 공사를 강행하기 위해 용역업체를 고용하는 등 폭력을 통해 강경한 입장을 돌아서면서 쌍방향적 공공관계보다는 합법성을 바탕으로 하는 법적 투쟁으로 비화된 극단적인 상호대립의 특징을 보여주고 있다. 남양주시는 2006년에 홈페이지에 별도로 소각잔재매립장 에코 랜드 사이트를 개설하여 각종의 공사계획정보를 홍보하기 시작하고 있다(http://www.nyj.go.kr/eco-land/). 그러나 이 시기에는 상호 대화보다는 일방적인 주장이 대립되는 극한 갈등적 상황이 지속되게 된다. 2007년 4월 남양주시는 다시 동영상(시민과 함께 만드는 에코 랜드)을 제작하여 주민들에게 무상으로 배포하는 노력을 하게 되는데 이러한 홍보노력은 사실상 시기상으로 큰 반향을 얻지 못하고 있었다. K시의원과의 면담은 남양주시의 홍보노력에 대한 지역주민들의 냉소적인 반응을 단적으로 표현해 주고 있다.

> 시의 사업홍보는 말 그대로 사업광고에 지나지 않습니다. 시민들과의 대화가 단절된 일방적인 정보전달에 몰두해 왔다고 할 수 있습니다. 홍보물자 제작에 소요된 예산을 차라리 시민과의 진정한 대화에 썼더라면 지금과 같은 사태는 벌어지지 않았을 겁니다. 지금이라도 시는 광고에 몰두하기 보다는 공청회나 협의회 구성을 통해 문제의 해결에 진정성을 보여야 한다고 생각합니다. 문제의 본질은 외면한 채 사업의 추진에만 골몰하는 시의 입장이 답답하기만 합니다. 시가 광고하고 있는 체육시설이나 매립장의 안전성은 이제 이 지역주민이라면 아무도 믿는 사람이 없습니다. 시에 대한 기본적인 신뢰가 없어진 거죠(남양주 시 K 의원 면담, 2007. 8. 13).

이상 네 단계 국면으로 변화되는 남양주시 홍보활동의 중요한 특징은 정책의 타당성을 알리는데 많은 에너지를 집중하고 정작 지역주민들과의 대화를 통한 해결책 모색에는 소홀했다는 점이다. 즉, 쌍방향 커뮤니케이션에 입각한 홍보활동이 아니라 일방적인 정보의 제공을 통해 주민들을 설득하려는 독선적 행태를 계속 보여 주었다고 할 수 있다.

<표 8-1> 남양주시 정책홍보전략의 변화과정

단 계	시 기	주요 내용	주민 반응
1단계	2000년 12월 이전	자연부락중심의 설득	냉담
2단계	2000년 12월 - 2002	반대 단체별 개별접촉	냉담
3단계	2003 - 2005	주민지원계획 홍보	냉담
4단계	2005년 이후	합법성 및 안정성 홍보	냉담

3. 정책집행 단계

정해진 정책목표의 달성을 위해 다양한 정책도구를 모색하고 이를 적극적으로 사용하여 실현해 나가는 것이 정책집행이라고 할 때, 남양주시의 경우는 다양한 정책도구의 탐색보다는 경제적 능률성을 실현할 수 있는 신속한 매립장 건설방식을 주요 정책도구로 사용해 왔던 것으로 평가된다. 남양주시의 이러한 정책집행 방식은 최초 매립장 부지의 선정에서부터 최근 주민과의 극심한 대립양상을 빚고 있는 상황에 이르기까지 일관된 특징으로 나타나고 있다.

우선 남양주시는 1991년 매립지 지정과정에서 무척이나 성급한 결정을 보여주고 있다. 즉 당시에 제시되었던 대상후보지에 대한 상호비교와 민주적 의견수렴절차 없이 불과 몇 개월 만에 후보지 선정을 마치고 이를 환경처에 신청하는 관료적 절차를 밟게 된다. 1995년 매립장 인근 800m에 위치한 청학리에 신 도시형 대형 아파트 건설이 승인된 시점에서도 남양주시는 이에 대한 적극적 대응을 하지 않고 있다. 당시 주민들의 관점에서 남양주시의 이러한 태만한 반응은 주민들의 이익이나 권리를 방기한 행정으로 비쳐지고 있다. 2000년 수원지법에서의 매립장건설승인 무효판결이 난 이후에도 남양주시는 또 다른 대안으로 추진되고 있던 구리시와의 소각잔재매립장 건설을 새로운 대안으로 기획하면서 해당 부지에의 건설을 지속적으로 추진하게 된다. 생쓰레기에서 소각잔재매립장으로의 설계변경이 이루어졌다고는 하지만 기본적으로 인근 주민들의 관점에서는 동일한 입지였으며 그들의 피해의식을 완화시켜줄 수 있는 방식은 아니었다. 시의 입장에서는 이미 선정된 최적의 후보지에 법적으로 하자가 없는 설계변경을 통해 추진하는 것이 최상의 정책추진방식이었으며, 주민들은 이러한 시의 추진방식이 일종의 기만적 행정추진으로 받아들여지게 된 것이다. 시와 주민들 간의 상호불신은 더욱 깊어지고 양측 모두 자신의 입장을 관철시키기 위한 대립을 강화하게 됨에 따라 정작 매립장 건설은 지금에 이르기까지 지연되고 있는 실정이다. 이러한 일련의 정책집행과정을 크게 정책집행과정상의 갈등 증폭상황과 양 당사자 간의 법적 소송과정으로 나누어 좀 더 부연해 보기로 한다.

1) 정책집행과정상의 갈등 증폭상황

1992년 별내면 광전리에 대해 소각잔재매립장 입지선정이 이루어진 이후 1995년부터 1997년까지 매립장 부지 반경 2km 안에 해당하는 인근지역을 택지개발지구로 지정하여 6300여 가구가 입주하면서 주민반발이 증폭되기 시작했다. 남양주시는 갈등영향에 대해 충분히 분석하고 예측하지 못한 것이다. 남양주시 P 팀장에 의하면, 남양주시는 아파트가 인근지역에 들어오더라도 합법성과 안전성에는 별 문제가 없었기 때문에 심각하게 받아들이지 않았다고 한다. 그러나 이에 대한 주민들의 반응은 매우 냉소적이다. 2007년 6월 반대투쟁위원회 위원장이었던 K씨가 횡령혐의로 구속된 이후 반대투쟁위원회의 핵심적 역할을 대신해 온 K시의원과의 면담내용은 이를 그대로 방증해 주고 있다.

이 사업은 전형적인 행정편의주의적인 사례라고 볼 수 있습니다. 민주적인 절차는 무시되었고, 관료들의 일방적인 기획과 홍보만이 우선시 되었습니다. 지역주민들과의 대화는 단절된 채, 사업에 대한 내용이 마을의 동장이나 이장에게 통보되는 수준이었습니다. 인터넷에 올라와 있는 홍보 내용 역시 사업이 모두 결정되고 난 이후 사후공지의 의미만 있을 뿐입니다. 지역주민들이 진정으로 무엇을 원하는지 들으려고 하지도 않았고 적극적으로 대처하려는 의지도 전혀 찾아볼 수 없습니다. 이는 여론을 조작하고 힘으로 사업을 밀어붙이려는 소위 독재시대에 벌어졌던 관치행정의 잔재가 그대로 답습되고 있는 상황이었다고 할 수 있습니다. 90년대 초 별내면을 매립지로 선정하는 과정에서도 300여명에 불과했던 당시 지역 주민들로부터 동의를 구하는 절차가 없었습니다. 결정하고 난 뒤에 통보만 한 것이죠. 이에 대해 주민들이 반발한 것은 당연한 것이었다고 생각합니다. 제가 들은 바로는 당시 시 관료들이 지역주민들을 향해 법에 따라 이미 결정된 일이니 무조건 반대만 하면 법에 저촉될 수도 있다는 협박성 발언도 했다고 합니다. 무지한 일부 주민들은 주눅이 들 수밖에 없는 상황이었겠죠. 90년대 중반에 이곳 별내면에 아파트건립허가가 내려진 과정 역시 시는 책임이 없다고 하는데 정말 어이가 없는 변명이 아닐 수 없다고 생각합니다. 시의 관할지역에 아파트건립을 허가하는 과정에서 해당 시청 관계자들과 일체의 협의가 없었다는 것은 상식적인 수준에서도 이해가 되지 않는 일입니다. 공식적인 증거자료를 확보하진 못했지만, 사전교섭이나 정보의 교류가 있었음이 분명합니다. 그렇다면 시는 묵인하고 있었다는 이야기인데 바로 이 부분이 이해가 되질 않는 것입니다. 아파트 건설이 되고 나면 당연히 많은 입주자들, 무려 4만에 달하는 지역주민들이 이사를 오게 되는데 매립장 건설을 반대할 것이 뻔한 이치 아니었겠습니까? 아마도 시는 반대는 쉽게 극복할 수 있으리라고 생각했던 것 같습니다. 묵인하는 대신 시는 엄청난 지방세 수입을 얻을 수 있을 것이란 타산적 계산이 앞서지 않나 생각됩니다. 시민들의 재산과 안전 그리고 쾌적한 환경 보다는 시의 돈주머니를 먼저 생각했다는 거죠. 사실 아파트의 보상결정이 내려지긴 했지만, 시가 실질적으로 손해 본 것은 아직까지 없는 셈입니다. 보상은 건설업체가 한 것이니까요.

그리고 시는 소각잔재니까 냄새도 없고 안전하다고 강조하고 있지만, 제가 알고 있는 바로는 이미 선진국에서는 더 이상 소각매립을 폐기한 지 오랩니다. 장기적으로 환경에 더 치명적이라는 점을 깨달았다는 것이죠. 이미 선진국에서 폐기한 소각매립장을 안전하다고 내세우는 것은 매립장 플랜트업체의 과장된 선전일 뿐입니다. 자국에서는 더 이상 사업성을 인정받지 못 받으니까 이를 제3국에 수출하고 있는 것입니다. 저는 매립장 부지 선정은 물론 설계에 이르기까지 전면적으로 이 사업에 다시 검토되어야 한다고 생각합니다. 처음부터 새롭게 모든 과정이 시작되지 않고서는 이 사업의 성공은 절대 확보될 수 없습니다. 주민대표, 시, 전문가 등이 참여한 공정하고 투명한 절차에 의해 사업이 다시 검토되고 기획되어야 합니다. 이미 투입된 예산을 운운하는 것은 지역의 미래와 후손들을 생각하면, 너무나 근시안적이고 관료주의적인 변명일 뿐입니다(남양주 시 K 의원 면담, 2007. 8. 13).

2000년 7월 12일 폐기물처리시설 설치계획 승인처분이 수원지방법원에서 무효판결이 내려지고, 2001년 5월 1일 서울고법에서 패소하면서 남양주시는 항고를 포기하게 된다. 이런 가운데 환경부의 폐기물처리시설 광역화 정책이 추진되면서 2000년 12월 20일 구리시와 환경빅딜을 성사시키게 된다. 그리고 환경빅딜 이후 2001년 2월에 이르면 폐기물처리시설이 소각잔재 매립장으로 용어가 바뀌어 기본 및 실시설계에 들어가는 것을 알 수 있다. 반대투쟁위원회 K시의원의 얘기를 빌면(2007. 8. 13~14), 이때 입지선정위원회를 공정하게 구성하고, 일방적으로 사업을 추진하지 않았다면 지금과 같은 극한 대립상태는 없었을 것이라고 한다.

남양주시와 구리시는 2000년 12월 구리시에는 자원회수시설을, 남양주시에는 소각잔재매립장을 지어 양 시설을 공동으로 이용키로 합의했다. 구리시는 이에 따라 2001년 12월부터 자원회수시설을 운영하고 있다. 이곳에는 하루 평균 95톤씩 남양주지역의 쓰레기가 반입되고 있다. 반면 남양주시는 약속을 지키지 못하고 있다.

8만 6000여 평 규모의 소각잔재매립장이 들어설 별내면 광전리 주민들과 매립장 부지에서 400여m 떨어진 광릉 숲을 지키려는 환경단체의 반대 때문이었다(동아일보, 2005. 1. 27). 남양주시 K 시의원에 의하면, 환경단체의 반대는 지역주민과 지속적으로 연대되지 못하고 반대운동에도 참가하지 않고 있다고 했다. 2005년 1월 29일 남양주시 관계자에 따르면, 구리시 토평동 자원회수시설(쓰레기 소각장)에서 나오는 하루 평균 20여 톤의 소각잔재를 처리하기 위해 지난 1999년부터 남양주시 별내면 광전리 일원에 소각잔재매립장 건립이 추진되고 있다. 남양주시 관계자는 "구리시는 2000년 자원회수시설을, 남양주시는 자원회수시설에서 나오는 소각잔재를 매립하는 시설을 각각 건립하는 빅딜 형식의 협약을 체결했으나 소각잔재매립장을 아직 건립하지 못해 구리시민에게 면목이 없다"며 "구리시와 약속을 지키기 위해 오는 2005년 3월부터 건립을 강행할 수밖에 없다"고 말했다(문화일보, 2005. 1. 29). 남양주시 P팀장에 의하면, 정책추진주체의 입장에서는 합법성을 충실히 지켰고, 주민들의 이익을 위해 공사규모도 줄인 상태에서 공기지연에 따른 비용손실을 감당하는 데도 한계가 있었기 때문에 당시의 공사강행 결정은 불가피한 선택이었다고 한다.

이에 대해 주민들은 2005년 1월 21일 남양주시청 앞에 모여 "매립장과 소각장 등 폐기물 관련 시설물의 유해성이 입증되고 있음에도 불구하고 주민들과 합의 없이 시설을 건립하려는 행위는 있을 수 없다"며 항의농성을 벌였다. 남양주시는 그동안 주민들을 상대로 "소각잔재매립장은 각종 첨단공법으로 건립돼 유해성 문제가 없다"며 설득해왔다. 남양주시가 추진 중인 소각잔재매립장은 전체 부지 28만4000여㎡ 가운데 11만2000여㎡ 규모로 모두 436억 원(부지매입비 포함)의 예산이 투입될 예정이다. 나머지 부지에는 관리동과 주민들의 편의시설인 인조잔디축구장, 테니스장, 인라인스케이팅 코스, 지압보드, 어린이놀이터, 야생화단지, 분수대 등이 2006년 12월말 완공될 계획이었다.

2005년 11월과 2006년 4월에는 주민들과 건설회사 용역직원들 간의 폭행사건이 발생했다(중앙일보, 2007. 1. 30). 규모를 축소하여 소각잔재매립장건설 승인을 받고 주민들의 무효소송에서도 승소한 남양주시가 2005년 9월 말부터 공사를 강행하기 시작한 것에 대한 주민들의 극한 반발이 일어난 것이다. 시의 입장에서는 어떻게든 공사가 진행될 수 있도록 하기 위해 주민들의 공사장 난입을 막기 위해 용역업체 직원들을 고용했으며, 주민들은 시의 일방적인 공사 진행에 분노한 것이다. 반대투쟁위원회 관계자와 지역주민에 의하면, 이때의 충돌상황은 상상을 초월하는 것이었다고 한다. 충돌과정에서 주민 17여명이 부상을 입는 사태가 발생하기도 한다. 실제 이 당시의 상황은 언론을 통해 상세히 보도된 바 있다(MBC 2006년 4. 10, 생방송 "아주 특별한 아침"; SBS 2006. 4. 14. 임성훈 생방송 "세븐 데이즈"; KBS 2006. 4. 26. 추적 60분 "2006 용역실태보고, 폭력을 서비스해 드립니다). 당시 폭력사태에 대한 시와 반대투쟁위원회의 극단적인 대립적 입장은 남양주시 P팀장과 K시의원과의 면담내용을 통해 그대로 드러나고 있다.

■ **남양주시의 입장**: 크게 두 차례에 걸친 대치상황이 있었던 것은 사실입니다. 이는 이미 언론에서도 자세히 보도가 된 바 있습니다. 안타까운 현실임

을 인정합니다. 2005년 4월에 건설업체가 공사를 진행하기 위해 고용한 용역 직원 100여명과 주민 400여명이 공사장 진입로에서 정면 충돌을 했습니다. 당시로서는 공사재개 결정이 난 상태였기 때문에 건설업체로서는 당연히 공사를 속개할 수밖에 없는 상황이었습니다. 시로서도 업체로 하여금 공사를 지연하라고 할 수 없는 상황이기도 했고요. 그러나 지역주민들은 무조건 공사재개는 안 된다는 주장으로 장비의 진입 자체를 방해한 것입니다. 이 과정에서 용역직원과 주민들 간의 몸싸움이 일어나게 되었고, 서로 감정이 격해진 것입니다. 이후 2005년 11월에는 시의 환경과장이 반대주민들에게 감금당한 채 폭행을 당하는 사건이 발생하기도 했습니다. 저 역시 저 자신은 물론 가족들의 신변 안전에 위협을 느낄만한 협박전화와 폭언을 수차례 당한 바 있습니다. 따라서 시는 더 이상의 충돌을 막기 위해 사법부에 공사방해 및 공사장 출입금지 가처분 신청을 하는 등 적법한 조치를 취했습니다. 가장 극렬했던 충돌은 2006년 4월입니다. 이 사진들은 당시 공사장 안에서 대치하고 있던 반대주민들이 준비해 두었던 각종의 장비들입니다. 이 사진들은 공개할 수 없지만 만약을 위해 저희가 참고자료로 준비해 두고 있는 것입니다. 보시면 알겠지만 사진 속에 나타난 장비들은 이들의 반대가 단순한 농성이나 시위가 아니라 무력을 사용하려고 했다는 증거를 확실히 보여주고 있습니다. 당시 충돌이 일어났던 4월 3일 전날 밤에 시와 건설업체에서는 반대투쟁위원장인 K씨가 북파 공작원 출신의 청년 80여명을 무장시켜 대항할 것이라는 첩보를 입수하였고 경악을 금치 못했습니다. 공사를 재개해야할 건설업체와 시로서는 난감한 상황이 아닐 수 없었던 거죠. 4월 3일 공사재개를 위해 현장에 도착하자 역시나 극렬한 반대시위가 시작되었습니다. 할 수 없이 경찰병력이 동원되었고 경찰 중재 하에 양 측이 물러났습니다(남양주시 P팀장 면담, 2007. 8. 13).

■ **지역주민의 입장**: 저 역시 이곳 별내면 청학리 아파트 입주민의 한 사람으로서 그리고 시의원이 되기 이전에는 민주노동당의 당원이자 환경운동가의 한 사람으로서, 소각잔재매립장 건설을 둘러싼 주민과 시 간의 대립상황을 주의 깊게 관찰해 왔습니다. 저는 시민의 한 사람으로서 시가 정작 보호해야 할 지역 주민들을 대상으로 무력행사를 방관하고 심지어는 조장했던 처사에 분노를 금할 수 없습니다. 남양주 시청 관계자들에게 지역 주민은 더 이상 봉사의 대상이 아니라 시가 고집하고자 하는 사업의 장애물 정도로 밖에는 보이지 않는 것 같습니다. 이는 정말 오만의 극치라고 할 수 있습니다. 생존권과 재산권에 위해를 받고 있는 지역주민들로서는 소각잔재매립장의 건설을 당연히 반대할 수밖에 없는 것입니다. 그럼에도 불구하고 시 측은 더 이상의 대화나 대안을 찾지 않은 채 공사를 굳이 강행하겠다고 고집하고 있는 겁니다. 지역주민들의 반대가 보다 강도 있게 진행된 것은 이와 같은 시 측의 강경한 입

장을 감지하게 된 2005년 9월 이후라고 할 수 있습니다. 이 시기에 시는 공사업체를 선정하고 다시 공사 재개를 공표했습니다. 지역주민들은 이때부터 공사현장에 천막을 설치하고 교대로 24시간 반대농성을 시작했습니다. 아침시간과 낮에는 주로 은퇴하신 노인들과 주부들이 현장에 계셨고, 밤에는 퇴근하고 돌아온 남자 주민들이 교대로 현장을 지켰습니다. 2005년 11월 경 시의 과장이 감금당하고 폭행을 당했다는 이야기가 있는데, 당시 농성현장에 나왔던 과장이 주민들을 상대로 "여기엔 민주적 과정이 필요 없다"고 발언한데에 대한 주민들의 거센 반발이 있었을 뿐입니다. 그러다가 2005년 12월 1일 오전 7시에 갑자기 헬멧을 착용한 100여명의 용역업체 직원들이 현장을 급습하여 주민들이 자고 있던 천막을 철거하고 강제로 끌어내기 시작했습니다. 즉시 현장을 떠나지 않으면 가만 두지 않겠다는 험악한 욕설과 협박이 있기도 했습니다. 이에 거세게 항의한 주민들과 심한 몸싸움이 일어났고 많은 주민들이 부상을 당하는 사태가 발생했습니다. 당시 현장에 있었던 주민들의 말에 따르면 이들 용역업체 직원들 중 상당수는 조직폭력배임이 분명하다고 합니다. 이 사건이 발생하자마자 소식을 전해들은 2,000여명 이상의 지역주민들이 현장에 나와 폭력적인 공사업체에 항의를 한 바 있습니다. 뒤 늦게 경찰이 출동하여 사태가 진정되긴 했지만 이미 공사현장에 있던 주민들의 농성장은 만신창이가 되어 있었고, 모두 쫓겨 난 뒤였습니다. 저는 개인적으로 시와 건설회사 그리고 경찰들 사이에 사전 협약이 있지 않았나 생각합니다. 즉 농성현장을 파기하고 공사를 강행하기 위한 강제집행이 기획되어 있었다는 거죠. 이에 대해 아직까지도 시 측은 사실은 부인하고 있고 일체의 공식적인 사과나 해명을 하지 않고 있습니다. 오히려 시와 건설회사는 농성현장 시설물을 철거하라는 법원명령을 받아냈고 이를 현장에 공시하는 한편, 농성주민들을 대상으로 공사현장 출입금지 가처분소송을 통해 출입금지를 명하는 공고문까지 내걸게 됩니다. 이게 2005년 12월 무력충돌이 일어난 뒤 불과 3개월 사이에 나타난 일들입니다. 주민들로서는 무력에 의한 공사강행을 어떻게 해서든 막기 위해 다시 공사현장입구에 농성장을 만들어 대치하게 됩니다. 그러다가 급기야 2006년 4월 3일(우리는 이를 4·3사태라고 부릅니다), 농성현장 시설물 철거를 명하는 공고문과 함께 용역업체직원 400여명과 경찰병력 600여명이 동원되어 농성현장에 있던 주민들을 강제로 철거시키는 상황이 발생합니다. 즉 임의철거 집행이었던 거죠. 이 날 숫적으로 절대 열세였던 지역주민들은 강하게 반발했습니다만, 결국은 현장으로부터 쫓겨나올 수 밖에 없었고 집단적인 폭행을 감수해야만 했습니다. 지역주민들이 얻어맞는 이 사태가 과연 오늘날의 민주시대에도 일어날 수 있구나 하는 점에 망연자실했습니다. 당시의 사태에 대해서는 최근 언론을 통해서도 자세히 소개가 되어 있고 각종 사진자료들로도 보도가 되어 있는 상태입니다(남양주 시 K 의원 면담, 2007. 8. 13).

남양주시와 별내면 주민들 간의 갈등이 계속되고 있던 2007년 1월 남양주시 매립장 반대 투쟁위원회 김○○ 위원장은 매립장 부지 선정의 적합성에 대해 먼저 거론했다. 김 위원장은 "현 매립장 부지는 아파트와 과수원 등이 있는 지역"이라며 "과연 이런 곳에 매립장을 건설하는 것이 타당한지 따져봐야 한다"고 말했다. 김 위원장은 "1991년 현재 부지가 매립장 후보지로 선정됐을 당시에는 주민들이 별로 살지 않았던 곳"이라며 "이후 택지개발이 이뤄져 새로 입주한 주민들만 피해를 보게 됐다"고 주장했다. 그는 또 매립장 부지 선정과 함께 인근 지역이 택지개발지구로 지정돼 당시 주민들은 땅값 상승으로 막대한 이익을 얻었지만 현 거주민들은 이에 따른 피해를 고스란히 안게 됐다고 주장했다. 이에 따라 매립장 부지 인근 주민들이 법원으로부터 매립장 사업승인 무효판결을 받아냈지만 남양주시와 환경부가 다시 사업승인을 내주는 등 주민을 무시한 행정으로 일관하고 있다고 했다. 「폐기물처리시설 설치 촉진 및 주변지역지원 등에 관한 법률」에 의해 받은 사업 승인이 법원에 의해 무효화(수원지법, 2000. 7. 12; 서울고법, 2001. 5. 1 판결)되자 남양주시가 항고를 포기하는 대신, (입지선정위원회를 구성하지 않아도 되는) 「폐기물관리법」을 적용해 재승인을 받았다는 것이 그의 주장이다.

〈그림 8-3〉 청학리 아파트 단지 내 소각잔재매립장 반대 현수막

현재 주민들은 27개월째 매립장 인근에서 농성을 벌이고 있으며, 중장비의 통행을 막는 등 실력행사를 통해 지자체와 대치하고 있다. 2007년 8월 14일 연구진이 촬영한 사진에 의하면, 청학리 아파트 단지에는 이때의 충격을 <그림 8-3>과 같이 현수막으로 표현하고 있다. 절차적 비민주성을 넘어 '실정의 고백'이라는 폭력을 시민들에 대해 행사했기 때문이다. 별내면 아파트 단지의 청년회를 중심으로 하는 지역주민들을 다양하게 면담한 결과, 아파트 가격 하락이라는 재산권 손실과 환경권을 지키려는 초기 반대운동의 모티브가 이제는 탄압과 폭력에 대한 저항운동으로 발전하고 있었다.

2) 법적 소송과정

청학리 주민들과 남양주시 사이에 벌어진 법적 소송과정은 크게 2001년 이전과 이후로 대별될 수 있다. 이 시기는 매립장 건설의 규모와 관련된 것으로서 관련법이 폐촉법인지 아니면 폐기물관리법인지 그리고 해당 건설지역이 환경영향평가의 대상인지 아닌지가 주요 법정 공방의 쟁점으로 제기되었다.

2007년 10월 11일 면담한 남양주시 P팀장에 의하면, 2001년 공사가 진행 중이던 상황에서 소송에서 패소하면서 질곡의 늪으로 빠졌다면서 안타까워했다. 1년이면 공사가 완공될 수 있는 상황이었기 때문에 절차적 흠결로 인한 패소는 남양주시의 입장에서는 뼈아픈 상처로 남게 된 것이다.

남양주시는 '에코랜드' 관련 소송에서 2006년 11월 21일 1심 판결에 이어, 2007년 6월 27일 고등법원에서 승소했다. 남양주시가 별내면 광전리 일대 28만 4000㎡에 추진 중인 남양주권 광역 소각잔재 매립장 '에코-랜드' 조성사업과 관련한 항고소송에서 항고소송의 대상이 될 수 없다는 항소심 판결이 나왔다.

서울고법 제6특별부는 2007년 6월 27일 전·현직 시의원 등이 이석우 남양주시장을 상대로 제기한 항소심에서 "협약이나 고시 자체에 직접 원고들이나 주민들의 구체적인 권리·의무에 직접적 변동을 초래하거나 법률관계를 규율하는 내용을 포함하고 있지 않으므로 항고소송이 될 수 없다"는 1심 판결을 확정하고, 원고들의 항소를 기각했다. 에코-랜드 조성을 반대하는 전·현직 시의원 2명은 지난해 6월 이 시장을 상대로 '광역폐기물 처리시설 설치와 운영사업에 관한 협의고시 무효확인' 소송을 제기했지만 의정부지법은 지난해 11월 "항고소송의 대상이 될 수 없다"고 판결했었다.

남양주시는 지난 1992년부터 별내면 광전리 일대 28만4000㎡ 부지에 남양주권 광역 쓰레기 소각 잔재 매립장 건설을 추진하고 있으며, 지난 2005년 9월 착공했으나 주민들의 반대로 2006년 8월 공사가 중단됐다(조선일보, 2007. 6. 29). 이에 대해 주민들은 2006년 11월 21일 의정부지방법원 1심 판결에서 "협약이나 고시 자체에 직접 원고(전·현직 시의원)들이나 주민들의 구체적인 권리의무에 직접적 변동을 초래하거나 법률관계를 규율하는 내용을 포함하고 있지 아니하므로 이는 항고소송의 대상이 될 수 없다"고 각하 처리 된데 불복, 같은 해 12월 8일 서울고등법원에 항소하고 있다.

한편 남양주시 P팀장에 의하면, 에코-랜드 조성사업과 관련된 소송이 현재까지 총 10건이 제기되어, 7건이 남양주시가 승소하고, 3건이 진행 중에 있다(뉴시스, 2007. 6. 28). 그러나 현재 산지 절개면적이 20만㎡ 이상임에도 불구하고 환경영향평가를 받자 않았기 때문에 환경부의 요구로 공사가 중단된 상태라는 점을 적시하여 반대투쟁위원회 임원들은 2007년 7월 다시 수원지방법원에 공사무효소송을 제기하고 있다. 가장 최근에 제기된 이 소송에서 수원지법은 10월 30일 판결에서 무효소송을 기각하는 판결을 내렸으며, 2008년 5월 29일 서울고등법원 역시 동일한 취지로 무효소송 기각 판결을 내리고 있다.

따라서 지금까지의 법적 공방을 돌이켜 보면, 결국 남양주시가 추진하고 있는 소각잔재매립장 건설은 합법적인 상태로 남게 된 셈이며, 여전히 주민들은 이러한 법적 판단에 불복하고 있는 상황이라고 할 수 있다.

Ⅱ. 정책단계별 영향요인의 분석

위에서 살펴본 바와 같이 남양주시 소각잔재매립장 건설문제는 1991년 입지선정이 시작되고 광역화사업의 일환으로 설계변경이 이루어져 오늘에 이르기까지 남양주시측과 지역주민들 간의 극단적인 대립상황이 지속되는 특징을 지니고 있다. 이러한 대립상황이 지속된 요인을 "형성 – 홍보 – 집행"에 이르는 정책단계별로 평가해 보기로 한다.

1. 정책형성단계의 영향요인

1) 갈등영향분석의 중요성

갈등영향분석을 포함한 공무원의 분석적 합리성의 부족은 행정의 신뢰성을 떨어뜨리는 중요한 요인이 된다. 분석과 결정과정의 합리성 부족은 집행과정에서 착오를 가져와 정책갈등을 초래하는 중요한 원인으로 작용할 수 있다.

환경갈등을 초래할 수 있는 건설 사업을 추진함에 있어서는 무엇보다 철저한 사전조사와 그에 따른 준비와 계획이 빈틈없이 수립돼야 한다는 것이었다. 특히 개발을 우선시 하여 환경문제를 소홀히 해서는 결코 사업의 성공이 보장될 수 없다는 점이다. 경비와 시간이 더 든다고 해도 친환경적인 개발과 건설이 이루어져야 하며 그에 필요한 새로운 기술과 운영이 요구되는 까닭도 여기에 있다. 특히 혐오시설 사업 준비과정에서 합법적 절차를 뛰어넘어 민주적 절차까지 검토하여 시민사회의 동의를 얻기 위해서는 경제효과 분석, 갈등영향 예측, 환경영향 예측 등에서 충분한 합리성을 갖고 준비해야 할 필요가 있다.

이러한 관점에서 볼 때 남양주시의 경우 1992년 별내면 광전리에 대해 소각잔재매립장 입지선정이 이루어진 이후 이 일대가 택지개발지구로 지정되어 6300여 가구가 입주하는 과정에서 남양주시는 갈등영향에 대해 충분히 분석하고 예측하지 못했다고 할 수 있다. 따라서 공무원의 직업적 전문성과 분석적 합리성을 바탕으로하는 정책추진 로드맵의 확립과 이에 따른 정책집행은 정책성패에 중요한 영향을 미침을 알 수 있다.

2) 느림의 행정문화와 사회적 합의 도출의 중요성

공기지연(工期遲延) 등 전체적인 느림과 정책혼란은 부분적인 빠름에 지나치게 집착했기 때문에 발생한 것으로 해석된다. 사회적 합의를 도출하는 시간은 많은 비용을 요구하지만, 사회적 합의 없이 부분적인 빠름을 추구한 결과는 전체적인 느림으로 귀결되었다. 실제 본 연구에서 빠름의 행정문화는 치밀한 분석을 방해하고, 권위주의적 결정방식을 택하게 하고, 학습시간을 허용하지 않아 정책혼란을 초래한 근본적인 원인으로 해석된다.

환경영향평가나 사전환경성검토 절차를 통과해야 하는 등 분석작업에 장시간을 요하고, 특히 집행에 10년 이상의 긴 시간을 요하는 혐오시설사업에 있어서는 정책설계를 할 때 정책오차를 항상 고려할 필요가 있다. 그리고 예측오차를 줄이는 중요한 방법이 분석과 결정시간을 집행시간보다 더 많이 안배하는 것이다. 그러면 집행과정에서 정책혼란을 줄여 집행시간을 감소시킬 수 있기 때문이다. 결정시간과 집행시간을 고려한 총시간을 염두에 두면서 시간안배를 할 필요가 있는 것이다.

권위주의 시대에는 소위 DAD(Decide – Announce – Defense) 방식으로 정부사업의 추진이 가능하였기 때문에 굳이 결정시간에 많은 비중을 두지 않아도 되었다. 따라서 총시간의 대부분을 좌우하는 집행시간에 대해서만 고려하면 그만이었다. 그러나 사회가 다원화되고 민주화되면서 이해관계자들의 동의를 구하는 결정시간의 비중이 중요하게 되었다. 정책결정에 관여하는 사람이 많고, 이해관계가 상충하고, 문제는 복잡하고, 이해당사자들의 자율성이 높은 사회에서는 결정비용이 증가하기 때문이다(김영평, 1995: 33). 그런데 결정비용의 삭감에만 많은 신경을 쓰는 정책결정자들이 이에 대한 배려 없이 결정시간을 무시하다보니 오히려 집행시간의 지연을 가져오고, 결국 총시간의 증대를 가져온 것이다. 남양주시에서 18년간 매립장 공사가 표류하고 혼란을 거듭한 이유는 분석과 결정시간을 아끼기 위해 조급하게 결정하고 밀어붙인 권위주의적 정책추진방식 때문에 발생한 것으로 볼 수 있다.

3) 의견수렴절차의 민주성

본 사례에서 관련 공무원들이 가장 부족했던 점은 민주적 절차를 통해 사회적 합의를 도출하는 지혜가 부족했다는 것이다. 물론 정치적 시간표에 맞추어 공사를 추진할 수밖에 없는 관료로서의 한계도 있지만, 민주적이고 합리적 절차가 문제해결에 얼마나 중요한지를 충분히 인식하지 못했던 점은 부인할 수 없을 것이다.

Lindblom & Woodhouse(1993: 57 - 72)는 관료는 정치가에 비해 전문성, 공정성, 기술성이 뛰어나고, 문제에 가까이 있기 때문에 시행착오의 확인이 용이하다는 측면에서 위임입법의 지혜를 인정한다. 그러나 관료주의 속성에서 오는 응답성의 한계 때문에 다양한 정치적 참여자들과 함께 아이디어의 경쟁을 하는 상호적응의 과정이 관료의 정책과정 개선에 기여한다고 한다.

절차의 선후관계와 관련하여 공청회 등의 의견수렴절차의 민주성이 결여되어 건설주체와 지역주민간의 인식시차가 발생한 것이 집행지연의 원인으로 작동하고 결국 정책혼란을 증폭시켰다. 이는 입지선정과 같은 사업의 추진시작단계에서 민주적 담론(democratic discourse)이 실패할 때 흔히 나타나는 현상이라고 할 수 있다 (Mazmanian & Morell, 1994).

2004년 4월 6일 남양주시가 소송에서 승소한 이후 2005년 9월 29일 공사를 재개하면서 반대집단은 대화를 원했지만 정치적 시간표에 따라 사업을 추진하면서 2005년 11월 1일과 2006년 4월 3일 용역업체를 동원하여 무리하게 공권력을 행사하기도 하였다. 물론 "폐기물관리법"에 근거해서 합법성을 충족하였다고는 하지만, 품질 높은 정책은 지역주민에 대한 배려에서 나온다는 민주성의 이념을 충족하지 못하면 원만한 정책집행이 어렵다는 사실을 시사해준다. 그리고 주어진 정책일정에 맞추어 공사를 추진할 수밖에 없는 관료로서의 한계도 있지만, 민주적이고 합리적인 절차가 문제해결에 얼마나 중요한지를 충분히 인식하지 못했던 점은 부인할 수 없을 것이다. 남양주시 K시의원에 의하면, 실제 2000년 12월 환경빅딜 이후 새롭게 사업을 추진할 때 폐기물관리법보다는 폐촉법에 근거를 두고 입지선정위원회를 공정하게 구성하여 민주성을 충족시켰다면, 쉽게 사회적 합의에 도달할 수도 있었을 것이라고 판단된다.

2. 정책홍보단계의 영향요인

1) 민주적 홍보의 중요성

Flyvbjerg, et al. (2003: 1 - 10)은 미국, 영국, 스웨덴, 덴마크뿐만 아니라 중국 삼협댐에 이르기까지 20개 국가의 대형사업 추진사례를 비교연구하면서 대형사업의 실태와 실패위험성에 대해 경고하고 있다. 이 연구는 대형사업의 실패원인을 사업결정과정의 투명성(transparency) 문제, 시민사회의 미약한 참여로 인한 민주성 부족(democracy deficit), 그리고 사업결정과정의 책임성 부족에서 찾고 있다. 대형 사업들(megaprojects)은 과소 계상된 비용, 과대 추정된 수익, 과소평가된 환경영향, 그리고 과대평가된 경제발전 효과라는 승인공식에 따라 추진되기 때문에 매우 위험함을 경고하고 있는 것이다. 따라서 처음부터 진실하게 예상되는 비용, 편익, 환경영향, 경제발전 효과를 국민과 이해관계자에게 알리고, 의견을 수렴하고 함께 사업을 추진하는 정책홍보 전략이 요구된다.

먼저 진실한 정보공개가 요구된다. 이는 시민사회로부터 협력을 얻을 수 있는 가장 효율적인 방법이다. 매립장 공사를 하면 어떤 위험이 있는지, 생태계에 어떤 영향을 미치는지, 대안의 비용과 편익이 어느 정도인지 진실하게 공개하고 시민사회의 협조를 구하고 설득하는 작업이 필요하다. 따라서 정책기획단계에서부터 진실한 홍보를 통해 시민사회의 협조를 구하는 자세가 요구된다.

그리고 공청기능을 강화할 필요가 있다. 먼저 시민사회의 의견을 수렴하고 이를 바탕으로 정책을 기획하는 '발상의 전환'이 요구된다. 정책형성과정에서 시민사회는 의견투입의 기회를 얻지 못하면, 집행과정에서 문제를 제기하면서 정책집행을 지연시키는 중요한 요인으로 작용한다. 실제 남양주시 시장을 비롯한 관계자들이 숱하게 지역주민들을 만나고 설명회를 가졌지만, 진실하게 정보를 공개하고 의견을 수렴하기보다는 일방적으로 알리는 데만 급급했기 때문에 반대투쟁위원회와 관계된 주민들은 함께 민주주의를 만들어간다는 효능감이 전혀 없었다. 특히 지역주민들이 2006년 4월 3일 '4.3사태'라고 부르는 용역들의 폭력사태 이후 남양주시와 경찰공권력에 대한 서운함과 실망감으로 불신의 골이 깊이 팬 것을 읽을 수 있었다.

2) 지혜로운 홍보 전략의 추진

고영철·정연우(2002: 1)는 정책홍보의 개념을 일반국민 대상이 아닌 구체적인 집단별 활동으로 확장시키면서, 정책홍보는 이해(interests)가 상충되어 갈등이 발생된 집단의 이해(comprehension)와 타협을 이끌어내고 최대한의 공공이익을 창출 할 수 있는 정책대안을 마련함과 동시에 반대자의 이해와 협조를 구하기 위한 능동적·적극적 커뮤니케이션 활동을 수행하는 것이라고 보았다. 따라서 주민들에게 불편함이나 손해를 끼칠 수 있는 것으로 인식하고 있는 혐오시설 입지정책을 추진할 때는 다음과 같은 몇 가지 지혜가 요구된다.

첫째, 쌍방과정(two way process)을 통한 신뢰 및 선린관계의 유지·확보를 근간으로 하여 설득관계와 지지 협조관계로 유도하는 관계가 형성되어야 한다. 남양주시 별내면 주민들을 만나본 결과 (2007. 8. 13~4), 남양주시가 몇 차례에 걸쳐 폭력을 행사하면서 민주사회에서 영원히 함께 지역사회를 꾸려갈 지역주민들을 비참하게 만든 사실 때문에 설득과 협조관계보다는 불신과 방해로 태도를 고집하고 있는 것으로 나타났다. 따라서 남양주시의 입장에서는 이러한 불신의 구조를 신뢰구조로 전환시키는 각별한 노력이 요구된다.

둘째, 인간관계를 개선시킴으로써 정책추진주체의 이미지형성 (image building)을 통해 지역주민의 지지와 지원을 끌어들이는 것이 중요하다. 특히 지역주민의 호의적인 이미지 형성(favorable image making)을 유발하는 방법이 요구된다. 이때 각종 매스미디어를 통하여 지역주민의 태도 변화를 가져오는 방법을 활용하는 것이어야 효과적이다. 2006년 4월 MBC "생방송 특별한 아침"이라든지, KBS 추적 60분 "폭력을 서비스해드립니다" 등의 프로그램을 통해서 남양주시에 대한 부정적인 이미지가 각인되어 있다. 이러한 공중파의 효과는 홈 페이지를 통한 홍보물의 상영, '에코-랜드'라는 명칭 사용, 각종 팜플렛의 활용 등이 무의미하거나 오히려 부정적인 이미지를 증폭시키는 역할만을 하고 있다. 따라서 어쩌면 남양주시는 "잘못된 첫 단추를 다시 풀고, 처음부터 다시 시작해야 하는, 그렇게 하는 것이 더 빠를 만큼" 서로간의 불신관계가 깊은 것으로 판단된다.

3. 정책집행단계의 영향요인

1) 정책주체간의 협력

목적 혹은 기능을 기준으로 부처를 조직화하면 조직의 목적과 활동이 뚜렷이 명시되기 때문에 조직구성원의 노력을 목적수행에 집중시킬 수 있다. 국민들이 행정부처의 목적과 기능을 이해하는 데 도움을 주고, 부처조직 간의 목적과 책임의 한계가 확정되므로 부처 간 업무중복과 갈등을 방지할 수 있다. 반면에 어떤 정부의 업무든지 몇 개의 목표로 나누어서 부처를 편성한다는 것은 불가능한데, 즉 무수한 정부활동의 전 분야를 중복 없이 소수의 주요 목적과 기능에 따라 명백히 구분하는 것은 어렵다는 것이다. 그리고 자신의 부처의 목적과 기능의 완수에만 지나치게 관심을 집중하기 때문에 나머지 부처와의 상호 협조가 결여될 수 있고, 할거주의 행정현상(sectionalism)이 나타날 수 있다.

1995년 청학택지지구를 매립장 인근에 지정하게 되면 반대가 예상되었을 것이다. 물론 이에 대해 2007년 8월 13일에 만난 남양주시 P팀장은 택지개발지구 지정은 건설교통부에서 서민주택공급사업의 일환으로 추진하는 사항으로 지방정부가 반대하더라도 추진되었을 것이라고 한다. 그러나 이 부분이 공개되고 충분하게 공론화되었으면, 갈등영향분석이 이루어지고 사전에 갈등을 막을 수 있었을 것이다.

결과적으로 당시 주택공사는 매립장 입지 사실은 주민들에게 공지하지 않았고, 나중에 손해배상책임을 지게 된다. 2006년 8월 19일 남양주시 청학지구 주공아파트 입주자 325명이 낸 손해배상 청구소송에 대한 대법원의 원고승소 판결이 내려진다. 대법원은 쓰레기 매립장이 들어선다는 사실을 미리 알리지 않았다는 점을 인정함으로써 대한주택공사가 입주자들에게 총 22억 2천여만 원을 배상할 것을 판결한 것이다.

2) 집행과정에서 열린 토론의 지향

남양주시의 경우 지혜로운 정책조정이 요구된다. 남양주시와 지역주민들은 현재까지 10개의 소송에 휘말릴 정도로 법에 호소하고 있기 때문에 피차 많이 지쳐있고 대화와 협상을 통해 문제를 풀수 있는 단계를 넘어섰다고 말한다. 피차 많은 상처를 입고 있기 때문에 열린 마음으로 토론하고 합의를 형성할 수 있는 시기를 넘어선 것으로 평가하고 있다. 그러나 집행과정 역시 새로운 정책을 형성해가는 예술(art)이라면, 기한을 정하지 말고 지속적으로 만나 합의점을 찾아가는 지혜를 발휘할 필요가 있다.

정책조정이란 어떤 한 정책이 관련되는 다른 정책에 미치게 될 악영향(adverse consequences)을 어느 정도까지, 그리고 일정한 빈도로 회피, 감소, 상쇄할 수 있도록 관련정책을 상호 조절하는 것이다(Lindblom, 1965: 154). 예를 들면, 정부의 각종 개발정책은 보전정책에 미치는 악영향을 어떻게 조절하느냐의 문제로 귀결된다. 이러한 정책조정과정을 거치는 합의형성과정(consensus building)은 민주주의 정책과정의 요체이다.

우리사회는 이제 정치권력이 분산되어 있고, 정부는 수많은 집단 중의 하나로서 영향력을 행사하는 다원화된 민주사회로 볼 수 있다. 따라서 집단 간의 견제와 균형, 민주적 절차를 강조하는 '민주주의의 지혜'가 중앙집권적 조정보다 우월한 정책조정을 가져온다고 볼 수 있다(Lindblom, 1965). 민주사회에서 정책조정 과정은 애당초 시끄러울 수밖에 없고, 일관성을 유지할 수 없고, 또 정책의 일관성 확보가 반드시 소망스러운 것도 아니다(최병선, 1994: 153 – 187). 관련 행위자들의 제한된 합리성을 전제로 할 때 종합적으로 정책을 조정한다는 것은 신화라는 것이다. 중요한 것은 자기에게 미치는 모든 이해관계를 가장 잘 파악할 수 있는 모든 이해관계자가 정책결정과 조정과정에 참여하도록 하고, 스스로 주장하는 정책이 다른 사람에게도 유익하다는 것을 입증하도록 하지 않으면 안 된다는 것이다. 왜냐하면 이 경우에만 각 집단은 다른 집단이 수용할 수 있는 정책대안들을 발견해내려고 노력할 것이고, 이 과정에서 사회적 합의가 이루어질 수 있기 때문이다.

Ⅳ. 결론: 평가와 대안의 탐색

하나의 정책이 형성되어 홍보단계를 거쳐 집행에 이르기까지의 과정에 대해 성공여부를 측정하고 이를 바로 잡기위한 활동이 정책평가이며 환류과정이다. 이 때 평가의 주요 기준으로 삼게 되는 것은 정책의 내용적 합리성과 절차적 합리성이다. 남양주시가 경험한 형성-홍보-집행에 이르는 전 과정을 이 두 가지 기준에서 평가해 보면 다음과 같다.

우선 내용적 합리성의 관점은 정책의 효과성과 능률성 그리고 형평성이라는 세 가지 하위 구성요소에 의해 평가될 수 있다. 첫째 효과성의 기준에서 볼 때 남양주시의 매립장 건설추진과정은 아직도 매립장 건설의 완공여부가 불투명하다는 점에서 효과성 자체의 평가가 불가능하도록 하고 있다. 구리시가 꾀했던 광역적 접근에 의한 쓰레기처리문제 역시 협약을 이행하지 못함으로써 효과성을 발휘하지 못하고 있다. 비용과 편익의 관점에서 평가되는 정책의 능률성 역시 남양주시의 매립장 건설정책은 공기의 지속적인 지연으로 인해 당소 계획했던 비용 보다 훨씬 더 많은 비용추가는 물론 쓰레기매립장 건설로 인한 경제적 편익을 전혀 산출하지 못하고 있다고 평가될 수 있다. 즉, 공사 지연에 따른 해당업체의 직접적인 손실은 물론 군포매립지에 지불해야 하는 반입수수료, 각종 소송비용과 손해배상비용, 무엇보다 지역주민에 대한 신뢰상실과 갈등비용까지 합하면 정책비용은 상상을 초월한다. 반면에 현재 30% 공사가 진척된 상황에서 공사완공일도 불확실할 뿐만 아니라 자칫 공사 자체가 무산될 수도 있어 정책목표 달성도 매우 낮게 평가된다. 따라서 정책비용 대비 정책효과는 매우 낮게 평가된다. 형평성이란 정책의 실질적인 수혜자와 피해자가 누구인가를 가늠할 수 있는 기준이다. 수혜집단과 비용부담집단이 구분되는 정책의 경우에는 정책내용이 양 집단의 비용과 편익을 균형 잡지 못하여 한 집단이라도 정책에 불응하게 되면 집행은 실패할 가능성이 높다. 수혜지역과 피해지역간의 효과와 비용의 공평한 부담을 의미하는 지역 간 형평성의 관점에서 볼 때 별내면 광전리 일대의 매립장 건설은 인근주민들의 피해의식이 극단적으로 확대된 형상을 보이고 있어 수혜지역 주민들이 받게 될 정책편익과의 비교가 되지 않고 있는 상황이라고 평가된다. 남양주시는 상수원보호구역 및 수질보전 1－2구역 외에도 군사시설 보호구역 등 각종 규제에 제한받고 있다. 이러한 규제구역을 제외한 나머지 지역에 쓰레기매립지, 하수처리시설과 같은 총 25개의 혐오시설을 골고루 배치해 안정적으로 운영하고 있다. 따라서 남양주시가 1992년 1월 10일 별내면 광전리 1번지를 매립지로 지정하고 1994년 7월에는 타당성조사를 거쳐 최적지로 결정한 점은 형평성 측면에서 크게 무리가 없어 보인다. 그러나 쓰레기 문제와 관련하여 대다수 남양주시민을 위한 피해지역이라 할 수 있는 별내면 주민들은 피해와 희생에 따른 적정한 대가가 요구된다. 물론 아파트 평당 가격이 하락하는 등 경제적 손실에 대한 보상을 제대로 해주면 좋을 것이다. 2007년 8월 14일 만난 별내면 공인중개사 L씨의 얘기에 의하면, 국내 아파트 경기 하양추세 때문에 전체적으로 아파트 가격이 동결상태이며, 별내면의 경우 좀 더 심한 편이며 특히 매립장과 가장 가깝고 직접 내려다보이는 5단지의 타격이 크다고 했다. 그러나 현실적으로는 시민들의 편익 증진을 위해 청학택지 개발지구 내에 문화 복지시설을 설치하고, 매립장 주변지역 지원 사업으로 소득증대 사업·복지증진사업·육영사업 등에 대하여 적극 지원하는 방안도 고려될 수 있다. 또한 남양주시는 쓰레기봉투 판매액의 10%에 해당되는 금액을 지급, 장학기금과 학교발전 연구기금으로 활용토록 할 계획이다. 소각잔재 매립장 전면부에 완충목지를 조성하여, 매립장이 가시권에서 보이지 않도록 할 것이며, 주민휴식공간인 녹지공간과 연못 및 분수대, 산책로와 체력단련 시설 등을 갖춘 근린체육공원을 조성할 계획이다. 물론 이러한 남양주시의 계획에 대해 남양주시 K시의원과 지역주민 A씨는 비산먼지가 날리는 매립장에서 체력단련이 잘 되겠느냐고 반문한다. 그럼에도 불구하고 남양주시는 "우리가 다음 세대에 물려줄 가장 큰 유산, 그것은 오염되지 않은 자연환경입니다."라는 슬로건 아래 위생적인 쓰레기처리를 약속하고 있다. 이러한 형평성 담보를 위한 노력들은 정책조정자(fixer)인 정부의 몫이라고 할 것이다.

한편 절차적 합리성의 기준에 볼 때, 남양주시의 매립장 건설추진정책은 주민들의 의사와 반대를 수용하고 이를 중재하고 설득하는 과정보다 강압적이고 행정적 절차와 합법적 준거기준만이 강조된 특성을 보임으로써 민주적인 절차의 합리성을 결여했다고 평가된다. 1992년 입지확정 이후 2000년 12월 20일 구리시와 환경빅딜을 거쳐 우여곡절을 겪고 2008년 9월 공사를 완공할 예정인 남양주시 소각잔재매립장의 경우 현재까지 수도권매립지에 직접 비용을 지불하는 점 외에도 지속적인 반대시위와 소송으로 엄청난 사회적 비용을 지불하고 있다. 2007년 8월 14일에 만난 남양주시 K시의원에 의하면, 정책추진주체가 공기를 빨리 마무리하기 위해 합법성에만 몰두하여 주민들이 요구하는 민주적 절차를 경시했기 때문이라고 한다. 즉, 폐기물관리법 제4조에 따른 합법성에 매몰되면서 지역주민들의 목소리에 귀 기울이는 데 소홀히 한 것이다.

　남양주시 사례에서 얻는 가장 큰 교훈은 지역주민들의 반대에 대응하는 갈등관리 및 협상전략에 대한 것이다. 협상이란 협상상대와의 공동 작업을 통해 서로가 만족하는 합의점에 이르는 것이다. 일반적으로 협상에 참여하는 양 당사자가 협상의 타결 혹은 협상의 대상에 대해 서로의 기대를 일치시켜 가는 과정이 협상이라고 할 때, 이제 남은 대안은 법적 판결에 의존하여 문제를 해결할 것이 아니라 양 당사자가 정책의 형성단계부터 새로 시작하는 협상의 방법을 모색하는 일일 것이라고 판단된다.

부　록　남양주시 소각잔재매립장 에코 랜드 사업 추진일지

1991. 1. 7: 별내면 광전리 1번지 일원 매립장 후보지 선정
　　　　　 (남양주군)
1991. 8. 26 – 9. 14: 쓰레기 처리시설 후보지 선정(환경처)
1992. 1. 10: 광역쓰레기 처리시설(매립장) 설치확정
1993. 12. 22: 국가 종합폐기물 처리기본계획 승인(환경처)
1995. 3. 15: 매립장 설치 환경영향평가 협의 완료(한강환경관리청)
1996. 8. 17: 폐기물 처리시설(매립시설) 설치계획승인(경기도)

1999. 5. 10: 폐기물 처리시설 공사착공(대도종합건설주식회사 외
2 개 사)

1999. 7. 20: 폐기물 처리시설 설치계획승인처분 무효확인 청구
소송 및 행정효력정지 신청(공명식 외 14인)

1999. 11. 4: 매립장조성공사 중지(소송 관련), 공정률 30%

2000. 7. 12: 폐기물처리시설설치계획승인처분 무효판결
(수원지방법원)

2000. 12. 20: 폐기물처리시설 광역화 협약체결
(구리시↔남양주시)

2001. 2. 2: 쓰레기 소각잔재매립장 기본 및 실시설계 용역착수

2001. 5. 1: 폐기물처리시설설치계획승인처분 무효판결
(서울고등법원)

2002. 3. 12: 문화재 지표조사결과 협의(문화재관리청) – 이상 없음

2003. 4. 30: 소각잔재매립장 도시계획시설 변경결정 완료
(남양주시)

2003. 6. 20: 농지전용 변경협의 완료(경기도)

2003. 9. 8: 소각잔재 매립장 주민 홍보용 영상물 제작 배부

2003. 12. 6: 개발제한구역 내 행위허가 무효소송제기
(원고 이용각 외 103명)

2003. 12. 20: 주민설명회 개최(별내초등학교)

2004. 4. 6: 개발제한구역 행위허가 무효소송 각하 판결, 원고
– 이용각 외 103명, 피고 – 건설교통부장관(보조
참가인: 남양주시장)

2004. 5. 7: 개발제한구역 관리계획 변경심의 가결(건설교통부

중앙도시계획위원회 제3분과위원회)

2004. 7. 23: 개발제한구역 관리계획 심의 가결(건설교통무 중앙
　　　　　　도시계획위원회 본회의)

2004. 8. 11: 개발제한구역 관리계획 승인통보(건교부→경기도)

2004. 8. 30: 소각잔재매립장 추진계획 보고서(시→경기도→환경부)

2004. 9. 6: 도시계획시설 지형도면 고시(경기도)

2004. 10. 4: 도시계획시설 실시계획인가에 따른 공람 공고(경기
　　　　　　도보)

2005. 1. 21: 사전환경성 검토 보완요청(환경청→경기도→시)

2005. 2. 2: 사전환경성 검토 보완사항 제출(시→경기도→환경청)

2005. 2. 21: 사전환경성 검토 보완서 제출(경기도→환경청)

2005. 4. 19: 사전환경성 검토 협의 현장방문(한강유역환경청 국
　　　　　　장, 과장, 팀장, 담당자, KEI위원 2인, 환경성검토
　　　　　　자문위원 3인)

2005. 4. 28: 사전환경성검토 협의 회신(환경청→경기도→시)

2005. 5. 27: 도시계획시설사업 실시계획 인가(도시계획과)

2005. 6. 7 : 폐기물 처리시설(매립장) 설치승인 요청(시→경기도)

2005. 6. 18: 폐기물 처리시설(매립장) 설치 보완요청
　　　　　　(경기도→시), 환경관리공단 검토 보완사항

2005. 7. 1: 폐기물 처리시설(매립장) 설치 보완제출(시→경기도)

2005. 7. 21: 폐기물 처리시설(매립장) 설치 승인(경기도→시)

2005. 8. 1: 공사발주 의뢰(회계과), PQ(사전입찰자격심사, Pre -
　　　　　　Qualification) 공고 의뢰(회계과)

2005. 8. 4: 공사발주 의뢰(회계과→조달청)

2005. 8. 24: 공사입찰 공고(서울지방조달청)

2005. 9. 29: 공사착공

2006. 3. 13: 별내면 광전리 인근주민 2천명의 매립장 건설반대 시위, 용역업체 직원 400여명 사이의 대치상황 발생→주민 17명 부상

2006. 4. 10: MBC "아주 특별한 아침" 특집 방송

2006. 10. 24: 남양주시 청학지구 주공아파트 입주자 325명이 낸 손해배상 청구소송에 대한 대법원의 원고승소 판결 (쓰레기 매립장이 들어선다는 사실을 미리 알리지 않았다는 점을 인정함으로써 대한주택공사가 입주자들에게 총 22억 2천 여만원을 배상할 것을 판결함)

2007. 1. 20 – 2. 7: 남양주시 소각잔재매립장 반대투쟁위원회(위원장: 김갑두)의 남양주권광역소각잔재매립장 건설반대 집회, 300여명 참여

2007. 2. 16: 쓰레기소각잔재매립장(에코랜드) 건설승인효력 정지 가처분 신청에 대한 대법원의 기각 결정

2007. 2. 24: 소각잔재매립장 반대투쟁위원회(위원장 김갑두)의 반대시위 재개

2007. 2. 26: 남양주시 공사강행 결정

2007. 3. 2: 청학리 아파트단지 입주자대표, 소각잔재매립장(에코 랜드) 건설공사 중지를 촉구하는 청원서를 남양주시와 시의회에 제출

2007. 6. 11: 소각잔재매립장 반대투쟁위원회 위원장 김갑두가 주민들에게 지급된 보상금 9억여원을 가로챈 혐

의로 경찰에 구속됨(혐의내용: 대한주택공사가 매립장 부지 주변 주공아파트 입주민 324명에게 지급하기로 한 보상금 35억원 중 9억 여원을 주민들에게 지급하지 않고 주식투자 등 개인용도로 횡령한 혐의, 도청공무원에 대한 폭행, 반대투쟁위원회에 협조하지 않는 이장들에게 사퇴요구 및 협박 등의 내용)

2007. 6. 19: 소각잔재매립장 반대투쟁위원회 200여명의 주민반대 집회가 남양주 시청 앞에서 열림(김학서 남양주 시의회 의원의 참석), 성명서 낭독, 항의문을 남양주시장에게 전달

2007. 7. 11: 폐기물처리시설 승인처분 무효소송(수원지방법원), 원고 - 소각잔재매립장 반대투쟁위원회 임원 일동

2007. 10. 30: 수원지법의 무효소송 기각 판결

2008. 5. 29: 서울고등법원의 무효소송 기각 판결

제9장

공공갈등의 유형과 해결기제*

권경득 · 최한규 · 윤권종 · 전오진
(충남북부권역상생협력정책포럼 사례조사연구회)

Ⅰ. 서 론

지방자치이후에 지역 공공정책을 수행하는 과정에서 다양한 형태의 갈등이 증가하고 있다. 이런 갈등으로 막대한 사회적 비용을 지불되고, 중요한 지방정부의 정책들이 주민반대나 타 지방정부와 갈등으로 좌초되거나 사업이 지연되기도 한다.

공공갈등은 다양하게 정의될 수 있으나 일단 '공공정책과 같이 공중에게 광범위하게 영향을 미치는 쟁점을 둘러싼 갈등'(한영주, 2007: xi)으로 정의해 둔다. 공공갈등은 90년대 이후 권위주의 정부에서 민주적 정부로 변화하면서 주민의 권리행사의 욕구와 시민 참여욕구가 증대하고 다양한 욕구를 수렴하고 청취할 정부가 권위

---

* 이 보고서는 충남북부권역상생협력정책포럼의 사례조사사업의 일환으로 수행되었으며 사업비의 지원으로 사례조사연구회(위원장 권경득)에서 작성되었음.

주의적 사고틀에서 벗어나지 못하기 때문에 발생한다고 할 수 있다. 즉, 정부가 일방적으로 결정(Decide)하고, 알리고(Announce), 변명(Defend)하는 방식으로(Ducsik, 1978), 결국 필요적인 사업들이 주민반대에 의해 지연되거나 변형되고 그로인해 지불되는 사회적 비용을 주민이 부담하게 되는 악순환 고리를 형성하게 된다. 이는 해당사업의 이해관계자에 대한 정보공개와 정책결정과정의 참여를 통해 합리적 방안을 도출하는 사회적 합의정신이 부족하기 때문에 발생한다고 할 수 있다.

최근에는 주민의 정책참여에 대한 욕구가 증대하여 주민편익시설과 혐오시설입지와 관련 갈등이 첨예하게 대립하는 양상으로 변화되고 있다. 한편 주민의 경제력이 향상되어 생활 폐기물 처리와 같은 환경시설에서 상하수도, 도로, 공원, 도시공공서비스까지 욕구가 다양해지고 고급화를 요구하고 있다.

지방정부의 자체 사업에서부터 국책사업에 이르기까지 지역주민의 협조와 동의 없이 결코 순조롭게 진행되기 어렵게 되었으며 주민의 순응을 이끌기 위한 다양한 정책 수용성 향상 프로그램이 절실히 요구되고 있다.

이런 맥락에서 본 연구는 충남도의 공공갈등 사례에 대한 유형화와 해결기제를 살펴보고 합리적인 갈등관리 방안을 도출하는데 있다.

본 연구의 공간적 범위는 충청남도의 북부지역 즉, 천안시, 아산시, 연기군, 예산군의 갈등사례로 설정하였다. 시간적 범위는 1995년부터 2008년 10월까지 발생한 사례 중에서 사례가 어느 정도 종결되어서 갈등해결기제를 파악하기 용이한 사례로 범위를 한정하였다. 여기에서 분석된 사례들은 각 지방자치단체에서 발생했던 가장 대표적인 사례 중에서 언론기사 및 인터넷을 이용하여 선정하고 언론인 및 전문가 인터뷰를 통해서 선별하였다. 각 사례는 관련자, 지역정치인, 언론인, 공무원을 상대로 심층면접조사를 실시하여 갈등내용을 심도 있게 이해하고 갈등해결과정에 대한 의문점을 해소하려고 하였다.

조사방법은 먼저 갈등·분쟁사례를 선정하여 총량(macro)분석을 통하여 갈등양상을 파악하려고 하였다. 갈등유발 및 해결의 주체, 갈등유형, 갈등해결방식에 대하여 정부자료 및 신문기사를 통해서 문헌조사를 실시하고, 이를 바탕으로 지역사회 시민운동가 및 이해관계자, 지방의회의원, 공무원, 전문가에게 심층면접을 통하여 의견청취하고 이를 반영하여 결과를 도출하고자 하였다.

Ⅱ. 공공갈등과 해결기제의 이론적 배경

1. 공공갈등의 의미와 유형 분류

1) 공공갈등의 의미

공공갈등은 공공기관이 정책결정하고 집행하는 과정에서 발생하는 이해관계의 충동을 의미한다. 그래서 이해당사자간의 재산권 갈등인 개인갈등이나 파업과 집단행동과 관련된 노사갈등과 구분된다. 물론 이런 구분이 명료한 것은 아니다. 예를 들어 골프장 건설과 관련한 갈등은 개인갈등(보상)의 측면이 있고 공공갈등(인·허가)의 측면도 있다. 여하튼 여기서는 이런 분류에 대하여 진전된 논의보다는 기존의 분류를 활용하여 설정하였다. 공공갈등에 대한 개념정의를 통해서 그 유형분류를 시도해 볼 수 있다. 하혜영 (2007b)은 '정부가 공익 추구를 위한 사업이나 정책 등을 추진하면서 공공기관 상호간 혹은 공공기관과 국민 간에 상호 양립할 수 없는 가치, 목표, 수단 등으로 인해 발생되는 갈등'(p.17)이라고 정의하고 있다.

공공갈등은 갈등과 관련된 이해관계자들이 수적으로 많고, 그 유형도 매우 다양한 면을 보이고 있다. 그래서 이들 간의 이해관계에 따라서 갈등쟁점도 다양하고, 쟁점들이 서로 얽혀 있어 혼자서 쉽게 풀 수 없는 상호의존성이 매우 강한 특징을 지닌다(하혜영, 2007b). 특히 국책사업과 같은 공공사업은 경제적 비용과 편익의 불공정 배분과 일방의 경제적 손실이 매우 크다는 특징이 있다.

최근에 공공갈등은 비선호시설, 선호시설, 도시개발과 같이 극명한 이해갈등이 점차 확대되고 있으며 환경보전과 개발에서 갈등이 발생하는 가치갈등도 심화되고 있다. 특히 지역주민의 경제력이 향상되고 안전의식, 자아 존중감, 위험인지, 참여의식, 자기표현 등과 같이 문화적 향유 의식이 높아짐에 따라 공공정책수행과정에서 직·간접적인 갈등이 확산되고 있어 제도적 장치마련이 시급한 실정이다.

2) 유형분류

갈등 유형 분류는 개인갈등, 조직갈등(노사갈등), 공공갈등(한영주, 2007; 박형서외, 2006)으로 구분할 수 있다. 개인갈등은 개인재산갈등으로 개인간 재산권 분쟁, 보상등과 관련된 갈등, 개인간 의견차이, 역할 경쟁 등으로 인해 발생한다. 조직 갈등(노사갈등)은 조직간 갈등으로 파업과 집단행동, 여론형성 등의 형태로 표출되기도 한다. 공공갈등은 공공이해갈등으로 생존권, 재산권, 환경권 등 정부(지방)정책이나 제도의 시행으로 생겨나는 갈등의 양태로 대체로 집단행동과 여론 활동의 행동양태를 보이기도 한다. 여기서는 공공갈등을 다시 갈등 주체가 누구냐?, 갈등 내용이 무엇이냐?, 갈등 성격이 무엇이냐? 따라 각각 주체별 분류, 내용별 분류, 성격별 분류를 시도한다.

첫째, 주체별 분류는 정부간 갈등과 정부-주민(NGO)간 갈등으로 구분할 수 있다(표 9-1참조)(윤종설, 2007; 한영주, 2007). 정부간 갈등은 수직적·수평적 갈등으로 구분해서 살펴보면 중앙정부와 지방정부, 광역자치단체와 기초자치단체간 갈등으로, 수평적 갈등은 중앙부처, 광역자치단체, 기초자치단체 등 독립성을 유지하는 지방자치단체 상호간 갈등을 의미한다. 정부-주민(NGO)간 갈등은 공공정책의 수립 및 추진주체인 정부와 이에 영향을 받는 주민 또는 시민단체 간의 갈등을 말한다(윤종설, 2007). 물론 이런 구분이 명료하게 구별되는 것은 아니며 한 사례에서 복합적으로 발생하기도 한다. 예를 들어 골프장 건설 사례에서 사업주-기초지방자치단체-광역자치단체-찬·반주민-환경NGO의 복합적인 갈등연결구조를 보이며 주민들은 지역시민단체와 연대한 '찬·반 대책위'를 결성하여 대응하기도 한다.

<표 9-1> 공공갈등의 주체별 유형

	수직적	수평적
정부간 갈등	중앙정부↔광역자치단체 광역↔기초자치단체 중앙정부↔기초자치단체	중앙정부 부서↔중앙정부 부서 광역자치단체↔광역자치단체 기초자치단체↔기초자치단체
정부-주민간 갈등	정부↔주민	정부↔NGO
	중앙정부↔주민 광역자치단체↔주민 기초자치단체↔주민	중앙정부↔NGO 광역자치단체↔NGO 기초자치단체↔NGO

* 출처: 한영주(2007: xxv), 윤종설(2007: 27).

둘째, 갈등의 성격에 따라 이익갈등과 권한갈등으로 구분할 수 있다(윤종설, 2007; 한영주, 2007). 이익갈등은 갈등당사자들이 사회경제적 이익을 지키거나 추구하기 위해 대립함으로써 발생하는 갈등이다. 이는 주로 토지이용, 시설입지와 관련한 비용과 편익배분에 대한 이익의 대립으로 나타나며, 기피, 유치, 타 지역 피해유발, 공익가치추구 갈등이 이에 해당한다. 권한갈등은 이해당사자간 권한과 책임귀속의 여부나 적합성에 관련된 분쟁으로 정부간 갈등에서 주로 발생하며, 인·허가, 재산 관리 등에 따른 분쟁으로 나타난다[55]. 이를 정리한 것이 <표 9-2>이다.

---

55) 유치시설은 도청·시청·군청 등과 같은 공공기관이나 승계되는 재산권, 공공시설이나 편의시설, 고속철도 중간역 등과 같은 사회기간시설, 첨단산업단지, 국제적인 행사 등 자원배분 양상에 따라 지역에 경제적인 이익을 가져올 수 있는 모든 유·무형재들이 있다(임정빈, 2008:18-19). 임정빈(2008)은 정부간 갈등을 설명하는데 있어서 유치시설 자원 유형을 유·무형으로 분류하고 공공시설(공공기관, 공기업, 특구, 학교, 연구단지, 문화시설, 사회기간시설 등), 생산시설(기업도시, 공단 등), 위락시설(관광단지, 테마공원, 경마장 등), 행사(올림픽, 월드컵, 박람회, 국제회의 등)나 명칭(브랜드 네임)(지명, 사회기간시설명칭, 캐릭터 등)

<표 9-2> 공공갈등의 성격별 유형

유 형	내　용
이익갈등	기피갈등, 유치갈등, 타 지역피해유발갈등, 공익적 가치 추구갈등
권한갈등	비용(분담)갈등, 권한·권리 갈등, 협의부진갈등

* 출처: 윤종설(2007), 한영주(2007)

셋째, 공공갈등은 내용에 따라(표 9-3) 지방행·재정분야 갈등
과 지역개발분야 갈등으로 나눌 수 있다(윤종설, 2007). 지방행·
재정분야 갈등은 지방자치단체간 권한, 인사, 조직 등 지방행정분
야 갈등과 과세, 재정, 관리 등 지방재정분야 갈등으로 구분할 수
있고, 지역개발분야 갈등은 혐오시설, 하천, 광역시설, 지역개발사
업 관련 갈등으로 구분된다.

공공정책의 집행과정에서 숙명적으로 발생하는 갈등을 부정적으
로만 인식할 것이 아니라 이런 갈등을 어떻게 민주적이고 효율적으
로 조정하고 관리하여 갈등으로 소모된 역량을 결집하여 다시 확산
효과로 전환시킬 것인가 하는 문제가 무엇보다 중요하게 되었다.

<표 9-3> 공공갈등의 내용별 유형

지방 행정·재정분야 갈등	지방행정		지방재정	
	행정구역, 인사, 조직 기능배분, 권한		재정, 과세, 관리	
지역개발분야 갈등	하천관련	광역시설 관련	지역개발 관련	
	댐건설·관리, 용수이용, 수질보전, 상-하류지역간갈등, 상수원보호구역	도로개설, 광역상수도, 쓰레기처리시설, 하수·분뇨처리시설, 사회복지시설, 위험시설	지역개발사업, 대규모민간개발사업	

* 출처: 행정자치부·국토연구원·한국지방행정연구원(1999), 윤종설(2007)

―――――――――
으로 그 성격에 따라 유형화하기도 하였다.

2. 공공갈등 해결기제

1) 갈등해결 수준

갈등해결(conflict resolution)이란 갈등이 되는 문제의 해결을 의미하고 더 나아가 갈등의 문제를 서로 간에 협의를 통해 일치해 가는 과정이자 행위 그리고 서로 협력으로까지 연결되는 것(하혜영, 2007b:27)이라고 정의한다. 이 같이 갈등해결은 갈등당사자간의 이익을 배분하여 상호 만족하는 수준에서 합의형성(consensus building)에 초점을 두고 있다. Lewicki et. al.(2002)는 갈등해결을 합의형성과정으로 보았고, Susskind et al.(1999)는 한발 더 나아가 갈등해결과정이 합의형성과정으로 보았다. 또한 이해관계자들이 모두 만족할 만한 의견일치를 찾아가는 과정이라고 정의하기도 하였다(하혜영, 2007b). 갈등해결은 갈등의 종결이나 타결의 그 자체보다는 갈등당사자들 간의 합의형성과 이런 합의에 대한 수용성을 포함하며 이를 수용성을 지속적으로 유지하는 것이 무엇보다 중요하다는 점이다[56]. 주민 수용성(acceptance)은 제시된 해결책이 갈등당사자에게 용인되는 것을 말한다(Ross, 1993:120). 일반적으로 갈등당사자들이 해결안을 수용하는 이유는 해결안이 불이익이 없거나 절차상 소외받지 않을 상태에서 받아들여지게 된다. 이런 점에서 비추어보면 갈등당사자에게 수용성이 높고 낮음은 갈등해결을

---

[56] 갈등해결은 이해관계자에게 해결책인 서로 수용되는 것을 의미한다면, 갈등종식(conflict termination)은 갈등상황이 악화되지 않고 안정국면으로 접어든 것을 의미하고 갈등타결(conflict settlement)은 전문성과 권위를 인정받는 제3자의 결정에 따라 갈등상황이 종식되고 해결책이 결정된 상황을 의미한다.

측정하는데 중요한 지표가 될 수 있다. 첨예한 이해당사자간 갈등이 여러 해결책으로 갈등국면이 진정되었다고 하여도 주민수용성이 낮으면 잠재적 갈등이 지속되어 언젠가는 다시 갈등이 증폭될 수 있다.

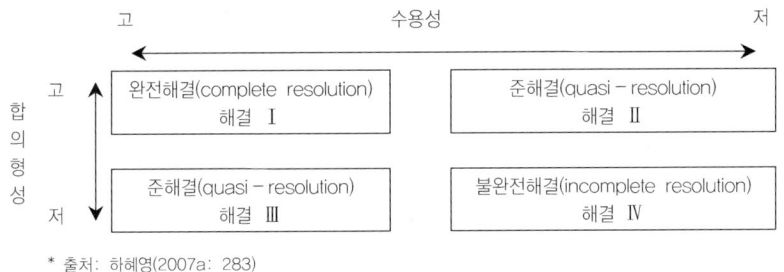

* 출처: 하혜영(2007a: 283)

〈그림 9-1〉 갈등해결 수준의 유형

하혜영(2007a, 2007b)은 갈등해결 수준의 유형을 합의형성의 높고 낮음과 그 합의에 대한 주민의 수용성의 높고 낮음을 교차로 하여 네 가지 유형화를 시도하였다(그림 9-1). 4가지 유형은 해결 Ⅰ(합의형성 고, 수용도 고), 해결 Ⅱ(합의형성 고, 수용도 저), 해결 Ⅲ(합의형성 저, 수용도 고), 해결 Ⅳ(합의형성 저, 수용도 저)로 구분된다. 이중에서 가장 바람직한 유형으로 해결 Ⅰ이고 해결 Ⅱ, 해결 Ⅲ, 그리고 해결 Ⅳ의 순이다. 해결 수준별로 완전해결, 준해결, 불완전해결이라고 주장하고 있다(하혜영, 2007a). 합의형성을 좀더 구체적으로 살펴보면 ① 해결 Ⅰ, 해결 Ⅱ는 갈등당사자들이 해결을 위한 공식 합안을 마련하고 갈등사안에 대한 완전 협의한 상태이다(예: 모든 갈등 사안 혹은 주요 갈등사안에 대한 협의체결에 서명하거나, 합의안 도출에 대한 공식적 성명이나 기자회견 등).
② 해결 Ⅲ은 갈등당사자들이 조건부 해결안을 마련하거나 일방의
해결안이 채택된 경이다. ③ 해결 Ⅳ는 갈등당사자간 공식적 합의
를 이루지 못하고 일부의 암묵적 동의 혹은 강제 집행된 경우이다.

수용성의 수준은 ① 해결 Ⅰ, Ⅲ은 갈등당사자들이 대다수 협의
안에 대해 수용하는 경우이다(예: 협의과정에서 일부 반대는 있었
으나 최종합의안에 대해서 대다수가 수용함). ② 해결 Ⅱ, Ⅳ은 갈
등당사자들 중에서 일부 협의안에 대해서 수용불가 의사를 공식적
으로 표명 또는 협의안 중 일부 수용하고 협의안 중 몇 가지 조항
은 추후 이행사항을 제시 등 조건부로 협의안을 수용하는 경우이
다. ③ 그리고 갈등지속의 경우로 대다수가 해결안에 대해서 수용
불가 입장을 표명한 경우이다.

2) 공공갈등 해결 접근방식과 기제

갈등해결에 대한 접근방식은 크게 이익(interests)에 의한 방식,
권위(rights)에 의한 방식, 권력(power)에 의한 방식으로 구분할 수
있다(Ury et. al., 1988).

첫째, 이익에 의한 방식은 이해관계자가 직접 문제 해결의 주체
가 되는 경우가 많고 협상과 조정, 합의도출이 갈등해결을 위한
수단으로 주로 사용된다. 이해관계자 모두가 동의할 수 있는 해법
을 개발하기 위해 노력하는 경향이 강하다. 그러나 합의형성에 이
르기까지 시간과 비용, 상대에 대한 인식과 이해 등과 같은 요소
에 대한 고려가 필요하다.

<표 9-4> 갈등해결에 대한 접근 방식

해결방식	갈등해결의 대표적인 해결기제
이익에 의한 방법	대화와 타협, 사회적 합의에 의한 해결
권위에 의한 방법	재판이나 공정한 제3자의 판단에 의한 해결
권력에 의한 방법	공권력에 의한 진압, 전쟁, 탄압박탈, 특권

* 출처: 국정홍보처,(2008: 357).

둘째, 권위에 의한 방법은 갈등을 해결하기 위해 객관성과 공정성이 담보될 수 있는 제3자에 의한 판단을 중요하게 여기며, 소송과 중재를 갈등해결기제로 활용하는 경우가 많다. 판단의 결과에 따라 승자와 패자가 존재하는 경우가 대부분이다.

셋째, 권력에 의한 방식은 갈등을 해결하기 위해 전쟁, 권위, 위계, 특권, 정보독점 등의 방법을 이용하게 된다. 이 접근방식은 전통적 방법이며 DAD방식과 유사한 것이다. 그러나 승자와 패자가 있거나 혹은 모두 패자가 되는 결과를 초래하기도 한다. 이를 정리하면 <표 9-4>와 같다.

3) 시민참여의 수준

시민참여의 수준은 참여자로서 시민들이 행사하는 시민참여의 수준을 낮은 수준으로부터 높은 수준에 이르는 유형으로 구분해 볼 수 있다. Arnstein(1969)은 참여단계를 크게 세 가지로 비참여단계(nonparticipation), 형식적 참여단계(tokenism), 시민권력참여 단계(citizen power)로 구분하고 시민참여의 사다리(ladder of citizen participation)를 제시한다. 가장 낮은 수준인 비참여수준에는 조작과 치료(therapy)이다. 중간수준은 형식적 참여단계로 정보, 협의,

회유이며 가장 높은 수준의 시민권력 참여 단계는 파트너십부터 권력위임, 시민통제에 이른다. 파트너십은 시민과 행정기관이 파트너가 되어 주요 공공정책을 결정하고 협의하는 것이며, 권력위임은 쓰레기 처리장 건설을 지역주민의 결정에 따르는 형식처럼 특정 공공업무를 시민자치 거버넌스에 위임하는 것이고 시민통제는 공공정책과정(의제형성 – 정책결정 – 정책집행 – 평가 – 환류) 전반에 시민참여가 확대되는 것을 의미한다.

OECD(2001)는 정부정책결정과정에서 시민과 정부의 관계의 방향과 특성에 따라 정보제공, 협력 그리고 적극적 참여로 구분하고 있다. 정보제공은 정부가 정보를 생산하고 제공하는 일방적 관계(one – way relationship)의 유형이다(예: 정부기록접근성, 관보, 정부 웹사이트). 협력은 시민들이 정부에 피드백을 제공하는 양방적 관계(two – way relationship)이다(예: 여론조사, 법률안검토의견제시). 적극적 참여는 시민들이 정책결정의 과정과 내용을 규정하는 일에 적극적으로 참여하여 파트너쉽을 갖는 관계(relation based on partnership)이다(예: 협의토론회, 시민배심원제도).

4) 지역시민단체의 참여수준

공공갈등에서 시민단체의 참여가 갈등해결에 순기능도 있고 역기능도 있다. 공공정책이 지역사회에서 성공하고 실패하는데 있어서 시민단체의 역할이 지대하다. 그러나 시민단체의 존립목적이나 가치에 배치되는 경우에는 극렬한 반대운동으로 정당한 정책들이 지연되고 실패하는 경우도 있다. 다원주의적이고 참여 거버넌스 욕구가 증대하는 최근의 상황에서 시민단체의 참여욕구를 충족하면서도 가치갈등을 일으키지 않고 공공정책이 성공할 수 있는 방안을 마련하는 것이 시급하다.

지역시민단체의 참여는 갈등이 잠재되거나 혹은 발생기 단계에서 주도적인 역할을 하는 경우도 있고, 갈등 발생기와 증폭기에 수동적으로 참여하여 기존의 갈등주민들의 지지·반대의견을 제시하면서 조직화 사업에 참여하는 경우도 있다[57]. 정책과정에 따라 갈등주기 따라 참여의 수준이 달라 질수 있으나 여기서는 주도적 참여와 수동적 참여의 유형으로 구분한다. 주도적 참여는 갈등과정에서 주요 이해관계자의 의사결정에 직접적으로 참여하고 집회, 시위 등 활발하게 행위를 표출하며 갈등당사자와 지지 혹은 반대를 표출하는 참여형태를 말한다(예: 현장농성, 가두시위, 가두서명, 소송제기 등). 수동적 참여는 간접적으로 의사결정에 영향을 미치도록 정보제공, 홍보, 교육, 의견제시 등 참여 및 의견제시, 건의 등을 통해 의견을 제시하거나, 반대 혹은 지지자와 조직체를 구성하더라도 특별히 적극적인 행동을 표출하지 않는 경우를 말한다(예: 모금활동, 여론조사, 기자회견, 호소활동, 연구서 배포 등).

---

57) 특히 환경보존과 개발과 관련한 갈등사례에서 보면, 갈등 잠재기 혹은 발생기에서는 지역주민들이 문제를 시민단체에 제보하고 사안에 대해 인지된 상태에서 시민단체가 참여되는 경우가 대부분이다. 다만, 지역주민들은 찬성입장인데도 불구 지역시민단체가 단체의 존립목적이나 이념들에 의하여 반대 입장을 가진 경우도 있을 수 있다. 주민들 입장에서는 좀 더 전문성을 갖추고 조직적으로 운동하기 위해서 시민단체에 제보 및 연대제인을 하는 경우와 시민단체가 정보를 주민에게 제공하고 반대 또는 지지 운동을 하는 경우도 있다.

Ⅲ. 사례분석의 선정 및 유형별 특징

1. 사례의 선정 원칙

　본 조사에서 사례 선정의 시간적 범위는 1995년 본격적인 지방자치가 실시된 이후부터 2008년 10월까지이며 공간적 범위는 충남도 천안시·아산시·예산군·연기군에서 발생한 공공갈등사례로 한정하였다. 이 범위 내에서 발생한 갈등 중에서 갈등 해결이 어느 정도 종결되었다고 판단되는 사례를 대상으로 삼았으며, 시간적 범위를 넘어서 태동하였다 하더라도 범위내에서 종결된 것은 분석대상에 포함하였다.

　본 조사에서 선정된 사례들은 다양한 정책 영역을 가지며, 다양한 조직화된 이익(organizational interests)이 존재하는 동태적인 사례라고 판단되며 중요사례(crucial cases)의 범주에 속한다고 판단했다. 사례선정의 공간적 범위로 설정된 천안시와 아산시는 최근 급속한 도시화가 진전되면서 환경 및 복지욕구가 증가하는 지역이며 연기군은 행정도시입지지역으로 매우 역동적인 변화를 겪고 있으며 예산군도 역시 충남도청 이전지로서 도시화에 따른 환경 및 복지 등의 쟁점58)들이 부각되고 있는 지역이다.

---

58) 연기군은 2003년에 행정도시 후보지가 선정된 이례로 이와 관련한 다양한 갈등양상이 표출되고 있다. 하지만 본 조사에서는 행정도시쟁점의 전개과정이나 갈등양상을 전반적으로 파악하기 어렵고, 아직 진행중이며 이미 종결된 사안이라도 행정도시쟁점에 수반되는 양상들로 이해하고 있다. 따라서 수반되는 다양한 갈등양상들을 정리할 시간이나 연구진의 역량을 초과하므로 가장 뜨거운 쟁점인 행정도시 건설과 관련한 쟁점과 이에 수반된 갈등들은 일단 제외하고 조사하였다. 예산군도 충남도청 이전지역으로 입지 및 보상 등 이에 수반되는 다양한 문제들이 진행되고 있으나 아직 문제들이 종결되지 않고 입지선정문제가 종결되

사례선정의 원칙을 정리하면 첫째, 1995년부터 2008년까지 갈등 상황이 종결되거나 일단락되어야한다. 둘째, 갈등의 원인이 지방자치단체의 업무와 관련이 있어야 한다. 셋째, 외부언론이나 각종 보고서 및 의회 회의록에 표출되어 알려진 사례이어야 한다.

2. 지역별 사례선정

　위와 같은 선정원칙에 따라서 천안시(12개), 아산시(9개), 예산군(9개), 연기군(4개)의 사례를 선정하였다. 연구자가 각종 정부자료, 각종 보고서, 언론자료, 시민단체 홈페이지, 대법원 판례, 중앙환경분쟁조정위원회 재결문, 행정심판 재결문 등의 자료를 근거로 1차로 선정하고 신문기자, 공무원, 대학교수, 지역정치인, 시민단체 활동가 등과 인터뷰를 통해서 적합성 여부를 판단하고 일부 자료를 보완 및 수정하였다.

　이와 같은 과정을 거쳐서 선정된 사례 목록은 <표 9-5>와 같다.

〈표 9-5〉 공공갈등사례 선정 목록(지역별)

지역	번호	사례명	지역	번호	사례명
천안시	1	경부고속철도역사 명칭	천안시	7	신방동 분뇨처리시설 증설공사
	2	두정동 화상경마장 건축		8	성거읍 산업폐기물 소각장건설
	3	불당동 러브호텔 건축		9	천안시청사 이전갈등
	4	천안백년사폐간		10	천안시 추모공원 조성
	5	백석동 쓰레기 소각장 설치		11	신부동 장례식장 영업
	6	봉서산 관통로 건설		12	두정동 러브호텔건축 허가

　없다고는 하나 이에 대한 갈등 양상들이 종결되지 않았다는 연구진의 판단에 의해서 충남도청 이전과 관련된 쟁점들은 제외하였다.

지역	번호	사례명	지역	번호	사례명
연기군	13	신안리 고층 아파트 건설	아산시	23	대륙제관 이전
	14	전의면 안티몬환경 오염		24	배방면주민 천안시편입 갈등
	15	천안시 상수도보호구역		25	광시면 골프장 건설
	16	국방대 이전입지 논란		26	이응로 화백출생지 논란
아산시	17	외암리 예비군 훈련장 이전	예산군	27	봉산면 골프장 건설
	18	설화산 채석장 재허가		28	덕산면 가야산 채석장 허가
	19	아산만 방조제 담수호 경계 분쟁		29	신례원 역사통로박스
	20	고속철도 택시 사업구역 관련 분쟁		30	축산폐수공동처리장 설치갈등
	21	송악면 납골당건설		31	예산군청신청사이전
	22	엽치면 산양리골프장 건설		32	충의사 현판 철거
				33	가야산 송전탑 설치

3. 측정 및 분석방법

첫째 유형분류는 사례에 대한 충분한 사전조사 및 인터뷰를 통해서 주체별, 성격별, 내용별 분류를 시도하였다. 주체별 갈등에서 기초자치단체 – 주민, 기초자치단체 – NGO의 갈등 구분이 명료하지 않은 경우에는 최대한 갈등발생기에 시민단체의 참여 여부를 주요 판단기준으로 삼았다. 이익갈등과 권한 갈등인 경우도 전문가 그룹과 상의하여 구분하였다. 내용별 분류에서 광역시설 관련과 지역개발관련의 구분이 모호하였는데 일단 유치 및 기피시설은 광역시설로 구분하였다.

둘째 갈등해결의 수준은 하혜영(2007a, 2007b)의 분석방법에 따라 1점부터 3점까지 척도화 하였다. 합의형성에서 완전해결(3점)은 모든 갈등사안 혹은 주요 갈등사안에 대한 협의체결에 서명하고 협의안 도출에 대한 공식적 성명 및 기자회견이 있었던 경우이다. 준해결(2점)은 갈등당사자들이 조건부 해결안을 마련하거나 일방의 해결안이 채택된 경우이다. 불완전해결(1점)은 갈등당사자간 공식적 협의를 이루지 못하고 일부의 암묵적 동의 혹은 강제 집행된 경우이다.

셋째, 수용성 수준은 대다수 수용(3점), 조건부 수용(2점), 수용불가의사 (1점)로 척도화 하였다.

넷째, 갈등관리방식의 측정은 먼저 권력에 의한 방식(1점), 이익에 의한 방식(4점)을 부여하고, 권위에 의한 방식은 다시 사법판결(2점) 및 제3자의 조정 및 중재에 의한 해결(3점)로 구분하여 척도를 구성하였다. 사법판결은 법원을 통한 사법적 판결(예: 지방, 고등, 대법원, 헌법소원)이다. 제3자의 조정 및 중재에 의한 해결은 상위단체의 화해 촉진, 조정안 마련, 민간단체의 중재, 환경분쟁조정위원회, 중앙분쟁조정위원회, 국민고충처리위원회 등 공식적 중재위의 개입에 의해서 해결된 경우이다.

다섯째, 주민참여의 수준은 4점 척도로 하였으며 비참여수준(1점)은 지방정부가 주민에게 일방적으로 교육, 설득, 홍보(예: 설명회, 홍보 등 일방적 통보형식)등이 나타는 경우에 해당한다. 형식적 참여 수준(2점)은 정보제공, 상담, 회유책으로 의견제시기회를 마련하는 경우이다(예: 각종 공청회, 간담회, 견학 등). 시민권력참여 수준(3점)은 의사결정에 실질적 참여를 유도(예: 민관협의체 구성하여 입지선정, 조사 실시 등 주민배심원제도, 시민 감시제, 주민투표제 등을 통한 의사결정참여 및 적극반영 등)하는 경우이다. 마지막으로 참여제도 없음 수준(4점)은 전혀 참여제도가 발견되지 않는 경우에 해당한다.

여섯째, 시민단체의 참여 수준은 주도적 참여(2점)와 수동적 참여(1점), 시민단체 참여 없음(3점)으로 척도화 하였다.

Ⅳ. 유형화 및 해결기제 분석

1. 사례의 유형화

지역별로 선정된 사례의 유형분류는 <표 9-6>과 같다. 천안시
는 주체별로 정부-주민(NGO)간 갈등(11건), 정부간갈등(1건), 성격
별로 이익갈등(12건)이며 내용별로 지방행정(1건), 지역개발(11건)이었
다. 연기군은 정부간갈등(2건), 정부-주민간(2건)이며 성격별로 이익
갈등 3건, 권한 갈등 1건, 내용별로 지역개발 4건이었다. 아산시는
추체별로 정부간갈등 3건, 정부-주민간 갈등 6건, 성격별로 이익갈
등 6건, 권한 갈등 3건, 내용별로 지방행정 3건, 지역개발 6건이었다.
예산군은 정부간갈등 2건, 정부-주민간 6건, 성격별로 이익갈등 6
건, 권한 갈등 2건, 내용별로 지방행정 2건, 지역개발 6건이었다.

〈표 9-6〉 지역별 공공갈등 유형

유형 / 지역	주체별		성격별		내용별	
	정부간갈등	정부-주민간	이익갈등	권한갈등	지방행정	지역개발
천안시	1	11	12	0	1	11
연기군	2	2	3	1	0	4
아산시	3	6	6	3	3	6
예산군	2	6	6	2	2	6

* 주: 지역별 유형분류에서 정부간 갈등은 어느 한쪽 지역 사례로 분석했으며 이는 조사 편이를 고려한 것임.

첫째, 주체별 유형에서 정부간갈등에서 수직적 양태는 '국방대학교 이전'사업이 해당한다고 판단된다. 이 사례는 연기군의회, 국방대학교, 국가균형발전위원회와 충남도가 갈등주체로 표출되었다. 수평적 갈등으로는 '경부고속철도역사명칭'(천안 – 아산), '천안시상수도보호구역'(천안 – 연기), '아산만방조제 담수호경계'(아산 – 평택시), '천안·아산역 택시 사업구역 관련'(천안 – 아산), '배방면 천안시 편입갈등'(천안 – 아산), '이응로 화백출생지'(예산 – 홍성), '축산폐수공동처리장설치'(예산 – 아산)가 해당한다. 정부갈등 유형에서 수평적 양태는 기초지방자치단체간 갈등이 주된 유형이었다. 물론 이런 분류가 명료한 것은 아니다. 가령, 상수도보호구역은 광역적이고, 담수호경계도 광역기초자치단체간의 갈등으로도 해석될 소지가 있다.

정부와 주민간 갈등은 기초지방자치단체와 주민간 갈등(18건)이 많았고 기초자치단체와 NGO간 갈등도 8건이었다. 정부와 주민(NGO)간 갈등도 명료하게 구분하기 어려운 점이 있다. 갈등의 발단기에는 주민들이 반대 혹은 찬성의견을 산발적으로 표출하다가 시간과 사안의 중대성에 따라 지역사회시민단체와 연대체를 구성하여 대응하는 양상을 보이기 때문이다. 다만, '충의사 현판 철거'의 사례에서는 지역주민의 참여를 찾아볼 수 없었던 사례인 만큼 주도성을 어디서 갖는냐? 즉 주민이냐? 시민사회단체이냐?로 판단하여 구분하려고 하였다.

둘째, 내용별 분류는 지방행정·재정분야 갈등과 지역개발분야 갈등으로 구분한 바, 지방행정에서는 행정구역과 관련한 갈등과 권한분쟁이 있었다(6건). 이 분야 갈등은 기초정부간 갈등양상에 해당하는 것이었으며, '경부고속철도역사명칭', '천안시상수도 보호구역', '아산만방조제담수호경계분쟁', '고속철도 택시사업구역관련', '배방면주민 천안시편입갈등', '이응로 화백 출생지', '예산군폐수공동처리장설치' 가 해당하였다. 지역개발분야 갈등은 하천관련(1건), 광역시설 관련 (17건), 지역개발(9건)로 나타났다. 하천관련은 천안시상수도보호구역 으로 인근 연기군주민들이 재산권이 침해당한 사례가 해당하였다. 대체적으로 혐오시설과 유치시설의 입지와 관련된 갈등이 많았다.

셋째, 성격별로 보면 이익갈등(27건)이고 권한갈등(6건)으로 권한 갈등은 기초지방자치단간 갈등과 지방행정과 관련된 갈등이었다. 유형별로 정리한 것은 <표 9-7>이다.

〈표 9-7〉 공공갈등사례의 현황

유	형	내 용	빈 도	합 계
주체별	정부간 갈등	수직적	중앙정부↔광역자치단체 광역↔기초자치단체 중앙정부↔기초자치단체	1	8
		수평적	중앙정부 부서↔중앙정부 부서 광역자치단체↔광역자치단체 기초자치단체↔기초자치단체	7	
	정부↔ 주민(NGO)	정부↔주민	중앙정부↔주민 광역자치단체↔주민 기초자치단체↔주민	18	26
		정부↔NGO	중앙정부↔NGO 광역자치단체↔NGO 기초자치단체↔NGO	8	
내용별	행정재정	지방행정		7	7
		지방재정		0	
	지역개발	하천관련		1	27
		광역시설		17	
		지역개발		9	
성격	이익갈등			27	33
	권한갈등			6	

* 사례는 중복될 수 있음.

2. 해결기제분석

1) 협의형성과 수용성

선정된 33개의 사례에 대하여 갈등당사자간 합의형성과 당사자의 수용성에 대하여 교차분석한 결과는 다음과 <표 9-8>와 같다.

합의형성이 대체로 높고 수용성이 높은 사례는 12개 사례가 선정됐다. '천안시 추모공원사업(천안시)', '두정동 러브호텔 건축허가(천안시)', '전의면 안티몬환경 오염(연기군)', '국방대 이전(연기군)', '설화산채석장재허가(아산시)', '아산만방조제담수호경계분쟁(아산시)', '대륙제관이전(아산시)', '광시면 골프장 건설(예산군)', '봉산면 골프장 건설(예산군)', '덕산면채석장 허가(예산군)' 그리고 ''신례원역사통로 박스'사례를 포함하여 12개 사례이다. '천안시 추모공원사업'은 공개공모사업으로 지역주민과 지역정치인들이 공모에 단독 참여하여 후보지로 결정되었다. 화장장과 묘지라는 혐오시설과 자연환경이 매우 양호한 지역으로 환경단체 및 지역주민의 반대가 있었으나, 천안시의 주변지역 발전방안으로 수용성이 높아졌다고 보여 진다. '신례원역사통로박스'사례는 지역주민의 오랜 숙원사업이 관련기관들의 비용문제로 지연되었으나 고충처리위원회가 조정하여 수용성을 높였다. '전의면 안티몬환경 오염'사례는 지역주민들이 환경단체에 제보로 발단되었으나 이들의 요구는 환경조사와 여론화 그리고 보상이었다는 점에서 발단부에서부터 당사자간에 쉽게 수용될 수 있는 것이었다.

<표 9-8> 합의형성과 수용성

구 분		수용성			전 체
		고(대다수수용)	중(조건부수용)	저(수용불가)	
합의 형성	고	11	4	0	15
	중	0	9	2	11
	저	0	2	5	7
전 체		11	15	7	33

　　반면에 수용성도 낮고 합의형성도 낮은 사례는 '봉서산 관통로 건설(천안시)', '신부동 장례식장 영업(천안시)', '천안상수도보호구역(연기군)', '염치면 산양리 골프장 건설(아산시)'이 해당한다고 판단된다. '봉서산 관통로 건설'사례는 천안시의 계획이 그대로 이행되었고 시민사회단체의 환경보호입장이 관철되지 않았으며 푸른천안21추진협의회의 사업 중단의 빌미가 되었다는 점에서 이와 같은 결과가 도출된 것으로 보인다. '신부동 장례식장 영업'이나 '염치면 산양리 골프장건설'사례도 역시 '법적으로 하자가 없으면 허가할 수 밖에 없다'는 행정기관의 입장이 그대로 관철되었으며 반대주민의 요구나 이익은 전혀 고려되지 않은 것으로 보인다. 또한 '천안시 상수도 보호구역'으로 연기군 일부지역의 재산권침해로 여러차례 민원이 발생하였으나 지방자치단체간 해결의 의지나 노력이 부족한 편이었다.

　　요약하면, 일반적으로 갈등당사자들이 이익을 배분하고 서로 만족하는 수준에서 합의형성이 이루어진 경우에 이런 해결책에 대한 수용성이 높아지는 것으로 나타났다. 공공갈등의 완전해결의 영역에 포함된 사례들은 대체로 사전정보제공 및 설득 그리고 조정역할이 컸으며 갈등사안자체가 보상이나 법적 하자 등의 원인을 포함하고 있었다. 반면에 불완전해결(incomplete resolution)은 권력에 의존하는 방식으로 이루어졌거나 문제해결 노력이 부족한 경우에 해당하였다.

2) 갈등해결접근방식

갈등해결의 접근방식은 권력, 이익, 권위적 방법으로 구분하고 수용성과 교차 분석하여 결과를 도출하였다. 분석결과는 <표 9-9>와 같다. 권력에 의한 접근방식은 6건, 권위에 의한 방식은 20건, 이익에 의한 방식은 7건으로 조사되었다. 특히 '국방대 이전'사례는 권력에 의한 방식임에도 수용성에 매우 높은 사례이었다. '봉서산 관통로 건설', '천안시 상수도 보호구역', '송악면 납골당건설'사례는 권력에 의한 방식으로 수용성이 매우 낮은 사례로 나타났다.

〈표 9-9〉 갈등해결접근방식과 수용성

구 분			수용성			전 체
			고(대다수수용)	중(조건부수용)	저(수용불가)	
갈등해결 접근방법	권 력		1	2	3	6
	권 위	사 법	4	2	2	8
		조정 중재	4	6	2	12
	이 익		2	5	0	7
전 체			11	15	7	33

최근의 갈등해결 접근방식은 법과 제도에 의한 갈등해결방식을 주문하고 있으며 권위있는 제3자의 개입으로 공정한 판결과 사회적 합의에 의한 문제해결을 지향하고 있다. 이런 시대적 추세에

비추어 권위에 의한 방식 20건으로 가장 높은 비율 차지하고 있으며 대체로 행정심판이나 중쟁분쟁조정위원회, 중앙환경분쟁조정위원회의 조정 및 중재에 의하여 접근하고 있었으며 이에 대한 수용성도 높게 나타나는 경향을 보였다. 이익에 의한 접근방식을 취하면서 수용성이 높은 사례는 '전의면 안티몬 환경오염'과 '신례원 통로박스 설치'사례이었다. '전의면 안티몬 환경오염'사례는 주민의 요구사항이 복잡하지 않았고 보상도 역학조사의 결과에 의해서 해결할 수 있었으며 기업이나 지방자치단체에서도 쉽게 수용할 수 있는 사례이었다[59]. 또한 '신례원 통로박스 설치'사례는 주민들의 숙원사업으로 비용문제만 조정하면 용이하게 해결 될 수 있는 사례이었다. 이에도 공정한 재판이나 제3자의 조정이나 중재에도 불구하고 수용성이 낮은 사례는 '경부고속철도역사명칭'(천안 - 아산), '두정동 화상경마장 건축(천안)', '신부동 장례식장 영업(천안)', '신안리 고층아파트 건설(연기)'사례[60]로 나타났다. 특히 경부고속철도 역사명칭 사례는 충남도의 중재안이나 건설교통부의 중재안에도 불구하고 협의안에 대하여 수용성이 낮았다[61]. 또한 '두정동 화상

---

59) 충남 연기군 전의면 원성리 소재 안티몬공장이 70년대 말부터 공장을 가동하기 시작했고 이 과정에서 나온 폐기물(안티몬 제련과정에서 나온 광제)을 공장부지 및 인근 논을 매입하여 매립하면서 하천오염 및 지하수 오염, 주민 건강 피해 등이 있다는 주민 민원을 대전충남녹색연합이 2004년 접수하면서 시작되었다. 이들의 요구사항은 4가지이었다. ① 지하수 오염 및 토양오염에 대한 대책마련 ② 충청남도와 연기군, 환경부는 연기군 전의면 안티몬 폐기물로 인한 환경오염 및 주민피해에 대하여 '민·관 공동조사단' 구성. ③ 충청남도와 연기군, 환경부, 공장 측은 '민·관 정밀조사단'의 조사 결과, 환경오염 및 주민건강피해가 드러날 경우 환경복원과 주민피해 보상. ④ 환경부는 안티몬 및 기타 유해물질 관련 법규와 제도, 규제를 보완 강화.(대전충남녹색연합/시민참여연구센터 기자회견문 2004년 4월 11일 기자회견문/충남도청). 이런 요구들은 관계기관 입장에서 보면 얼마든지 과학적인 역학조사에서 그 원인으로 밝혀지면 들어줄 수 있는 것이었다.

60) "당초에 대학 타운을 건설하려고 했다. 이 사안에 대한 근본적인 문제는 법적인 문제가 있다. 아파트를 위해서 토지를 구입할 때 주민들의 동의를 구해야 한다고 생각한다. 다 된 다음에는 늦지 않느냐"(인터뷰 - 연기군 공무원: 2008. 11. 12 14:00 - 15:00).

경마장 건축(천안)[62]', '신부동 장례식장 영업(천안)', '신안리 고층 아파트 건설(연기)'사례는 기업들이 제기한 행정쟁송에서 기업의 승소가 이어져도 주민의 수용성은 매우 낮았으며 정책결결정과정에 대한 주민 불신이 팽배하였다.

3) 시민참여제도의 수준

시민참여제도의 수준은 Arnstein(1969)의 분류와 주민수용성을 비교하였다<표 9 - 10>.

〈표 9 - 10〉 주민참여제도와 수용성

구 분		수용성			전 체
		고	중	저	
주민 참여 제도	비참여	2	9	3	14
	형식적 참여	3	3	4	10
	시민권력	4	3	0	7
	참여 없음	2	0	0	2
전 체		11	15	7	33

---

61) 아산시에서는 여전히 천안아산역으로 결정된 것에 대하여 수용하지 못하고 있었다. "독도문제와 같다고 본다. 아직도 바꾸고 싶다. 이 문제는 건교부가 갈등을 조장한 면도 있다고 본다. 당초에 충남도에서 '장재역'으로 했을 때 '아산역'으로 고수한 것도 문제라고 생각한다. 또한 아산은 외지인들이 많이 이주해서 인식이 부족했다. 아직도 아산시민들은 수용하지 못하고 있다. 다시는 이런 일이 없도록 해야 할 것이다. 이 사안에는 대부분은 시민사회단체가 주도 했다고 본다."(인터뷰 - 아산시 현시의원: 2008. 11. 10: 13:00 - 14:00). "아산시의 역량이 부족했다고 생각한다. 국회의원도 없었다. 법을 만들어서라도 찾아오고 싶다. 시민들은 인정하지 못하는 분위기 이다"(인터뷰 - 전 국회의원: 2008. 11. 10: 14:30 - 15:00).

62) 이 사례가 지역주민과 시민단체에 알려진 발생초기에 건축주가 천안시청 고위공무원(5급)이라는 사실이 신문기사로 나오자 여러 가지 추측들이 나돌았다. "화상경마장. 뭔가 있다"(디트뉴스 2004년 5월 7일자). "화상경마장 입주 도덕성 논란"(한국일보 2004년 3월 29일자).

지방정부가 주민에게 정보를 제공하는데 머무르지 않고 시민들에게 공공정책결정과정에 직접참여하고 결정적인 역할을 부여하여 지방정부 집행부와 파트너관계를 유지하는 것이 정책수용성을 향상시 킬 수 있다. 주민참여제도가 마련되지 않고 지방정부의 권력적 결정이나 일방적 의사전달은 정책불응을 낳을 수 있다. 하지만 '아산만 방조제 담수호경계분쟁'이나 '신례원 역사 통로박스' 사례에서는 시민참여제도가 발견되지 않았음에도 수용성이 높게 평가됐다. '아산만 방조제 담수호경계분쟁'사례는 전형적인 행정구역경계분쟁으로 상급행정기관의 조정으로 해결 수 있는 사안으로 시민의 역할이 축소될 수 밖에 없었으며 '신례원 역사 통로박스'사례[63]는 지역주민의 자발적인 청원으로 국민고충처리위원회 신속한 조정역할로 서로 양보한 입장에서 수용이 된 사례로 판단된다. 주민참여제도가 미흡한 상태에도 높은 수용성을 보이는 사례는 '국방대 이전후보지'와 '덕산면 가야산 채석장 허가'사례이다. 노무현 정부의 공공기관 지방이전 계획에 따라 논산시로 이전하기로 하였으나 국방대학교가 연기군에 후보지로 신청할 것을 권유하여 발생한 사례로 연기군의회의 주도로 주민참여가 소극적이었다는 점이

___

63) 2005년 예산군과 한국철도시설공단에서 신례원 역사 확장공사 때 통로박스를 설치해 달라는 민원을 냈다. 그러나 예산군은 관통도로 개설계획은 2007년 4월경에나 확정할 예정이라며 한국철도시설공단에서 자기부담으로 통로박스를 설치해야한다는 입장을 밝혔다. 반면 한국철도시설공단은 아직까지 신례원 지역에 도로개설 계획이 수립되지 않아 주민 요구를 받아들일 수 없다며 예산군이 공사비를 부담하면 검토하겠다는 입장을 밝혔다. 이들 두기관의 태도에 대해 주민들은 도로 개설이 지연되면 지역 발전에 지장이 크다고 맞섰다. 특히 역사 확장공사 때 관통도로를 같이 개설하면 공사비가 100억원에서 20억원으로 절감된다고 주장했다. 2005년 11월 15일 예산군 예산읍 간양리 주민 125명은 국민고충처리위원회에 집단청원을 제기하자 신례원역 통로박스 설치문제와 병행하여 예산군이 도시계획시설 결정을 한다는 원칙을 합의하고 비용부담주체에 대하여도 50% 분담방안을 토대로 분담비율을 확정하고 합의하였다(2006년 3월 22일자 국민고충처리위원회 보도자료).

다. '덕산면 가야산 채석장 허 가'는 예산군과 충남도의 불허에도 불구하고 업체가 행정심판과 사법판결까지 이른 사례로 여기서는 비참여의 형태가 나타났다고 보인다[64]. 대체로 주민참여제도가 잘 마련되어 있을수록 수용성이 높아지는 경향을 보였다.

4) 시민단체의 참여수준

시민단체가 어떤 쟁점에 대하여 참여하는 것은 정책의 순응과 불응을 좌우할 수 있다. 그래서 시민단체의 참여수준이 수용성에 어떤 영향이 있는지에 대한 관찰은 중요한 의미가 있다. 선정된 사례에서는 시민단체의 참여 수준에 따라 수용성에 다양한 변화가 있었다(표 9 - 11).

〈표 9 - 11〉 시민단체의 참여수준과 수용성

구 분		수용성			전 체
		고(대다수수용)	중(조건부수용)	저(수용불가)	
시민 단체 참여	수동적	1	3	3	7
	주도적	5	8	3	16
	참여 없음	5	4	1	10
전 체		11	15	7	33

특징적인 것을 살펴보면, '국방대 이전', '아산만 방조제 담수호

---

64) 예산군 가야산지구와 덕숭산지구 산정상부에서 채석장사업을 하기 위해 허가를 신청하자 주민반발과 예산군과 충남도가 '개발보다는 보존가치가 높다'고 불허하자 업체 측이 행정심 판과 행정소송을 제기한 사례로 소송에서 유리한 판결을 받기 위해 지역주민에게 금품을 살포하였으나 주민들이 자발적으로 반납하는 소동이 벌어졌다. 마을 주민 중에는 찬·반 양측으로 갈려 있었으나 금품을 반납할 때는 거의 모든 사람이 동참한 것으로 보인다(인터 뷰: 시민단체 관계자 2008. 11. 7 12:00 - 14:00).

경계 분쟁', '대륙제관 이전', '가야산 채석장 허가', '신례원 역사 통로박스'사례들은 시민단체 참여가 극히 미비하였고 수용성이 높은 사례들이며 수용성이 낮은 사례는 '천안상수도보호구역'사례였다[65]. '천안시 추모공원사업'은 공모사업으로 후보지를 결정했으며 환경단체들이 참여하였으나 채석장 허가 관련한 참여로 수동적일 수밖에 없었다[66]. 시민단체가 주도적으로 참여하고 수용성이 높은 사례는 '두정동 러브호텔건축허가', '전의면 안티몬환경오염', '광시면 골프장 건설', '봉산면 봉림산 골프장건설'사례들로 이들 사례들은 대체로 주민과 시민단체의 요구사항이 관철되었던 사례들이다. 시민단체참여수준이 주도성을 가졌으나 수용성이 낮은 사례는 '두정동 화상경마장 건축', '불당동 러브호텔 건축허가', '봉서산 관통도로 건설'사례이었다. 이들 사례들은 시민단체의 적극적인 개입이 있었으나 그들의 요구가 관철되지 않은 사례들 이었다. '봉서산 관통도로 건설'사례를 제외하고 두 사례는 사법판결에 의해서 종결되었다. 시민단체가 주도적인 참여로 그들의 요구가 받아들여졌거나 혹은 거부되었다고 해도 수용성이 향상되고 저하되는 것은 아닌 것을 확인할 수 있다.

---

65) 천안시 상수원보호구역은 1985년 10월 지정되었으며 천안시 풍세면에 위치한 남관 취수장은 연기군 소정면, 전의면 일부가 재산권 행사 등에 많은 제약을 받아 각종 민원이 끊이질 않고 지역발전에도 커다란 장애요인이 되고 있다. 연기군의회에서는 몇 번의 논의가 있었으나 연기군 시민단체나 지역사회의 강력한 대응도 없고 천안시의 별다른 반응이 없어 지역주민의 갈등이 지속되고 있다.

66) 반대주민들은 대책위를 구성하여 집회 및 시위가 격렬했으나 공모사업으로 선정되었고 채석장보다는 더욱 친환경적이라는 인식 확산되었으며 천안시의 광덕면 발전계획이 발표되면서 찬성쪽으로 선회하기도 하였다.

V. 결 론

이 글은 충남도에서 가장 역동적인 환경변화를 겪고 있는 4개 지역에서 발생한 공공갈등 사례를 선정하여 유형화 및 갈등해결기제를 검토하고 궁극적으로 합리적 갈등 해결 방안을 모색하는데 기초자료로 사용하고자 시도되었다. 하지만 공공갈등은 갈등 유형, 지역적 속성, 갈등주체, 주민의 심리적 상태 등 다양한 요소들에 영향을 받으므로 천편일률적으로 갈등해결기제를 이해하고 협력규칙을 도출한다는 것은 거의 불가능한 것이다. 다만 상호주관성에 입각하여 유형화하고 갈등해결기제를 이해하는 것은 갈등을 예방하고 완화하는데 있어서 다소나마 이런 노력에 의미를 부여할 수 있다.

사례분석으로 얻어진 결과를 요약하면 다음과 같다.

첫째, 갈등당사자간 서로 이익배분이 충실한 수준에서 합의형성이 이루어지고 수용성이 높아지는 경향이 있다. 완전해결영역에 속하는 사례들은 대체로 공공정책에 대한 사전정보제공 및 설득작업이 충실하였다. 불완전해결은 권력에 의한 방식으로 이루어지거나 문제해결을 위한 노력이 부족해 보였다.

둘째, 권력에 의한 접근방식은 수용성이 낮은 경향이 있었다. 갈등해결 접근방식으로 선호되는 권위에 의한 방식도 패소한 측은 수용성이 낮은 경향이 있었다. 그러나 이익에 의한 방식은 수용성이 대체로 높았으며 사례 중에는 수용성이 낮은 사례가 발견되지 않은 특징이 있었다.

셋째, 주민참여제도가 원활히 수행된 사례에서는 수용성이 높은 경향이 있으나 참여가 없었어도 수용성이 강화된 사례들은 당초에 성공이 불가능한 사업이었다고 생각된다.

넷째, 주도적인 시민단체의 참여가 주민 수용성이 향상되거나 저하는 되는 것은 아니었다.

다수 사례를 총량적으로 이해하려고 하는 시도는 역동성 있는 단일 사례 혹은 소수 사례 연구를 통해서 묘사적·서술적 연구방법으로는 발견해 내기 어려운 갈등해결기제의 속성을 찾아보려고 시도하였다. 이 연구는 사례연구의 이런 한계점을 극복하고 총량적으로 이해하여 공공정책갈등에 대한 바람직한 해결방안을 모색하는데 있어서 유용성을 제고하고 정책적 함의를 향상시켜준다고 믿는다. 하지만, 지역에서 발생하는 사례는 독특한 역사성과 역동성을 지녀서 해결기제를 모두 이해하는 것은 거의 불가능에 가깝다. 따라서 해결기제의 작동과정이나 수준을 모두 지표로 측정하기 어려울 뿐만 아니라 주관성 개입의 문제를 근본적으로 해결하는데 어려움을 인정하지 않을 수 없다. 향후 연구에서는 이와 같은 한계점을 극복하기 위해서 사례의 역동성을 면밀히 측정하고 이를 계량화 하여 공공갈등 해결기제모형을 수립할 수 있도록 정교한 연구가 진행되기를 바란다.

제10장 충남 북부권역 상생협력 정책포럼의
운영성과와 발전방향

권경득(선문대) · 최한규(단국대)

Ⅰ. 머리말

○ '21세기는 상생·협력의 시대이며, 갈등해소의 시대'이다. 성
장위주의 개발정책은 그 추진과정에서 상생·협력보다는 사회적 갈
등을 증폭시켜왔다. 최근 지속가능한 개발(발전)에 대한 관심이 높
아짐에 따라 상생·협력과 갈등관리에 대한 관심도 높아지고 있다.

○ 충남지역에서는 2006년 10월에 '상생협력, 갈등관리 플러스
충남정책포럼'(이하 '충남정책포럼')의 창립총회를 개최하였다. 충
남정책포럼의 역할과 기능은 '충청남도의 공공기관 및 각종 갈등
유발 대상 및 주체들의 갈등을 보다 완화시키고, 대화와 타협의
장을 마련할 수 있도록 협력·지원하며, 상생협력 및 갈등완화 관

련 교육사업, 연구사업, 실천적 지원사업을 각계각층의 상생협력 및 갈등관리 전문가 집단의 참여를 통해 추진하는데 있다.' 충남정책포럼은 포럼의 정체성과 지속가능성을 확보하기 위해 홈페이지 운영 및 포럼 회원간의 네트워크 활성화 등 일련의 노력을 경주하고 있다(http://pcpf.or.kr).

○ 2007년 10월 충남정책포럼의 활성화를 도모하기 위해 권역별 포럼을 구성하기로 합의하였다. 충남 북부권역 상생협력 정책포럼(이하 '북부권역 정책포럼')은 2007년 11월에 천안에서 창립총회와 제1차 포럼 세미나를 개최하였다.

○ 본 발제문은 지난 1년간 북부권역 정책포럼의 운영성과를 살펴보고, 향후 발전방향을 모색하는데 그 목적이 있다.

Ⅱ. 공공부문의 상생협력과 갈등관리

1. 갈등분쟁의 심화요인 및 완화요인

○ 갈등을 심화시키거나 완화시키는 요인들은 <표 10 - 1>과 같이 행태, 인식, 이해, 가치, 절차 등 다양한 차원에서 다양한 요인들이 작용하고 있다(최흥석 외, 2004).

<표 10-1> 갈등분쟁의 심화 및 완화요인

주요한 갈등 및 분쟁 심화요인	주요한 갈등 및 분쟁 완화요인
○ 문제에 대한 사실노정의 부족	○ 중립적인 공동조사 실시
○ 문제에 대한 지나친 계량적 접근	○ 당사자 참여에 의한 조건적 협력
○ 시각차이	○ 집단 간 상호신뢰
○ 수혜 집단과 피해 집단의 존재	○ 이슈파급자의 부재
○ 절차적 정당성의 결여	○ 경제적 편익에 대한 지역적 기대
○ 이해당사자의 피해의식조장	○ 공식적 토론채널의 구축 및 형성.
○ 자료허구성의 쟁점화	○ 객관적 조사기관 구성
○ 지역 활동가의 정치화	○ 권위 있는 중재기관의 존재
○ 과거경험에 의한 피해의식	○ 일방이 타방의 반영 및 고려
○ 자료해석에 대한 인식차이	○ 지역주민에의 실험적 기회제공
○ 이해당사자의 일방적 행동	○ 당사자 간 상호신뢰
○ 일방의 재산권 제약	○ 당사자 간 이해의 명확한 인식
○ 수혜에 대한 인식차이	○ 피해에 대한 긍정적 학습
○ 역할기피현상	○ 공식적 토론채널의 구축 및 형성.
○ 피해에 대한 부정적 인식	○ 이해당사자 매개 합리적 조정자의 존재
○ 수혜의 불일치 구조	○ 접촉빈도의 적극적 강화
	○ 쟁점별 분해식의 문제접근
	○ 당사자 간 자원교환형성
	○ 중립적 조정

2. 공공갈등관리기구의 운영현황

○ 이명박 정부의 공공갈등관리의 체계를 살펴보면 <그림 10-1>과 같다.

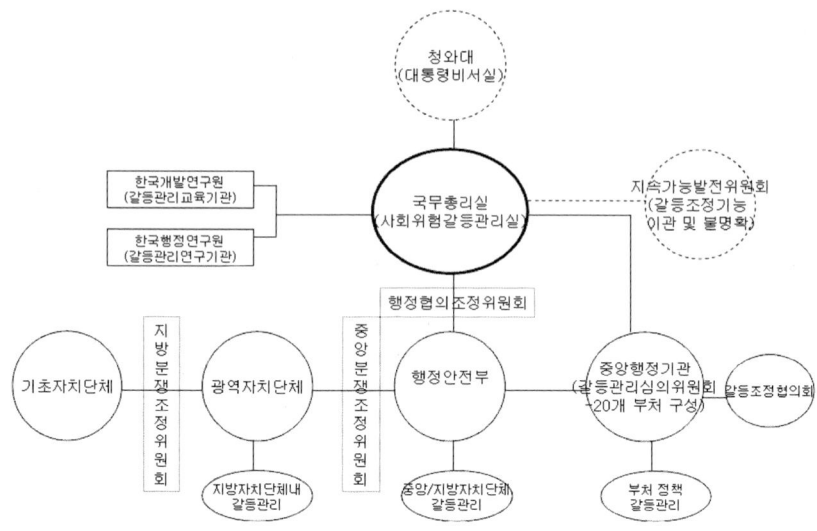

자료: 홍성만(2008: 33).

〈그림 10 – 1〉 실용정부의 공공갈등관리 체계도

3. 중앙정부와 지방정부간 갈등관리기구 및 기능

○ 중앙정부와 지방정부간에 발생하는 갈등을 다루는 관리기구
로는 행정조정위원회, 중앙분쟁조정위원회, 지방분쟁조정위원회 등
이 있다. 주요 기능을 살펴보면 <표 10 – 2>와 같다. 그 밖에 지
방자치단체와 관련이 있는 갈등조정기구로 지방분쟁조정위원회, 지
방환경분쟁조정위원회, 지방건설분쟁조정위원회, 지역노사정협의회
등이 있다.

〈표 10-2〉 중앙정부와 지방정부간 갈등관리기구 및 기능

기　구	주요 기능	비　고
행정협의조정위원회	• 중앙행정기관과 지방행정기관간의 갈등 조정	국무총리실 (개발환경정책관)
중앙분쟁조정위원회	• 광역행정기관간의 갈등조정 • 광역행정기관과 기초행정기관간의 갈등 조정	행정안전부 (자치행정과)
지방분쟁조정위원회	• 기초행정기관 간 갈등 조정	시·도

Ⅲ. 충남 북부권역 상생협력 정책포럼의 출범 배경 및 운영성과

1. 충남 북부권역 상생협력 정책포럼의 출범배경

1) 충청남도 상생협력·갈등관리 플러스 정책포럼(이하 '충남정책포럼')

○ 충남정책포럼의 설치근거는 「공공기관의 갈등 예방과 해결에 관한 규정」(제정 2007.2.12 대통령령 제19886호), 「공공기관의 갈등 예방과 해결에 관한 규정 시행규칙」(제정 2007.5.11 총리령 제847호) 등이다.

○ 충남도지사는 충남정책포럼의 주관기관으로 충남발전연구원을 지정하고(2006.7), 포럼정관 개정에 따라 전담 사무국을 설치하였다. 충남정책포럼은 2006년 10월 30일에 충남정책포럼 창립총회와 제1차 워크숍을 개최하였다.

○ 포럼의 역할과 기능은 '충청남도의 공공기관 및 각종 갈등유발 대상 및 주체들의 갈등을 보다 완화시키고, 대화와 타협의 장을 마련할 수 있도록 협력·지원하며, 상생협력 및 갈등완화 관련 교육사업, 연구사업, 실천적 지원사업을 각계각층의 상생협력 및 갈등관리 전문가 집단의 참여를 통해 추진하는데 있다.'

○ 포럼의 조직구성은 상임공동대표(공동대표 중 선임), 공동대표, 감사(사업감사, 회계감사), 운영위원회(운영위원장, 사무국장, 당연직 운영위원, 선출직 운영위원), 사무국(사무국장, 사무차장, 운영간사) 등으로 구성되어 있다.

○ 충남정책포럼은 5개의 연구분과위원회를 구성·운영하고 있다. ① 갈등교육 연구모임, ② 참여적 의사결정 연구모임, ③ 갈등분석 및 평가 연구모임, ④ 갈등협상 및 조정 연구모임, ⑤ 갈등사례 연구모임 등이 있다.

○ 이밖에 충남정책포럼은 포럼의 정체성과 지속가능성을 확보하기 위해 홈페이지 운영 및 포럼 회원간의 네트워크 활성화 등 일련의 노력을 경주하고 있다(http://pcpf.or.kr).

○ 2007년 11월 충남정책포럼은 충남지역을 4개 권역(북부권, 중부권, 서남부권, 서해안권 등)으로 나누어 권역별 포럼을 구성하고 포럼운영의 효율성을 도모하게 되었다.

2) 충남 북부권역 상생협력 정책포럼

○ 충남 북부권역 상생협력·갈등관리 포럼(이하 '북부권역 정책포럼')은 2007년 11월 29일 천안시청 중회의실에서 150여명이 회원이 참석한 가운에 창립총회를 개최하였다.

○ 북부권역 정책포럼은 천안시, 아산시, 연기군, 예산군 등 4개 시군을 포함하고 있다.

○ 창립선언문에 나타난 주요 정신은 무엇보다도 '지역사회의 갈등해소를 위한 노력을 경주하고, 협력지향적인 방향으로 지역의 갈등문제 해소를 위한 진지한 담론을 형성하고, '협력적 커뮤니티'를 만들어 나가는 것에 초점을 두고 있다.'

○ 북부권역 정책포럼의 역할과 기능은 ① 천안시, 아산시, 연기군, 예산군 4개 시·군간 갈등 또는 시군의 여러 갈등을 해결하기 위한 다자간 소통기회 및 네트워크 구축, ② 상생협력 및 갈등관리를 위한 교육, 연구, 실천적 조정과 지원체제의 구축에 초점을 두고 있다.

○ 북부권역 포럼의 조직구성은 상임공동대표(오열근 단국대 교수), 공동대표(권혁태 아산 YMCA 이사, 정재훈 공주대 교수, 김일호 연기문학동인회장), 감사(사업감사, 회계감사), 운영위원회(운영위원장, 사무국장, 당연직 운영위원, 선출직 운영위원), 사무국(사무

국장, 운영간사) 등으로 구성되어 있다(<그림 10 - 2> 참조).

○ 또한 북부권역 정책포럼은 5개의 연구모임을 구성하고 있다. ① 갈등교육 연구모임, ② 참여적 의사결정 연구모임, ③ 갈등분석 및 평가 연구모임, ④ 갈등협상 및 조정 연구모임, ⑤ 갈등사례 연구모임 등이 있다(<표 10 - 3> 참조).

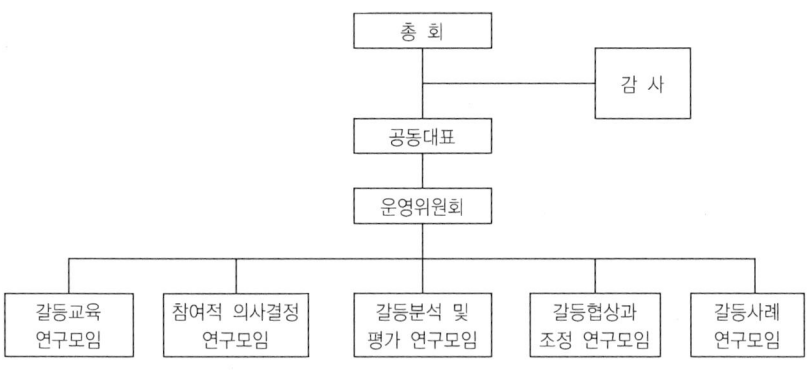

〈그림 10 - 2〉 북부권역 정책포럼의 조직기구

〈표 10 - 3〉 연구모임의 종류와 기능

연구모임	역할과 기능
갈등교육연구모임	갈등교육과 관련하여 시민, 공무원 등을 대상으로 교육내용의 작성, 교재의 개발, 교육실시 등에 관한 연구 및 교육과 내부회원에 대한 교육을 담당하는 연구모임
참여적의사결정연구모임	참여적의사결정과 사회적 합의형성의 이론적 배경, 기법, 과정, 설계 등에 관한 연구를 통하여 갈등관리프로세스를 연구하는 모임
갈등분석및평가연구모임	갈등이 예상되거나 발생한 사안에 대하여 이해관계자, 이슈, 전개과정, 이해와 요구의 파악, 해결을 위한 방안의 제시 등 갈등사안에 대한 분석과 평가를 통해 향후 발생 가능한 갈등을 보다 효과적으로 해결할 수 있는 방안을 연구하는 모임
갈등협상및조정연구모임	제3자 개입에 의한 갈등해결방안에 대한 연구로 대화촉진, 갈등조정, 중재에 대한 연구와 촉진자, 조정자, 중재가의 역할과 활용기법에 대해 연구하는 모임

연구모임	역할과 기능
갈등사례연구모임	사회의 대표적 갈등사안인 환경과 개발에 관한 사례를 비롯하여 각 분야의 공공갈등 사례연구를 통해 갈등의 원인, 진행과정, 해결을 위한 방안의 모색 등에 관하여 이론 및 실제 사례분석을 통해 갈등관리 노하우 사례를 연구하는 모임

자료: 최병학(2007: 49 - 50). 재정리.

○ 임원별 주요 임무를 살펴보면 <표 10 - 4>와 같다.

<표 10 - 4> 임원별 주요 임무

구 분 Ⅰ	구 분 Ⅱ	담당 임무
공동대표	상임 공동대표	선임 공동대표
	공동대표	공동대표
감 사	사업 감사	사업분야 감사
	회계 감사	회계분야 감사
운영위원회	운영위원장	포럼 운영총괄
	사무국장	포럼 실무운영
당연직 운영위원	갈등교육 연구모임	갈등교육 담당
	참여적 의사결정 연구모임	참여적 의사결정 담당
	갈등분석 및 평가 연구모임	갈등분석 및 평가 담당
	협상 및 조정 연구모임	협상 및 조정 담당
	사례 연구모임	사례연구 모임 담당
선출직 운영위원	기획 운영위원	총괄 기획 담당
	재정 및 회계 운영위원	재정 및 회계담당
	행사 운영위원	워크숍 및 포럼 담당
	홈페이지 제작 운영위원	홈페이지 작성 관리 담당
	홍보 운영위원	대외 홍보 담당

2. 충남 북부권역 상생협력 정책포럼의 운영현황, 성과 및 문제점

1) 운영현황

○ 북부권역 정책포럼의 운영현황을 살펴보면 다음과 같다.

① 2007년도 사업추진형황: 창립총회 및 포럼

가. 행사 개요

　○ 일시: 2007. 11. 29

　○ 장소: 천안시청 중회의실

　○ 참석인원: 약100여명

나. 포럼 내용

　○ 발표자: 3명

　① 김승수: 효율적인 지방자치단체간 상생협력·갈등관리 방안

　② 최병학: 상생협력·갈등사례

　③ 권경득: 지방자치단체간 갈등과 협력 – 이론과 실제를 중심으로 –

　○ 토론자: 4명(차수철, 주아영, 우무정, 최호택)

　○ 창립총회 내용

　① 창립선언문 낭독　② 정관채택　③ 임원선임 등

다. 성과 및 평가

　○ 천안시의 후원으로 성공적 개최

　○ 북부권역 포럼의 창립과 더불어 각계각층의 유대감 및 관

심도 향상.

○ 조직완성으로 포럼 사업 추진력 강화

② 제2차 포럼(아산시): 지방정부의 협력과 갈등

가. 개요

○ 일시: 2008. 8. 28(목) 오후 2시

○ 장소: 선문대학교(아산)

○ 참석인원: 포럼위원 및 지역주민 포럼 약 70명

나. 내용

○ 발표(3人)

① 권경득(선문대교수): 지방정부간 협력과 갈등관리: 세종시의 사례

② 임정빈(선문대교수): 지방정부의 갈등관리: 아산시의 사례

③ 박홍엽(국회예산처): 정부와 시민사회간 갈등과 협력 조정 방안

○ 토론(6人)

김상균 교수(백석대), 강창현 교수(단국대) 박종관 교수(백석대), 유선종 정책관(아산시) 김성헌 교수(공주대), 김지훈 사무국장(아산시민모임)

다. 성과 및 평가

○ 천안아산역사명칭과 수도권전철역사명칭 사례를 통한 상생협력 방안 모색.

○ 지방정부간 갈등관리를 위한 협의체 구성에 대한 공감대 형성

③ 제3차 포럼(예산군): 충남도청 이전과 갈등관리

가. 개요

○ 일시: 2008. 9. 26(목) 오후 3시

○ 장소: 공주대(예산)

○ 참석인원: 포럼위원 및 지역주민 포럼 약 60명

나. 내용

○ 발표(3人)

① 강문희(방통대) 지방정부의 정책추진과 갈등관리의 단계별 영향요인

② 강인호(조선대) 전라남도 도청이전 사례

③ 김진욱(혜전대) 남 도청이전과정에서 이해관계자간 갈등관리

○ 토론(4人)

윤준상 교수(공주대), 이송희 의원(예산군의회)

김영우 사무국장(늘푸른예산21협의회), 정혜경 사무장(농촌마을종합개발사업)

다. 성과 및 평가

○ 전라도청 이전 사례를 통해서 충남도청 이전 추진과정에서 갈등상황 이해.

○ 충남도청 이전 추진과정에서 상생협력한 두지방정부간 갈등 양상 이해

④ 제4차 포럼(연기군): 충남도청 이전과 갈등관리

가. 개요

○ 일시: 2008. 11. 5(수) 오후 2시

○ 장소: 연기군 산림조합 회의실

○ 참석인원: 포럼위원 및 지역주민 포럼 약 60명

나. 내용

○ 발표(3人)

① 심대평(국회의원) 행정중심복합도시의 시대적 의미

② 길영환(선문대) 코칭과 커뮤니케이숀

③ 금창호(한국지방행정연구원) 행정도시 추진의 주요쟁점

○ 토론(4人)

최병학(한국공공행정학회회장) 권경득(선문대교수), 김일호 (본 포럼 공동대표), 황순덕(연기군의원), 남궁영(충남도 행 정도시 및 도청이전추진본부장)

다. 성과 및 평가

○ 행정도시 이전 추진과정에서의 갈등양상에 대한 이해와 해 결방안논의

○ 최근 행정도시건설환경의 변화 및 주민의 대응방안 논의

〈표 10 - 5〉 북부권역 정책포럼의 주요 행사(2008년)

세부추진계획	추진일정	추진실적(내용)	비고
제2차 포럼	2008.8.28	○ 주제: **지방정부의 협력과 갈등** ○ 장소: 선문대학교 ○ 참석인원: 포럼위원 및 지역주민 약60명 ○ 발표논문 - 권경득: 지방정부의 협력과 갈등관리: 세종시 사례 - 임정빈: 지방정부의 갈등관리: 아산시 사례 - 박홍엽: 정부와 시민사회간 갈등과 협력조정방안	
제3차 포럼	2008.9. 26	○ 주제: **충남도청 이전과 갈등관리** ○ 장소: 공주대학교 ○ 참석인원: 포럼위원 및 지역주민 약 60명 ○ 발표논문 - 강문희: 지방정부의 정책추진과 갈등관리 - 강인옥: 전남도청 이전사례와 갈등관리방안 - 김진욱: 충남도청 이전신도시의 갈등대응	
사례조사사업	2008.10 - 11	○ 4개지방자치단체의 갈등사례조사사업 - 내용: 4개지방자치단체의 갈등사례 및 상생협력 사례수집, 유형화 및 유형별 대응방안모색. - 참여연구진:권경득,임정빈,최한규,윤권종,전오진 - 발표: 11월 포럼에서 발표	조사 분석중
홈페이지구축 사업	2008.9 - 11	○ 주제: **홈페이지구축사업** ○ 내용: 지방자치단체간 정보교환과 포럼의 사업활성화 기여 ○ 진행: 한국DB센터 구축중	
제4차 포럼	2008.11.5	○ 주제: **행정중심복합도시와 갈등관리** ○ 장소: 연기군산림조합 ○ 참석예상인원: 포럼위원 및 지역주민 80명 ○ 발표논문 - 심대평: 행정중심복합도시의 시대적 의미 - 길영환: 코칭과 커뮤니케이션 - 금창호: 행복도시추진의 주요쟁점	
제5차 포럼	2008.11.27	○ 주제: **협력적 거버넌스 구축** ○ 장소: 선문대(천안) ○ 참석예상인원: 포럼위원 및 지역주민 100명 ○ 발표논문 - 이선우: 대인적 갈등해소 기법과 사례소개 - 권경득: 충남북부권역 상생협력 정책포럼의 운영 성 과와 발전방향	
단행본출간 사업	2008.12. 30	○ 내용: 그동안 포럼에서 발표된 논문들을 엮어서 단행 본으로 출판. ○ 목적: 발제논문의 휘발성 보완, 지속적 홍보 효과	출간 준비중

2) 운영성과 및 평가(종합)

○ 제1차부터 제4차의 포럼운영을 통한 성과를 정리하면 다음과 같다.

① 먼저 북부권역 정책포럼의 창립을 계기로 4개 시·군 지역사회의 유대감 및 관심도를 제고하고, 포럼조직의 체제의 정비를 통해 사업의 추진력 확보

② 주요 사례분석을 통해 공공사업 추진과정에서의 지방정부간, 지방정부와 지역주민간 또는 지방정부와 시민단체간 주요 갈등요인과 협력요인에 대한 이해 제고

③ 또한 상생협력의 방안을 모색하는 계기가 되었으며, 지방정부간 갈등관리를 위한 협의체 구성에 대한 공감대를 형성함

Ⅳ. 충남 북부권역 상생협력 정책포럼의 발전방향

1. 조직운영측면에서의 개선방향

1) 포럼의 조직력 강화

○ 현재 4개 시군이 포럼운영의 분담금을 동일하게 부담하고 있

는데 포럼운영의 주요 정책을 결정하는 운영위원은 각 시군별로 차등화 되어 있어 「동일부담 동일권한의 원칙」에 위배되고 있다(천안·아산: 12명, 예산·연기: 5명).

○ 또한 운영위원이 34명으로 다수의 운영위원이 매월 모여 주요 정책결정을 하기 어려운 실정이기 때문에 현행 운영위원체제를 상임운영위원(각 시군별 2명, 총 8명)과 운영위원(각 시군별 10명, 총 40명)으로 구분하여 운영하는 것이 바람직하다고 판단된다.

○ 따라서 포럼의 주요 정책결정은 공동대표와 상임운영위원으로 구성된 협의체에서 이루어지게 한다(정관 임원규정의 개정이 필요).

2) 포럼의 재정력 확보

○ 현재 4개 시군이 1천만원씩을 분담하고 있으며, 포럼은 4천만원의 재정으로 포럼을 운영하고 있다. 향후 충남정책포럼의 재정적 지원이 절실히 요구된다(권역별 포럼 초창기에는 1천만원의 재정지원이 이루어졌음). 충남정책포럼은 행정자치부(행정안정부)로부터 지원받는 포럼운영비의 일정 비율을 권역별 포럼에 배정함으로써 충남정책포럼 운영의 분권화를 도모해야 한다. 아울러 지역사회의 각계각층으로부터 재정적 후원을 받을 수 있도록 후원금 제도를 활성화할 필요가 있다.

3) 다양한 지역 주체(인적구성)의 참여 확대가 필요

○ 현재 포럼은 학계를 중심으로 운영되고 있다. 향후 지역의 다양한 주체가 포럼의 운영에 참여하여 다양한 지역의 이해가 포럼사업에 반영될 수 있도록 인적구성의 다양화를 도모할 필요가 있다.

4) 포럼 연구모임의 활성화

○ 포럼의 연구모임으로 ① 갈등교육 연구모임, ② 참여적 의사결정 연구모임, ③ 갈등분석 및 평가 연구모임, ④ 갈등협상 및 조정 연구모임, ⑤ 갈등사례 연구모임 등이 있다. 그러나 이들 연구모임의 활성화가 이루어지고 있지 않다. 연구모임의 활성화를 위해 연구모임의 인적구성의 쇄신 등을 포함한 다양한 개선방안의 마련이 필요하다.

5) 포럼운영의 분권화

○ 현재는 포럼의 운영이 상임공동대표와 운영위원장 등을 중심으로 이루어지고 있다. 앞으로 향후 4개 시군별로 지역의 특성을 고려한 포럼운영의 분권화가 적절한 수준에서 필요하다. 이를 위해 현재 운영되고 있는 5개 연구모임을 지역별로 할당하여 운영하는 방안의 모색도 필요하다.

6) 포럼의 홍보 강화

○ 북부권역 정책포럼은 추진주체가 민관공동(民官)으로 추진되었다. 그럼에도 불구하고 포럼회원 등의 모집에 있어서 상당한 어려움을 겪고 있다. 향후 포럼의 취지와 운영목적에 대한 홍보의 강화가 필요하며, 4개 시군의 후원을 토대로 민간자율의 정책포럼으로 발전할 수 있도록 다양한 방안의 모색이 필요하다.

7) 포럼운영상의 제도적 장치 마련

○ 현재까지 북부권역 정책포럼이 4개 시군의 공동 지원을 받아 운영되고 있으며, 사무국이 정착되고 있지 못한 실정이다. 4개 시군소재 대학부설연구소 중 상생협력과 갈등관리에 대한 연구경험이 축적되어 있는 대학부설연구소를 포럼운영 주관기관으로 지정하여 사무국 운영을 포함하여 대내외적으로 공신력 있는 포럼으로 발전할 필요가 있다. 또한 포럼운영의 안정성과 지속성의 확보를 위해서는 포럼운영의 주축인 사무국의 운영이 필수적이다. 사무국의 운영이 소요되는 최소 지원인력의 인건비 및 적정 수준의 운영경비의 지원이 필요하다. 이를 위해 단기적으로는 충남 정책포럼에서 사무국 운영의 일부를 지원하고, 중장기적으로는 「(가칭)충남북부권역상생협력정책포럼 지원육성조례」의 제정을 통해 포럼운영의 기반을 구축하는 것이 바람직하다.

2. 발전과제

1) 기본방향 및 추진전략

○ 북부권역 정책포럼 운영의 기본방향은 충남 북부권 4개 시군의 상생협력 및 갈등관리를 위해 학계, NGOs, 지방자치단체, 기업, 주민 등이 중심이 되는 정책포럼으로 발전되어야 한다. 정책포럼의 운영에 있어 상호존중 및 평등의 원칙이 준수되어야 한다. 또한 정책포럼의 활성화를 위하여 정책포럼의 지속적인 홍보 및 지속적인 회원관리가 필요하다.

○ 정책포럼 운영의 추진전략으로는 민(民), 관(官), 산(産), 학(學), 연(硏), 언(言) 등이 상호밀접하게 연계된 정책포럼의 운영전략이 필요하다. 정책포럼의 사업을 다양화하고, 갈등대상을 보다 중립적이고 효율적으로 중재 및 자문역할을 할 수 있는 지역내외의 갈등조정 전문가 인력 풀(pool)이 필요하다. 또한 충남 정책포럼 및 충남내 타 권역의 정책포럼과의 연계 및 협조체제를 강화할 필요가 있다. 아울러 공공관리기구로서 갈등관리연구기관인 한국행정연구원과 갈등관리교육기관인 한국개발연구원과의 상호협력 및 이들 기관의 성과와 경험을 벤치마킹할 필요가 있다.

2) 주요 추진과제

○ 주요 추진과제로는 ① 포럼 운영의 내실화, ② 포럼회원의

확대, ③ 포럼 운영의 분권화를 통한 지역별 자생력 강화, ④ 포럼 사업의 다양화(조사연구활동 포함), ⑤ 충남 정책포럼 및 권역별 정책포럼과의 연계 및 협조체제 강화, ⑥ 공공관리기구인 한국행정연구원과 한국개발연구원과의 협조체제 강화 등이 있다.

Ⅴ. 맺는말

○ 2007년 창립이후 북부권역 정책포럼은 충남에서 가장 모범적인 권역별 정책포럼으로 주목을 받으면서 발전하였다. 정책포럼 운영의 초기 단계에서 여러 시행착오를 경험하고 있으나 이들은 창조적 발전의 토대가 될 것으로 확신하고 있다.

○ 앞으로 북부권역 정책포럼 회원들의 자발적 참여와 역량 강화를 토대로 지방자치의 정신을 구현하고, 상생협력의 지역공동체를 가꾸어 나가는 데 북부권역 정책포럼이 선도적인 역할을 할 것으로 기대된다.

○ 충남북부권역상생협력정책포럼 정관

제1장 총칙

제1조(명칭)

① 우리 모임은 '충남북부권역 상생협력·갈등관리포럼(이하 '포럼'이라고 함)'이라 한다.

제2조(목적)

포럼은 이론적 연구, 토론, 여론 형성 및 현장활동 등을 통하여 우리사회의 갈등 예방과 해결에 기여함을 목적으로 한다.

제3조(활동)

포럼은 제2조의 목적을 달성하기 위하여 다음과 같은 활동을 한다.

1. 연구활동
2. 사례조사 활동
3. 갈등해결을 위한 현장활동
4. 교육 프로그램 및 교재 개발, 출판 활동
5. 기타 포럼의 취지 및 목적을 위하여 필요한 활동

제2장 회원

제4조(회원의 자격)

포럼의 목적과 취지에 동의하고 그 취지에 따라 활동하고자 하는 사람은 소정의 가입비와 함께 가입신청서를 제출한 후 운영위원회의 승인을 얻어 포럼의 회원이 될 수 있다.

제5조(회원의 권리)

회원은 포럼의 총회 및 기타 각종 회의에서의 출석 발언권, 의결권, 회직 담임권을 갖는다.

제6조(회원의 의무)

회원은 포럼의 활동에 적극 참여하고 회비를 납부해야 할 의무를 가진다.

제7조(회원의 징계)

① 포럼의 목적이나 취지에 어긋나는 활동을 한 회원이나 회원으로서의 의무를 상당기간 이행하지 아니한 회원은 운영위원회의 의결로 징계할 수 있다.

② 징계의 종류는 경고, 권리의 정지, 제명으로 한다. 다만, 제명의 경우에는 제1항의 규정에도 불구하고 총회의 의결로 한다.

제3장 임원 및 임무

제8조(임원)

포럼의 활동을 위하여 다음의 임원을 둔다.

1. 4인 이내의 공동대표
2. 운영위원장 1인을 포함한 운영위원 다수
3. 감사 2인

제9조(임무)

임원은 다음과 같은 임무를 수행한다.

① 공동대표는 포럼을 대표하며 포럼의 전반적인 활동을 관리한다.

② 운영위원은 공동대표를 보좌하여 회무를 처리하고 재정을 관리한다

③ 감사는 재정의 출납상황 및 포럼 활동의 적절성 여부를 관리, 감독한다.

제10조(임기)임원의 임기는 1년으로 하고 연임할 수 있다.

제11조(선출)

① 공동대표와 감사는 총회에서 선출하며, 당연직 운영위원을 제외한 나머지 운영위원은 공동대표의 추천으로 총회에서 승인한다.

② 공동대표 중 1인을 상임공동대표로 한다.

③ 운영위원장은 운영위원회에서 선출할 수 있다.

제12조(임원의 보궐)

① 공동대표가 궐위될 때는 총회에서 공동대표를 선출하고, 총회에서 선출할 때까지는 나머지 공동대표들이 업무를 수행한다.

② 감사가 궐위된 때에는 총회에서 새 감사를 선출한다.

③ 새로 선출된 임원의 임기는 전임 임원의 잔여 임기로 한다.

제13조(고문)

① 회원 중에서 포럼의 발전에 공헌하고 회원의 신망을 받는 사람을 고문으로 둘 수 있다.

② 고문은 공동대표의 추천으로 총회에서 추대한다.

제4장 총회

제14조(권한)

총회는 포럼의 최고의사결정기구로서 다음 사항을 의결한다.

1. 포럼의 기본적인 활동방향
2. 임원의 선출
3. 회원의 권리, 의무에 관한 사항
4. 예.결산의 심의의결 및 회비액수에 관한 사항
5. 회칙의 개정에 관한 사항
6. 회원 10인 이상이 총회에 심의를 요청한 사항
7. 운영위원회의 의결로 총회에 심의를 요청한 사항
8. 기타 회칙에 의하여 총회의 의결을 받아야할 사항

제15조(의결)

① 총회는 재적회원 3분의 1이상의 출석과 출석회원 과반수의 찬성으로 의결한다. 다만 회칙의 개정은 재적회원 과반수의 찬성으로 의결한다.

② 회원은 특정의안에 대하여 다른 회원에게 의결권을 위임할 수 있고 이 경우 해당 회원은 출석한 것으로 본다.

제16조(소집 등)

① 정기총회는 매년 1월에 공동대표가 소집하고 임시총회는 운영위원회의 의결 또는 회원 20인이상의 요청이 있을 경우

공동대표 또는 운영위원장이 소집한다.

② 당해년도의 총회에 참석하기 위한 회원의 자격 유무는 그 전
년도 12월 31일을 기준으로 하여 정한다.

제5장 운영위원회

제17조(역할)

운영위원회는 다음과 같은 업무를 수행 한다.

1. 총회에서 의결된 사항의 집행
2. 수입지출 등 재정의 지출사항 관리
3. 연구모임의 승인, 감독, 지원 및 해산
4. 비정기적 모임의 조직 및 주최
5. 회원의 가입승인 및 징계
6. 기타 포럼의 활동을 위하여 필요한 사항으로서 총회의 의결
   사항이 아닌 사항

제18조(구성)

① 운영위원회는 당연직 운영위원과 총회승인직 운영위원으로
구성한다.

② 공동대표, 연구모임의 대표는 당연직 운영위원이 된다.

③ 6인 이내의 범위에서 성별, 지역별, 전문분야별 등을 고려하
여 정한다.

④ 단, 간사는 연구모임의 대표 부재시 모든 권한을 대리한다.

⑤ 필요시 사무국은 별도의 민간전문기관내에 설치하여 운영위
원장과 함께 사무국장 1인 및 소수의 전담요원을 둘 수 있다.

제19조(의결)

① 운영위원회는 공동대표 또는 운영위원장이 소집하거나 운영
위원 4인 이상의 요청이 있을 경우에는 공동대표 또는 운영
위원장이 그 요청에 따라 소집 한다.

② 운영위원회는 재적 과반수 이상의 운영위원들의 출석과 과반
수 이상의 찬성으로 의결한다.

③ 특정사안에 대하여 운영위원은 다른 운영위원에게 의결권을
위임할 수 있으며, 이 경우 해당 운영위원은 출석한 것으로
본다.

제20조(임기)

운영위원의 임기는 1년으로 하고 연임할 수 있다.

제6장 연구모임

제21조(연구모임)

포럼은 갈등예방 및 해결에 관한 연구모임을 둘 수 있다.

제22조(구성)

연구모임은 회원 5인 이상의 발의에 의하여 2개월간의 준비활동
기간을 거친 후 운영위원회의 승인을 얻어 구성한다.

제23조(보고)

연구모임은 그 활동 내용을 정기적으로 운영위원회에 보고하여
야 한다.

제24조(운영)

연구 모임의 운영방식은 모임 구성원들이 자율적으로 정한다.

제25조(운영위원회의 관리 및 지원)

① 운영위원회는 승인된 연구모임에 대하여 그 활동을 지원한다.

② 운영위원회는 연구모임의 유지와 관련한 기준을 정하고 이를 시행하여야 한다.

제7장 기타

제26조(재정)

포럼의 재정은 회비와 기부금 및 사업수익으로 충당한다.

제27조(회계연도)

포럼의 회계연도는 매년 1월 1일부터 12월 31까지로 한다.

제11장

충청남도 상생협력·갈등관리의 전략과 과제

−플러스충남 정책포럼의 운영사례를 중심으로−

최병학(충남발전연구원 연구위원)

Ⅰ. 서 언

최근 근래 우리 사회에서 비교적 쓸만한 용어로 사용되고 있는 것 중 하나가 바로 '상생·협력'이다. 이는 학계와 정치·행정·경제는 물론 언론에서도 적잖이 선호하는 것 같다. 그 배경에는 더 늦기 전에 갈등을 치유하지 않으면 안 된다는 급박한 사회적 요청이 자리 잡고 있다.

사실 오래 전부터 우리 사회는 이념갈등, 세대갈등, 지역갈등, 노사갈등, 도농갈등 등 무수한 갈등을 겪어오고 있다. 물론 사람이 살아가면서 갈등을 전혀 경험하지 않을 수는 없다. 그래서 갈등현상을 필연적으로 보는 학자들이 많다.

그러나 문제는 어떻게 갈등을 효과적으로 치유할 것인가이다. 특히 공공부문의 갈등은 문제의 성격도 복잡하거니와 시급히 해결하지 않으면 엄청난 사회적 비용을 초래하는 것들이 대부분이다. 더욱이 최근 들어 공공정책이나 공공사업 추진과 관련된 각종 갈등이 빈번하게 일어나고 있다. 특히 한번 표출된 갈등은 쉽게 해결되지 않고 장기화되는 양상까지 보이고 있어, 국가·사회적으로 많은 비용부담과 함께 힘겨운 주민불편까지 초래하는 경우가 적지 않다.

전 세계적으로도 성장위주 개발과정에서 상생·협력 보다는 사회갈등, 공공갈등이 계속적으로 증폭돼 왔으며, 아직까지 지속가능한 성장·발전에 대한 이렇다 할 실효성 있는 대안이 마련되지 못한 것이 부인할 수 없는 사실이다. 학계와 공직사회는 물론 시민사회단체, 경제계, 언론계 등에서 상생협력·갈등해소를 위해 나름대로 노력을 기울이고는 있으나, 우리 사회를 보다 협력지향적인 방향으로 탈바꿈시키기 위해서는 각계각층에서 뜻있는 인사들이 자발적으로 모여 진지한 담론을 형성하고 허심탄회한 대화의 장을 통해 '협력적 커뮤니티'를 만들어 나가는 것이 무엇보다 시급한 과제이다.

이 글은 충청남도의 경험사례를 통해 주로 공공부문에 있어서 상생협력을 위한 지방정부의 갈등관리 전략과 과제를 살펴보고자 작성한 것이다. 아직 「상생협력·갈등관리 플러스충남 정책포럼」이 초기단계로부터 완전히 벗어나고 있지는 않으나, 현재는 관련된 내외부 현안문제를 단계적으로 해결해 가면서 제도적 기반구축의 단계로 착실히 이행하고자 한다.

Ⅱ. 상생협력 및 공공부문 갈등관리의 기본인식

1. 상생협력과 공공부문 갈등관리의 논의기반

1) 과도한 정책경쟁

최근 지방정부간 치열한 갈등양상을 빚기도 하는 정책경쟁(policy competition)은 불행히도 아직껏 이론적으로 세련화되어 있지 못하다. 따라서 이것에 대한 명확하고도 객관적인 검토가 쉽지 않다. 그러나 여기서 말하는 지방정부간의 정책경쟁이란 특정지역의 이익·발전을 위해 한정된 정책자원 곧 희소가치의 획득을 위해 상대지역과 벌이는 경쟁상황이라 할 수 있다. 이 때에 대응전략을 포함한 경쟁행위는 특정목적의 달성을 위한 수단이라는 점이 부각된다.[67]

따라서 지방정부간의 정책경쟁은 주로 중앙정부의 정책결정(policy making)을 둘러싸고 관련된 행위주체들이 정책대안을 선택하는데 있어 갈등을 겪는 것을 말한다. 그 이유는 지방정부간 정책경쟁이 해당 지역사회의 주민생활에 커다란 변화를 초래하는 경우가 많으며, 특히 지역현안으로 대두되는 정책경쟁이 이해당사자들은 물론 전체주민들의 관심을 촉발시키기 때문이다. 한마디로 지방정부간 정책경쟁이란 최근처럼 국책사업과 관련하여 정책결정에서 우위를 차지, 자기지역에 정책결정을 내릴 수 있도록 하기 위한 복수의 경쟁 집단(competing group) 사이의 대립·갈등현상인 것이다.

---

67) 그러나 여기에는 어떤 구체적 목적을 달성하기 위한 것 이라기보다는 자기보상적인 공세적 행위도 포함될 수 있다.

그런데 지방정부간 정책경쟁에서는 가치배분적 차원과 각 지방정부들의 상호작용의 차원이 지니고 있는 속성·생리를 파악하는 것이 중요하다. 전자는 정책결정이 비록 상대적이기는 하나 편익의 향유자와 비용의 부담자를 구분하는 결과를 가져온다. 이는 누구의 희생 하에 어느 지방정부가 어느 정도의 편익과 비용을 배분하는 가로 나타난다. 후자는 관련 집단들의 다양한 이해관계와 선호를 반영하는데, 이들 집단들은 자신의 이익과 일치되는 경우를 제외하고는 다른 외부세력에 의해 영향을 받거나 제약당하는 것을 피하고자 한다. 그러나 정책결정상황에서 각 집단들 간에 이익이 조화되는 경우란 거의 불가능한 일이므로 각 집단들 간의 상호작용의 관계는 결국 역학관계로 귀착된다.

이상과 같이 정책결정과정상 나타날 수 있는 지방정부간 정책경쟁의 속성을 보면, 가치배분의 편익과 비용의 배분상태에 변화를 가하고자 하며, 가치배분 변화의 핵심은 그러한 방법과 내용에 두어진다. 또한 각 집단들 간의 상호작용은 자신들의 이익을 극대화하려는 동태적 과정 속에서 서로 대립과 마찰을 수반하며, 각 집단들 간 상호작용의 결과는 그들이 가진 자원규모나 대응인식 등에 의해 크게 영향을 받고, 이것은 집단 내외부로부터의 교차압력 (cross pressure) 속에서 작용한다.

그러나 만일 지방정부간 정책경쟁이 없다면 이는 곧 특정집단에 의해 정책결정과정이 독점될 개연성을 높여주는 것이 된다는 측면도 있다. 지방정부간 정책경쟁의 존재는 다양한 이해관계를 가진 관련 집단들이 어떤 특정집단으로 하여금 결정권을 독점하는 것을 허용치 않음을 보여준다는 것이다.[68]

2) 정책경쟁의 특성

지방정부간 정책경쟁은 특정정책을 둘러싸고 다양한 형태를 띠게 되나 중요한 것은, 정책과 관련된 행위주체들(actors)의 속성을 파악하는 것이다. 특히 집단 간 경쟁(intergroup competition)은 집단 간에 발생하는 것이며 이것이 가장 보편적이다. 왜냐하면 서로 이해관계를 달리하는 다수의 집단들이 공식적·비공식적으로 경쟁관계의 형태로 존재하는 것이 일반적이기 때문이다.

정책결정을 둘러싸고 다양한 참여집단들 사이에서 벌어지는 지방정부간 정책경쟁은 다음과 같은 몇 가지 특성을 가진다. 치열한 이해경쟁(pork barrel), 지방정부간 국책사업 유치경쟁의 역동성(dynamics), 불확실성의 해결 진전과정, 그리고 무엇보다도 중앙정부의 정책결정권 행사의 유보내지는 포기 등이 그것이다.

어떻든 지방정부간의 정책경쟁은 기본적으로 희소성의 조건(scarcity)을 반영하는데, 이것은 곧 경쟁상황이라는 것은 총량이 고정되어 있다고 보는 가치한정(fixed – pie) 즉, "파이가 고정되어 있다"(Pye is constant)는 사실과 밀접히 관련된다. 따라서 특정집단이 다른 집단의 요구와는 양립할 수 없는 형태로 문제를 해결코자 하는 경우, 상충집단간 자신의 입장을 관철시키기 위한 치열한 경쟁이 발생한다. 이러한 과정에서 갈등양상이 첨예하게 나타나게 되면서, 결과적으로는 갈등관리의 필요성과 함께 상생협력의 중요성이 강조된다.

---

68) 이로써 다양한 견해를 가진 집단들의 공공적 토론(public debate)을 통해 부분적인 정책조정이 가능하다.

2. 상생협력과 공공부문 갈등관리 포럼의 성립기반

1) 사회통합적 합의기반의 형성

바야흐로 21세기는 「상생·협력의 시대」이며, 「갈등해소의 시대」이다. 오늘날의 시대정신(der Zeit)은 우리에게 바로 이것을 요구하고 있다.

전 세계적으로도 지난 성장위주의 개발정책추진의 과정에서 상생·협력 보다는 사회갈등, 공공갈등이 계속적으로 증폭되어 왔으며, 아직까지 지속가능발전에 대한 이렇다 할 실효성 있는 대안이 마련하지 못했다는 것은 부인할 수 없는 사실이다.

학계와 공직사회는 물론 시민사회단체, 산업계, 언론계 등에서 상생·협력과 갈등해소를 위한 나름대로의 연구 활동과 개선노력을 기울이고는 있으나, 우리 사회를 보다 협력지향적인 방향으로 탈바꿈시키기 위해서는 각계각층에서 뜻있는 인사들이 자발적으로 모여 진지한 담론을 형성하고 허심탄회한 대화의 장을 만들어 '협력적 커뮤니티'를 만들어 나가는 것이 무엇보다 시급한 과제이다.

최근 들어 공공정책이나 공공사업 추진과 관련된 각종 갈등이 빈번하게 발생하고 있으며, 특히 한번 표출된 갈등은 쉽게 해결되지 않고 장기화 되는 양상까지 보이고 있어 국가·사회적으로 많은 비용부담과 함께 힘겨운 주민불편까지 초래하고 있음을 볼 수 있다.

이에 공공정책 및 각종 사업추진 과정에서 발생하는 갈등에 대한 사전 효율적 예방과 이의 체계적인 해결 노력을 통하여 더 이상 불필요한 사회적 비용을 줄이고, 바람직한 상생협력의 사회 통합적 기틀의 마련이 절실하다.

더욱이 최근에 들어와 우리 사회는 "네트워크형 거버넌스 시스템" 구축을 더욱 필요로 하고 있는 만큼, 이에 지역사회에서는 서로 돕고 이끌어 주며, 머리를 맞대고 진지하게 현실적 문제를 해결하기 위한 실천적 노력의 일환으로 상생협력 및 갈등관리포럼을 만들어 모범적으로 운영하는 것이 무엇보다 긴요하다.

이러한 포럼은 상생협력 및 갈등관리를 위한 포럼회원 다수의 자발적 참여의 촉진과 함께 상생협력과 갈등관리를 위한 전문적 역량의 강화를 모색하고, 이론적 연구성과를 현장의 경험 및 대중적 지혜와의 결합을 도모함으로써, 우리 충청남도를 더욱 생동감 있고, 더욱 알찬 '상생과 협력의 커뮤니티'로 성장·발전시킬 수 있을 것이다.

앞으로 이러한 포럼을 통해 학계, 시민단체, 언론계, 전문가, 공공기관 등 우리 사회의 다양한 참여주체들이 의견을 적극적으로 개진하고 서로의 입장을 진솔하게 교환하는 '다자간 소통의 공간'으로 발전하여, 이러한 "담론형성과정"을 통하여 우리 사회의 갈등 사안들을 심도 있게 논의하고, 바람직한 해결방안을 함께 모색할 수 있는 '뜻있는 공론 형성'의 공간으로 조속히 자리매김되는 것이 필요하다.

이처럼 상생협력 및 갈등관리 포럼이 항구적으로 충남발전의 값진 토대가 될 수 있도록 성심껏 참여하고 기꺼이 협력할 것이 요구된다.

2) 다자간 소통공간의 마련

포럼 창립의 배경은 공공정책 및 각종 사업추진 과정에서 발생하는 갈등에 대한 사전 효율적 예방과 이의 체계적 해결을 통하여 불필요한 사회적 비용을 제거하고 바람직한 사회통합의 기틀을 마련하는 것에 있다.

최근 공공기관 관련 각종 갈등이 빈번하게 발생하고, 한번 표출된 갈등은 쉽게 해결되지 않고 장기화되는 양상까지 보이면서, 이로 인한 행·재정력 낭비초래 및 주민불편이 가중되고 있는 실정이다.

따라서 각종 공공갈등을 사전에 예방하고 합리적으로 해결한 수범사례를 함께 공유하고, 갈등관리 발전방안을 자발적으로 모색하는 지역단위 포럼운영을 통해 사회적 합의형성이 긴요한 시점이다.

포럼 창립 배경은 상생협력 및 갈등관리를 위한 회원 다수의 자발적 참여의 촉진과 갈등관리의 전문적인 역량 강화를 모색하고, 이론적 연구 성과를 상생협력 및 갈등현장의 경험 및 대중적 지혜와 결합하는 것에 의미를 두고 있다.

그러므로 학계, 시민단체, 언론계, 전문가, 공공기관 등 우리 사회의 다양한 참여주체들이 의견을 개진하고 서로의 입장을 허심탄회하게 교환하는 '다자간 소통의 공간'을 마련하고, 이와 같은 담론의 과정을 통하여 우리 사회의 갈등사안들을 심도 있게 논의하고 바람직한 해결방안을 대안적으로 모색하는 '공론형성'의 공간을 마련해야 한다.

Ⅲ. 충청남도 상생협력·갈등관리포럼의 운영사례와 시사점

1. 포럼 운영현황

1) 설치근거

포럼의 설치근거는 「공공기관의 갈등 예방과 해결에 관한 규정」 (제정 2007. 2. 12, 대통령령 제19886호), 「공공기관의 갈등 예방과 해결에 관한 규정 시행규칙」(제정 2007. 5. 11, 총리령 제847호), 「공공기관의 갈등관리에 관한 기본법」(2005년 6월 국회상정 후 현재 계류 중) 등이며, 이미 충청남도지사로부터 「상생협력·갈등관리 플러스충남 정책포럼」 주관기관으로 충남발전연구원을 지정 (2006. 7) 및 포럼정관 개정(2007. 5. 23)에 따라 전담 「사무국」 설치를 완료하였다.

2) 추진경과

포럼의 추진경과는 2006년 3월에 공공갈등관리업무 추진계획 수립·시행, 지자체별 공공갈등관리책임관 지정·운영, 시·군별 갈등관리책임관 지정(시·군 부단체장 16명), 2006년 5월에 공공갈등관리책임관 지정·운영 등 네트워크 구축 강화, 「상생협력·갈등관리 정책포럼」 및 「학습동아리」 구성·운영 세부추진계획 시행 착수, 2006년 9월에 공공갈등관리 담당공무원 역량제고 워크숍 업무연찬 실시, 공공갈등관리 공무원 전문교육 등 일련의 과정을 통해 충청남도는 2005년도 상생협력·갈등관리 우수기관으로 선정된 바 있다.

또한 2006년 9월 「상생협력·갈등관리 정책포럼 창립총회」 개최계획 수립을 토대로 10월에는 「상생협력·갈등관리 플러스충남 정책포럼 창립총회」 개최를 위한 세부계획 확정하였으며, 2006년 10월 30일에 상생협력·갈등관리 플러스충남 정책포럼 창립총회 및 2006년도 1차 워크숍 개최와 함께 임원진을 구성하였다(부록 조직·인력현황 참조).

2007년 4월 30일과 5월 2일에는 상생협력·갈등관리 플러스충남 정책포럼 운영 및 연구기획과제 발간·배부 사업을 위한 보조금 신청 및 교부가 이루어 졌으며(각각 4,000만원, 2,000만원), 2007년 5월 23일 상생협력·갈등관리 플러스충남 정책포럼 2007년도 제1차 정기총회 및 제1차 워크숍 개최되었으며, 7월 11일에는 상생협력·갈등관리 플러스충남 정책포럼 2007년도 제1차 운영위원회가 개최되었다.

3) 기능 및 역할

포럼의 기능 및 역할은 충청남도의 공공기관 및 각종 갈등유발 대상 및 주체들의 갈등을 보다 완화시키고 대화와 타협의 장을 마련할 수 있도록 협력·지원하며, 상생협력 및 갈등완화 관련 교육사업, 연구사업, 실천적 지원사업을 각계각층의 상생협력 및 갈등관리 전문가집단의 참여를 통해 추진하며, 특히 포럼의 정체성 및 지속가능성을 확보하기 위한 일련의 노력(홈페이지 활용, 포럼 회원간 네트워크 활성화 등)을 경주하고자 한다.

4) 조직구성

포럼의 조직구성은 다음 그림과 같다.

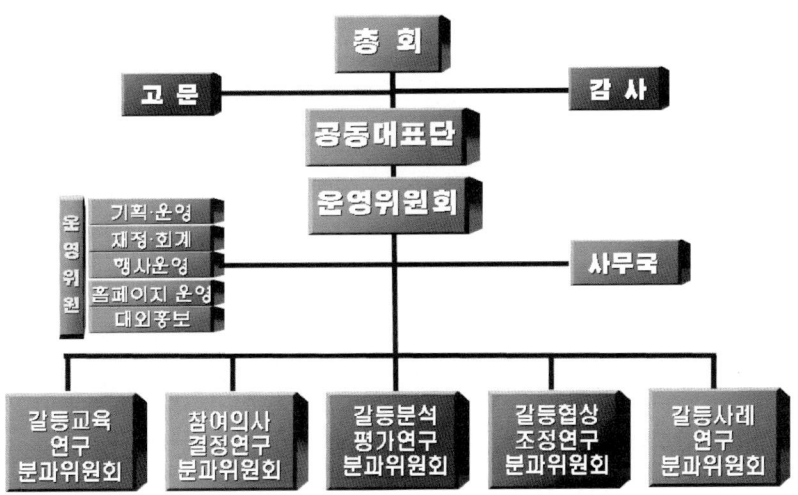

〈그림 11-1〉 상생협력·갈등관리 플러스충남 정책포럼의 조직구성

이어서 포럼의 연구모임별 분과위원회를 보면 다음과 같다.

첫째, 갈등교육(Conflict Education) 연구모임은 갈등교육 갈등관련 시민·공무원을 대상으로 교육내용의 작성, 교재의 개발, 교육실시 등에 관한 연구 및 교육과 내부 회원에 대한 교육을 담당하는 모임이다.

둘째, 참여적 의사결정(Participatory Decision-making) 연구모임은 참여적 의사결정과 사회적 합의형성의 이론적 배경, 기법, 과정,

설계 등에 관한 연구를 통하여 갈등관리 프로세스를 연구하는 모임이다.

셋째, 갈등분석 및 평가(Conflict Assessment) 연구모임은 갈등이 예상되거나 발생한 사안에 대하여 이해관계자, 이슈, 전개과정, 이해와 요구의 파악, 해결을 위한 방안 제시 등 갈등사안에 대한 분석과 평가를 통해 향후 발생가능한 갈등을 보다 효율적으로 해결할 수 있는 방안을 연구하는 모임이다.

넷째, 갈등협상 및 조정(Negotiation and Mediation) 연구모임은 제3자 개입에 의한 갈등해결 방안에 대한 연구로 대화촉진, 갈등조정, 중재에 대한 연구와 촉진자, 조정자, 중재자의 역할과 활용기법에 대해 연구하는 모임이다.

다섯째, 갈등사례(Case Study) 연구모임은 사회 대표적 갈등 사안인 환경과 개발에 관한 사례를 비롯하여 각 분야의 공공갈등 사례 연구를 통해서 갈등의 원인, 진행과정, 해결을 위한 모색 등에 관하여 이론 및 실제 사례분석을 통해 갈등관리 노하우 사례를 연구하는 모임이다.

2. 2006년도 추진경과

1) 창립총회 개최결과

포럼의 창립총회는 2006년 10월 30일에 대전 유성의 베스트 웨스턴 레전드호텔에서 행정부지사, 김용웅 충남발전연구원장, 박재묵 교수(충남대학교 사회학과, 갈등예방과 해결을 위한 정책포럼 준비위원장), 이재철 서기관(행정자치부 지방행정본부), 권경득 교수(한국공공행정학회장)를 비롯한 갈등전문가, 학계, 연구계, 언론계, 여성계, 시민사회봉사단체 및 행정자치부, 충청남도, 시·군 공무원(갈등관리책임관) 외 타시·도 참관인사 등 150여명이 참석하여 성황리에 개최되었다.

특히 여기에서는 포럼정관 심의·의결, 임원선출. 창립선언문 낭독 등이 있었고, 기조 강연으로 박재묵 교수의 "전환기 사회갈등 해소를 위한 정책과제" 및 "이재철 서기관의 상생협력·공공갈등 관리를 위한 정부의 주요정책 추진방향"에 대한 초청강연을 통해 포럼창립의 이해를 넓히는 기회가 되었다.

2) 제1차 워크숍 개최결과

제 1차 워크숍은 포럼창립행사 개최 직후에 5개 연구모임별 분과위원회로 회의진행을 하면서 분과위원장 및 간사를 선출하였으며, 이는 포럼창립 단계임을 감안하여 분과모임별 주요이슈와 향후 분과모임별 진행방향 등에 대한 논의가 주를 이루었다.

3) 평가 및 시사점

포럼의 창립총회 및 제1차 워크숍 개최는 지방정부 차원에서 충청남도와 행정자치부의 후원 속에 전국 최초로 개최한 것이며, 각계각층에서 모인 포럼회원의 커뮤니티 형성을 위한 기회로 공동대표단 구성에서부터 이를 반영하여 주목을 받았다.

그럼에도 불구하고 회원구성, 재원확보, 포럼운영의 제도적 정비, 충청남도와 16개 시·군간의 연계·협력 문제 등이 대두됨에 따라 이를 해결하기 위해 행정자치부 및 충청남도의 적극적 후원과 포럼회원들의 자발적이고 능동적인 참여가 절실하였다.

3. 2007년도 추진경과

1) 제1차 정기총회 개최결과

2007년도 제1차 정기총회는 2007년 5월 23일 유성 스파피아호텔 5층 무궁화홀에서 행정부지사, 행정자치부 정종제 팀장(부이사관) 외 포럼회원(충남 16개 시·군 갈등관리책임관 포함) 약 150여 명 참석한 가운데 개최되었다.

총회에서는 창립총회 자료집(Ⅰ), 정책학술 자료집(Ⅱ) 발간 및 배부, 「지방정부간 갈등과 협력: 이론과 실제, 연구사례집」 책자 배부, 2007년도 사업방향, 임원진 변경,[69] 포럼운영 전담 「사무국」 설치·운영(운영위원장과 사무국장 겸임 가능), 포럼 홍보기능 강화와 정보공유의 효율성을 위해 홈페이지 구축 및 시연, 5개 분과모임(교육연구, 참여적 의사결정 연구, 갈등분석 및 평가연구, 갈등협상과 조정연구, 갈등사례연구)을 통한 회원관리 내실화 방안 집중 논의하였다.

---

69) 감사 2인 중 1인은 당연직인 충청남도 담당부서장으로 하는 내용이다.

2) 제1차 워크숍 개최결과

제1차 워크숍은 정기총회 개최 직후, 발제자로 정종제 팀장(행자부 지방행정본부 자치행정팀), 박태순 박사(사회갈등연구소장), 최진하 처장(푸른충남21 사무처)을 비롯하여, 토론자로 최한규 교수(단국대), 최호택 교수(배재대), 성태규 박사(충남발전연구원), 김병빈(당진환경운동연합 사무국장), 김지훈(아산시민모임 사무국장), 한창숙(충남새마을지회장) 등이 참석하였다.

발제는 "중앙정부 차원의 상생협력·갈등관리 기본정책 방향"(정종제 팀장), "한국사회 공공갈등관리 해결방안"(박태순 소장), "가야산 분쟁을 중심으로 지방정부개발사업의 갈등완화 방안"(최진하 사무처장) 순으로 진행하였다.

토론자와 발제자의 의견을 종합해 보면, 공공갈등관리는 '관리'의 대상이라기보다 협력하여 상호 보완하는 관계로 인식해야 하며, 이는 중앙정부의 지원과 민간부문의 적극적인 참여와 협조가 이루어질 때 원활한 갈등해결방안 모색이 가능하다는 것이었다.

3) 제1차 운영위원회 개최결과

제1차 운영위원회의 개최목적은, 현단계에서 보다 내실 있고 효율적인 포럼운영을 위해 임원 및 운영위원을 비롯한 관계자들을 초청하여, 폭넓은 의견교환 및 새로운 아이템 발굴에 중점을 두고, 포럼 운영상 현안문제(분과별 모임 활성화, (가칭)갈등완화지원자문단 구성, 회원확충, 대외협력 등)에 대한 심도 있는 논의 및 대책을 강구해 보고자 하는데 있었다.

운영위원회는 2007년 7월 11일 충남발전연구원 5층 회의실에서 참석자 총 27명, 공동대표, 감사, 사무국, 운영위원, 분과별 위원, 道 관계관 등이 참석하여 운영위원장 주관으로 진행되었다.

운영위원회에 제안된 안건의 주요내용은 다음과 같다.

첫째, 제2차 포럼 개최계획 수립, 추진과 관련된 주제선정은 상생협력·갈등관리 및 사회자본(social capital)을 중심주제로 한국국제정치학회 충청지회(회장 이병희 교수)와 공동주관으로 천안시의 협조와 해당지역 시민사회단체의 참여를 촉진하는 것이 중요하다는 점이 강조되었다.

둘째, 분과위원회 운영 활성화는 현 단계에서 분과별 모임운영의 현실적인 어려움이 있으므로, 추후 분과별 모임을 활성화시킬 수 있도록 분과모임 지원방안 모색이 필요하며, 특히 분과위별로 사업제안서를 접수받아 심의·지원토록 하고 이는 포럼기획과제와 연계할 수 있는 방안을 검토할 필요가 있다.

셋째, (가칭)「갈등관리지원자문단」설치 및 운영은 현 단계에서 시기상조인 관계로 우선 포럼의 관심도를 높이고 참여자 중심의 포럼으로 전환된 이후 검토, 추진해도 늦지 않다는 사실이 확인되었다.

넷째, 금년도 기획연구로서「충청남도 갈등실태 조사 및 유형화 연구」추진은 포럼운영의 일관성 있는 성과도출을 위하여 포럼운영(분과모임)과 연계 병행하는 것이 바람직하고, 특히 공동연구를 통해 내실을 기해야 하며, 사례조사 및 설문조사 등 필요한 부분은 충청남도의 협조를 토대로 진행하는 것이 중요하다.

다섯째, 포럼전용 홈페이지 운영 내실화를 위해서는 현재 홈페이지는 구축되었으나, 이의 적극적 활용방안을 모색하는데 중점을 두고, 특히 관련기관과 MOU 체결을 통한 지식정보자료의 공유와 인터넷상의 링크기능의 활성화 및 촉진, 그리고 보도 및 언론자료의 적극적인 활용을 통하여 각종 지식정보자료를 다양하고 풍부하게 재구성 및 활용도 제고할 필요가 있다.

여섯째, 유관기관 협력 MOU체결 추진은 「사회갈등관리연구소」(소장 박태순 박사) 등과 MOU를 단계적으로 체결하여 포럼의 외연적 확대를 통해 포럼의 위상 및 신인도 제고에 일익을 하며, 형식적인 MOU 체결이 아닌 '살아 있는' 지식정보 자료들을 실시간(real-time) 공유하는 방안 등을 조속히 마련하는 것이 긴요하다.

일곱째, 포럼회원 확대 방안은 임원진 및 운영진이 필수적으로 회원 확대(여성회원 포함)에 '모범'을 견지하고, 충청남도 내 각종 자문위원, 평가위원 등으로 활동하고 있는 주요인사들을 1차적으로 영입하는 노력을 동시에 전개하여야 한다.

4) 제2차 워크숍 및 운영위원회 개최

제2차 워크숍에서는 「상생협력·갈등관리 충남포럼」(상임공동대표 권경득)과 「사회갈등연구소」(소장 박태순 박사)간의 MOU 체결하였으며, 워크숍 주제는 「상생협력·갈등완화와 사회자본(Social Capital)의 육성」으로 하여 국제정치학회 충청지회와 공동개최로 2007년 8월 20일 천안시민회관에서 개최하였다.

이 워크숍은 학회와 공동주관 및 천안시 관내 시민사회단체들과의 협력체제 구축 및 추후 「상생협력·갈등관리 권역별 포럼」 창립의 견인차 기회를 제공할 것으로 기대된다.

제1주제는 "상생협력·갈등관리에 있어서 사회자본의 중요성과 의의", 제2주제는 "갈등관리를 위한 사회자본의 형성: 충남지역 갈등사례를 중심으로", 제3주제는 "충남지역 상생발전을 위한 사회자본 육성방안"으로 진행되었다.

또한 제2차 워크숍 개최 직후, 제2차 운영위원회를 속개하여, 2008년도 분과별 사업계획(서) 제출 및 협의를 하였다. 협의 내용 중 포럼운영의 내실화와 외형적인 구성의 공고화를 위해 상생협력·갈등관리에 관한 대학(원)생 우수논문 대회 개최 사업, 기획과제 공모, 회원확보 방안을 강구하기 위해 위원들의 의견과 사무국의 구상을 상호 토의하면서 2008년도 사업에 대한 방향을 모색했다.

5) 제3차 워크숍 및 운영위원회 개최

제3차 워크숍은 2007년도 하반기 포럼사업으로 지속적인 포럼 발전을 위해 사회자본을 주제로 제2차 워크숍 개최에 이어 공공기관(官)과 시민사회단체(民)의 사회갈등에 관한 이슈 및 쟁점을 주제로 개최하여 양측의 견해와 시각을 비교하여 향후 상호 이해를 바탕으로 한 절충적 대안을 제시하는 방향으로 구상했다.

따라서 지난 제2차 워크숍에서 MOU를 체결한 사회갈등연구소(박태순 소장)와 공동으로 주최하여 MOU체결의 실질적 운영과 협력을 통한 본 포럼의 기본 취지에 부합되는 행사로 추진하고 2007년 제1, 2차 워크숍 이후 충남 4대 권역별 갈등포럼 지원의 일환으로 4대 권역 중 중부권 포럼(『충남 중부권 갈등관리 정책포럼』 창립총회와 연계)과 함께 포럼 행사를 2007년 11월 2일 한화 리조트 무궁화 A실에서 개최하였다.

또한 하반기 사업과 향후 포럼운영에 대한 논의 및 협의를 위한
제3차 운영위원회를 속개하여 제4차 워크숍 개최계획을 논의하고,
회원확보 및 저변확대를 위한 아이템 발굴을 모색하였으며, 2008
년도 포럼사업의 원활한 추진을 위한 각 위원들의 의견을 듣고 방
안을 모색하였다.

6) 추후 추진계획

향후 추진계획은 정보공요와 커뮤니티 저변확대를 위해 홈페이
지 개선 및 활용 극대화(http://pcpf.or.kr)를 추진하고, 현재 진행중
인 기획연구(충남도 갈등관리 실태조사 및 유형화 연구) 원활한 수
행, 12월 13일 제4차 포럼 워크숍 개최 및 한국공공행정학회와 상
호협력을 위한 MOU체결, 포럼회원 운영 정례화를 위한 정기총회,
기획연구를 위한 갈등실태 조사를 완료할 계획이다.

Ⅳ. 상생협력을 위한 지방정부의 갈등관리 전략과 과제

1. 포럼운영상의 당면 문제해결

1) 포럼운영의 태생적 문제해결

포럼창립의 시발과 추진주체가 관에서 출발하다 보니 태생적으

로 민간부문의 참여(포럼회원 모집) 문제가 초기부터 발생하였다. 그러나 포럼이 갈등관련 주체 중 중요한 하나인 충청남도와 16개 시·군의 갈등관리 담당공무원의 홍보 및 교육적 차원이 강조된 상태에서 출발하였음을 감안할 때, 향후 보다 진일보한 전략과 유인수단을 강구할 필요가 있다.

이러한 점들에 대한 적절한 해결을 통해 포럼운영 효율화를 추진해야 한다. 즉, 官(충청남도) 후원 속에서 민간자율의 정책포럼으로 새롭게 거듭나기 위해서는 자생력 확보가 관건이며, 이를 위한 대책마련이 절실하다.

2) 포럼운영상 제도적 장치의 확보

현재 충남발전연구원은 충청남도지사로부터 「포럼운영 주관기관」으로 지정되어 있는 만큼 사무국 운영을 포함하여 대내외적으로 공신력 있는 기관으로 변모할 필요가 있다. 현재 관련 법안이 국회에 계류 중에 있으나, 충청남도의 지속적인 행·재정적 지원 대책이 긴요하다.

포럼운영 주관기관으로서 포럼운영의 안정성·지속성·발전성을 확보하기 위해서는 총괄지원조직인 「사무국」 운영이 필수요건인 바, 이를 위한 최소 지원인력 인건비 및 적정 운영경비 지원이 필요하며, 포럼예산의 출연금 지원방식으로 전환을 포함하여, (가칭) 「상생협력·갈등관리 충남포럼 지원육성조례」 제정을 통해 항구적인 포럼운영기반 구축을 위한 제도적 장치를 조속히 마련하는 것이 긴요하다.

3) '전국최초'에 걸맞는 모범적인 사업 발굴 · 추진

전국 최초의 상생협력 · 갈등관리포럼에 상응하는 선도적 역할이 기대되는 만큼, 현행 운영상의 문제를 일정수준의 제도적 단계로 끌어올리기 위한 모범적이고 創發的인 사업추진이 필요한 시점이다.

예컨대 「갈등관리자 교육프로그램: 충남 지역원로 DB구축사업 연구」의 추진성과를 십분 활용하여 「갈등완화지원자문단: 현장 컨설팅/코칭시스템」로의 단계적 운영이 필요하며,[70] 광역단위포럼과 기초단위를 공간적으로 묶어 권역별 수준에서 상생협력 · 갈등관리포럼으로 점차 구체화 해나가기 위한 실효성 있는 추진전략 등과 관련하여 명실공히 포럼운영의 '블루오션' 영역을 개척해 나갈 필요가 있다.

4) 포럼회원 확대 및 실효성 있는 운영방안 마련

포럼운영의 근간인 지속적 회원관리를 위해 포럼 임원진의 자구노력 및 운영위원회(사무국) 차원의 특단의 대책마련이 시급하다. 현행 충남도내 각종 자문위원 · 평가위원을 대상으로 멤버십 확충 및 유관 학술단체 및 시민사회단체와의 건실한 연대노력의 전개가 시급하다.

5) 지속적 연구조사활동 및 대외협력사업 추진

각 전문분과별 연구모임을 정상화시키고 회원의 체계적 관리로

---

70) 이는 충남발전연구원 충남인적자원개발지원센터(센터장 최병학 박사)의 2007년도 기획연구 과제의 하나로서, 행정 · 교육 · 산업 · 언론분야에서 명예롭게 퇴직한 70대 이전의 지역원로에 대한 DB구축사업이며, 이는 2008년 2월까지 완료를 목표로 현재 추진 중에 있다.

포럼운영의 성과를 가시화할 수 있는 연구조사사업은 반드시 필요하다. 이를 위해 각 분과별 연구조사활동(소규모)을 적극 장려하고 지원방안의 강구 및 매년 발간, 배포, 활용될 연구조사 성과를 포럼활동과 연계되는「자체 연구개발(R&D)」시스템 구축에 중점을 두어야 한다.

더욱이 참신하고 다각적인 포럼홍보 및 교류협력 사업으로 대내외적으로 신인도를 높이고, 활용가치가 높은 '살아있는' 지식정보자료의 실시간(real – time) 제공으로 포럼활성화 방안이 긴요하다. 포럼전용 홈페이지의 콘텐츠 충실화 및 배너교환, 유관기관과 MOU 체결은 KDI 갈등조정협상센터(http://ccrn.kdischool.ac.kr/ccrn.asp), 고려대학교 갈등사회교육연구단(http://soc.korea.ac.kr/bk21/01/01bk21.asp), 미국 George Mason대학 갈등분석과 해결연구소(http://www.gmu.edu/department/ICAR) 등과 순차적으로 협력 양해각서를 체결할 예정이다. 이와 함께 국제적 저명인사 초청특강 등 다변화 노력을 전개해 나가야 한다.

2. 포럼운영상의 중장기 비전과 추진과제

1) 기본방향

포럼은 운영상의 기본방향을 단순한 관재성격의 포럼에서 탈피하여 운영에 있어서 충청남도가 전국 최초라는 선점효과를 최대한 활용하여 지방정부가 후원하고 그 외의 행위자들(학계, NGO, 기업, 주민 등)이 중심이 되는 포럼으로 발돋움하고자 한다. 또한 포럼활성화를 위한 회원의 지속적 관리와 정책적 피드백으로 진일보하고자 한다.

2) 추진전략

민(民)·관(官)·산(産)·학(學)·연(研)·언(言)이 상호 밀접하게 연계된 포럼운영 전략이 필요하며, 갈등 대상을 보다 중립적이고 효율적으로 중재 및 자문역할을 할 수 있는 갈등조정 전문가 인력 Pool이 필요하다. 이처럼 포럼 홍보 및 운영사업을 보다 다각화시켜 공공기관과 민간부문을 연결할 수 있는 침투(embedded)전략이 필요하다.

(1) 기본목표

사회적 합의형성을 위한 「상생협력·갈등관리 플러스충남 정책포럼」은 견실한 민관협력의 기반 위에서 "지속가능한 민간주도형 포럼운영"을 위해서는 각계각층에서 학계, 관계, 산업계, 언론 및 시민단체 등에서 뜻있는 인사들이 자발적으로, 폭넓게 참여토록 기본 틀을 설정, 추진되어야 한다.

또한, 민·관·산·학·연간 자발적 정책학습 협의체인 포럼운영을 통하여 상생협력 방안을 효율적으로 모색하고, 갈등관리 관련 성공사례 및 실패사례에 대한 학습과정을 통하여 교훈 및 시사점을 발견함으로써, 충청남도가 상생협력 및 갈등관리의 발전모델이 되도록 최선을 경주하고, 이를 위한 긴밀한 민·관 협력파트너십 형성 및 구축을 토대로 구체화된 정책대안을 제공하여 생산적인 정책성과의 창출에 이바지하며, 앞으로 지속가능하게 충남발전에 기여할 필요가 있다.

(2) 운영기반 구축

포럼은 기본적으로 총회와 공동대표단, 감사, 운영위원회(사무국 포함), 각 분과별 연구모임 등으로 구성, 실효성 있게 운영되어야 하며, 필요시 특별위원회 및 T/F팀 구성 등을 통해 당면현안에 대해 능동적으로 대응할 필요가 있다.

포럼 회원들의 자발적 참여와 함께 충청남도 자치행정과의 지원·후원을 받아 운영위원회 및 사무국을 꾸리면서, 협의회를 개최하여 차기 포럼행사 준비 및 포럼운영 전반에 걸쳐 사안별로 긴밀한 포럼네트워크를 유지, 발전시키도록 하며, 이미 구축된 전용 포럼홈페이지를 지속적으로 개선함으로써 회원커뮤니티 공간, 지식정보자료실을 마련하여 On-line상 사이버운영시스템을 완벽히 구축해야 한다.

특히 분기별 포럼개최를 통해 산출된 성과는 모두 일정한 양식으로 통일하여 자료집을 발간, 회원들에게 배포하도록 하며, 특히 연말 기준으로 상생협력 및 갈등관리 관련 실태조사 연구보고서를 발간, 실무에 널리 활용할 필요가 있다.

또한 포럼회원명부 및 각종 연찬 및 지식정보자료집을 수시로 발간, 배포하여, 이와 관련 차기포럼의 안건으로 채택, 상호 학습 자료로 활용하고 특히, 시·군별 갈등관리책임관이 중심적 역할을 맡아 권역별(시·군) 대상으로 개별적인 갈등관리연구팀(포럼 연구동아리)을 육성토록 종합적으로 지원, 관리하는데 중점을 두어야 한다.

3) 추진과제(안)

(1) 연구조사사업의 체계적·지속적 추진

우선 2007년도 기획연구 결과물(갈등의 실태조사 및 유형화)을 토대로 충청남도의 갈등을 실제적으로 적용하고 장기적 갈등 및 잠재적 갈등요소를 보다 신속히 파악할 수 있는 향후 연구를 수행 검토되어야 한다. 이러한 연구가 보다 체계적이고 내실 있게 수행되기 위해서는 기획연구사업의 참여범위 확대, 외부연구진과 갈등관리 실무자들의 참여유도 및 재정적 확충이 요구된다.

(2) 대학(원)생 대상 우수논문대회 개최

갈등관리에 대한 인식과 참여의 저변확대를 목적으로 포럼 홍보효과와 갈등관리에 대한 체계적 논리축적이 기대되는 상황에서 이를 위해서는 대대적인 홍보와 충청남도의 적극적인 지원이 필요할 뿐 만 아니라 이분야에 대한 지역대학(원)의 학술활동을 진흥시키고, 지방정부의 대학 간 연계를 통해 官－學간 파트너십 강화가 필요하다. 예컨대 특정 갈등상황을 가상적으로 제시한 뒤 이에 대한 최적 갈등해결방법론을 찾는 경연대회 같은 것이다.

(3) '갈등해소 연구팀'(동아리) 운영

상생협력·갈등관리 포럼 운영과 병행하여 직장 단위별 소모임으로 갈등관리 연구팀(동아리)을 운영하여 광역·기초 자치단체(직장단위)별, 인근 자치단체 연합, 또는 유형별 관심분야 그룹에 참여하여 활동하도록 해야 한다.

갈등관리와 관련한 국내외 이론 및 사례 Case study, 지역단위

포럼 참여, 의견 개진 및 토론을 통하여 비공식이고 자발적인 학습·연구조직으로의 운영이 요구된다.

　(4) 전문위원회 설치 및 운영

　공공갈등이 발생하거나 또는 발생개연성이 높은 사안을 대상으로 사전조율 및 갈등해결 촉진을 위한 관련 전문가를 구성·지원하고 민간 차원의 갈등중재·협상을 위한 자문단 성격으로 운영하며, 갈등사안이 심각해지는 주된 이유가 "대화의 부재"에 있으므로 갈등당사자를 대화와 협상의 테이블로 옮겨 협의·합의·타결(갈등해소) 도모에 중점을 두어야 한다.

　주요 갈등분야에 대한 전문가 인력풀 구성(갈등 관련 정책수행 및 해결 유경험자 대상 인력풀 구성, 명단 확보 및 별도의 위촉절차 이행)하고 교육훈련, 대외협력, 갈등완화, 연구개발, 여성발전분야와 같은 전문성이 필요한 위원회를 구성하여 갈등발생시 정보수집 및 사전 상담·자문·조율·중재(컨설팅, 코칭)를 하여야 한다. 따라서 자문단 운영비 확보(수당·제경비) 및 금년도 기반구축이 필요하며, 내년도에 시범운영할 계획이다.

V. 결론

　2006년 창립 이후 상생협력·갈등관리 플러스충남 정책포럼은 전국 최초의 갈등관리 정책포럼이라는 주목을 받으며 성장했다. 이에 부응하여 충청남도의 적극적인 노력과 포럼운영진들의 노력을 더하여 보다 발전적인 포럼운영 방안을 모색하고 있다.

물론 상생협력·갈등관리 플러스충남 정책포럼에는 '도전적 초기단계의 시행착오'가 불가피하게 발생한 부분도 없지는 않았으나, 이를 계속 되풀이할 수는 없는 일이다.

따라서 상생협력 및 갈등관리에 대한 저변확대를 위해 시·군 단위의 노력이 필요한 때에 현재의 포럼운영상의 문제와 어려움을 직시하고 이를 해결하려는 노력은 매우 중요하다.

특히, 충청남도 – 포럼사무국(운영위원진 포함) – 포럼회원(민간단체 및 일반주민 포함)의 긴밀한 연계구조를 창출할 수 있는 실질적 대안을 모색하고, 이에 대한 적극적인 지지기반 확충을 통해 포럼운영 소기의 목적을 달성하고 이를 위한 구체별 달성목표와 추진로드맵 작성이 요구된다.

이렇게 한다면 공공정책 및 각종 사업추진과정에서 발생하는 갈등을 사전에 효율적으로 예방하고, 이의 체계적인 해결 노력을 통하여 불필요한 사회적 비용을 줄이면서 바람직한 상생협력의 사회통합적 기틀을 마련하는데 큰 도움이 될 것이다. 더욱이 우리 사회가 '파트너십·네트워크형 거버넌스 시스템' 구축을 절실히 필요로 하고 있는 만큼, 서로 머리를 맞대고 진지하게 현실 문제를 해결하기 위한 실천적 노력이 절실한 시점이 아닐 수 없다.

이제 충청남도에서는 지난해 발족한 상생협력 및 갈등관리 플러스충남 정책포럼을 광역단위에서 상생협력 및 갈등관리의 폭과 깊이를 더하기 위한 다자간 소통의 공간으로 확실히 자리매김할 것을 기대하고 있다.

이를 위해서는 상생협력 및 갈등관리를 위한 포럼회원 다수의 자발적 참여 촉진과 전문적 역량 강화 모색, 이론적 연구성과를 현장 경험 및 대중적 지혜와 결합함으로써, 우리 사회를 더욱 생동감 있고 알찬 '상생과 협력의 커뮤니티'로 성숙시키는데 주력해야 할 것이 요청된다.

앞으로 이 포럼은 우리 사회의 다양한 참여주체들이 의견을 적극 개진하고 서로의 입장을 진솔하게 교환하는 '다자간 소통의 공간'으로 발전, 이러한 '담론형성과정'을 통해 갈등사안들을 심도 있게 논의하고, 바람직한 해결방안을 함께 모색할 수 있는 '공론형성의 마당'으로 조속히 자리매김 하기를 희망하고 있다. 뜻있는 인사들의 많은 기대하는 이유가 여기에 있다.

현재 포럼은 고문 1인, 각계의 공동대표 4인(상임공동대표 1인 포함), 감사 2인, 운영위원장 1인, 운영위원 15인 등으로 구성, 운영되고 있으나, 사무국 설치 및 권역별 워크숍 개최, 갈등관리자 교육프로그램 실시 및 지역내 갈등 실태조사 및 유형화와 그 해결방향 모색에 관한 연구사업 추진에도 많은 관심을 기울이고자 한다. 많은 성원을 기대한다(관련 홈페이지 http://pcpf.or.kr/).

상생협력·갈등관리 플러스충남 정책포럼의 창립과 운영의 경험을 통해 다수의 참여자들은 '학습부재의 한계'를 이겨내야 한다는 데 인식을 함께 하고 있으며, 그것이 성공사례이든, 실패사례이든 간에 우리가 분명히 배울 것이 있다는 사실, 각자 처해진 상황과 여건은 다르지만 공동목표를 위해 힘과 지혜를 합쳐야 한다는 것, 그러나 와중에 겪는 어려움은 소기의 성과의 재배분을 통해 꼭 치유해야 한다는 사실을 단계적으로 공유해 가고 있다. 이로써 우리는 지역의 주요현안을 분별력 있게 해결할 수 있는 경험과 방법지(方法知)를 축적하게 될 것을 기대한다.

참고문헌

▌ 제2장 참고문헌

김병국(2006). 행정중심복합도시의 법적지위 논의. 「한국공공행정학회·
　　배재대학교 행정발전연구소 공동 학술세미나 논문집」.
이춘희(2005). 행정중심복합도시 건설추진 현황과 계획. 「도시문제」 7
　　월호. 22 – 31.
이상호(2005). 행정중심복합도시의 건설에 따른 연기군의 변화전망과
　　과제: 도시계획의 기본방향. 「행정중심복합도시와 연계한 연기군
　　발전계획 세미나 논문집」. 41 – 78.
최병선(2005). 행정중심복합도시 건설은 시대적 소명. 「도시문제」 7월
　　호. 8 – 9.
황우성(연기군의회 의장), 행정중심복합도시 건설과 연계한 연기군 발전
　　계획(안) – 연기군의 미래상과 발전전략 – 토론회 발언.
홍준현(2006). 행정중심복합도시 법적 지위·행정구역 등의 설정을 위
　　한 전문가 설문조사. 미발간 자료.
「행정중심복합도시 성공과제 대토론회」. 2008. 8. 14.

▌ 제3장 참고문헌

고성진(2006). "행정중심복합도시의 건설기본방향". 「자연과 문명의 조
　　화」54(8).
금창호(2008). "행정구역의 개편논의와 대응방안". 「여의도연구소 기획

세미나발표논문집」.

김병국(2006). "행정중심복합도시의 법적 지위 논의". 「국가의 번영, 분권과 통합의 국가균형발전 전략방향」학술세미나발표논문집. 한국공공행정학회 · 배제대학교.

김상봉(2006). "행정중심복합도시의 개발방향과 개발전략". 「한국지방자치회보」, 18(2).

나태준(2005). "행정중심복합도시 건설의 사회적 쟁점과 대안. 「사회과학논집」. 35.

신도철(2008). "새로운 지역발전정책 패러다임: 광역분권의 필요성과 제도개편 방향". 「21세기 광역분권형 국가운영: 지방행정단위 개편과 중앙 - 지방정부 역할의 재조명」2008 한 · 일공동기획세미나자료집. 한반도선진화재단.

온영태(2003). "신행정수도는 왜 필요한가?." 「신행정수도 건설과 지역균형발전에 관한 심포지엄논문집」. 대전지리학회.

육동일(2003). "신행정수도의 법적 지위와 운영체계에 관한 고찰". 「동계학술발표대회논문집」. 한국지방자치학회.

이기우(2008). "정치권의 지방행정체제개편론에 대한 대안적 제안". 「한국지방정책연구소주최세미나(지방행정체제의 대안적 개편방안)발표논문집」.

이승종(2008). "지방역량강화를 위한 광역자치구역의 개편방안". 「한국지방정책연구소주최세미나(지방행정체제의 대안적 개편방안)발표논문집」.

최병학(2006). "행정중심복합도시의 법적 지위 및 행정구역 설정의 기본방향". 「행정중심복합도시, 어떻게 추진되어야 하나」정책토론회발표논문집. 중도일보 · 국민중심정책연구원.

행정지원 · 도청이전기획단(2006). "행정도시 법적 지위에 관한 우리도 대응전략 검토". 내부검토자료.

허태열(2008). "지방행정체제 개편과 관련한 제논의". 「지방행정체제 개편의 재정과 과제세미나논문집」.

▍제4장 참고문헌

김보현·김용래(1969). 지방행정의 이론과 실제. 서울: 법문사.

김형배(1988). 지방자치론. 서울: 계명사

류지성(2007). 정책학. 서울: 대영문화사

이달곤(2003). 협상론. 서울: 법문사

이승종(2003). 지방자치론. 서울: 박영사

조창현(2005). 지방자치론(제6정판). 서울: 박영사.

최흥석 외.(2004).「공유재와 갈등관리」, 서울: 박영사.

하혜수.(2003). 지방자치단체간 분쟁조정과정에서 협상론적 분석.「한국
　　　행정학보」, 37(1).

홍성군지역발전협의회(2008). 충남도청 이전에 따른 홍성의 공동화 방
　　　지를 위한 제1차 심포지엄. 홍주문화회관. 2008년 9월 9일

〈인터뷰〉

대전일보 사회부 이석호 기자

예산군 음봉면. 000 면장

예산군 의회. 000 의원

충청남도 개발공사 담당자

홍성군 관계자

홍성군 의회 000 의원

▍제5장 참고문헌

강성철 외.(2004a).「지방자치단체간 갈등과 협력요인 연구 Workshop
　　　자료(미간행)」, 2004. 2.

　　　　　외.(2004c). 갈등 및 협력의 동태성과 각 단계의 특징.「지방자
　　　치단체간 갈등과 협력요인연구 Workshop 자료(미간행)」, 2004. 8.

김도희.(2001). 지방자치단체와 주민간 입지갈등의 갈등유발요인 연구.
　　　「한국정책학회보」, 10(1).

　　　　　.(2004). NIMBY와 PIMFY 시설입지정책의 갈등구조 비교분석.

「한국정책학회보」, 13(1).

김상구.(2002). 협상의 영향요인에 관한 연구. 「한국행정학보」, 36(2).

김상돈.(2004). 딜레마상황에서의 악순환적 행위에 관한 연구. 「한국지방자치학회보」, 16(1).

김상헌.(1997). 님비문제해결을 위한 보상체계. 「한국행정학보」, 31(4).

김영수.(1994). 「지방자치단체간 분쟁조정방안」, 서울: 한국지방행정연구원.

김용웅 외.(1998). 정부-주민간 국토개발분쟁의 발생유형과 해결방안. 「지방자치」, 115호: 87-91.

김용철.(1998). NIMBY와 PIMFY 현상의 정치적 갈등구조 비교. 「한국정치학회보」, 32(1).

김 인.(1998). 공유자원의 효율적 관리를 위한 제도적 장치. 「지방자치단체연구」, 2(1).

김인철 외.(1999). 지방자치단체간 갈등과 협상에 관한 연구. 「한국정책학회보」, 8(3).

김필두.(1996). 「지방자치단체 상호간갈등해소방안」, 서울: 한국지방행정연구원.

김호진.(2000). 「한국정치체제론」, 서울: 법문사.

김흥식.(1993). 「지역이기주의 극복을 위한 정책연구」, 서울: 한국지방행정연구원.

고경훈.(2003). 선호시설유치와 관련된 정부간 정책갈등. 「한국정책학회보」, 12(3).

박상필.(2000). 이익집단갈등과 사회자본. 「한국행정학보」, 34(2).

박호숙.(1994). 정책갈등과 지방의회의 조정역할. 「고려대 박사논문」.

백종섭.(2002). 서울시 추모공원 건립정책의 갈등원인과 해결방안. 「행정학회 하계학술대회논문집」.

서문기 외.(2001). 「한국사회 갈등구조에 대한 이해」, 서울: 삼성경제연구소.

서휘석.(1995). 지방자치단체간 갈등에 관한 연구. 「호남정치학회보」, 7, 41-60.

소영진.(1999). 딜레마 발생의 사회적 조건. 「한국행정학보」, 33(1).

심문보.(1997). 지방자치단체와 주민간 집단갈등현상에 관한 고찰.「한국지방자치학회보」, 9(4).

유해운 외.(2001).「환경갈등과 님비이론」, 서울: 선학사.

오석홍.(1994).「조직이론」, 서울: 법문사.

이광희.(2003). 지방자치단체장의 리더십.「한국행정논집」, 15(3).

이선우 외.(2001). 영월 다목적 댐 건설사업의 협상론적 분석.「한국지방자치학회보」, 13(2).

이승종.(1998). 민선자치단체장 리더십의 영향요인.「한국행정학보」, 32(1).

이원일.(1998). 광역·기초자치단체간의 갈등에 관한 연구.「한국행정학보」, 32(2).

이종렬.(1995). 핵폐기물처리장 입지선정과 주민갈등.「한국행정학보」, 29(2).

이종열 외. (1998). 지역개발과정상 지방자치단체간 갈등분석과 관리전략.「한국정책학회보」, 7(3).

이창원.(1999). 지방자치단체장들의 리더십형태와 효과성에 관한 실증연구.「한국행정학보」, 33(3).

주경일.(2002). 쓰레기소각장 입지과정에서의 집단행동의 틀과 틀짓기행위 분석.「한국지방자치학회보」, 14(4).

주상현.(2001). 광역과 기초정부간 정책갈등과 관리전략,「한국행정학회하계학술대회발표논문집」.

주재복 외. (2003). 지방자치단체간 협약을 통한 공유재 관리.「정부학연구」, 9(2).

조승현.(2003). 지방자치단체간 갈등관리에 관한 연구.「한국행정논집」, 15(1).

지역신문.(1998 – 2004). 전북일보, 전북도민일보, 새전북신문, 디지털 김제시대.

최봉기 외.(1999). 위천공단 조성을 둘러싼 정책갈등의 해소방안.「한국지방자치학회보」, 26(2).

최흥석 외.(2004).「공유재와 갈등관리」, 서울: 박영사.

하혜수.(2003). 지방자치단체간 분쟁조정과정에서 협상론적 분석.「한국행정학보」, 37(1).

홍성만 외.(2003). 자율규칙형성을 통한 공유재 관리. 「한국행정학보」, 37(2).

홍성만 외.(2004). 공유재 이용을 둘러싼 정부간 갈등의 조정과 협력 분석. 「한국정책학회보」, 13(1).

행정자치부.(1999). 「지방자치시대의 분쟁사례집 I 권」.

Alm, Leslie R & Stephanie(1996). The Rural – Urban Environmental Conflict in the American West: A Four – State Study, *Spectrum*, 69:4(Fall), 26 – 36.

Arentsen. Maarten J. (2001). Negotiated Environmental Government in The Netherlands. *Policy Studies Journal*, 29(3), 499 – 513.

Argyle, Nolan J. and Marlowe, Brian.(2002). Reinventing Government: A Preliminary Examination of the Georgia Initiative for Children and Families. *Public Administration Quarterly*, 26:1/2 (Spring), 174 – 197.

Augsburger, David W.(1992). *Conflict Mediation across Cultures*. Louisville · London: Westminster Jhon Knox Press.

Cathy, Marie, Johnson.(1992). *The Dynamics of Conflict Between Bureaucrats and Legislators*. N.Y: Sharpe Inc.

Daley, D, M and David F. Layton.(2004). Policy Implementation and the Environmental Protection Agency. *Policy Studies Journal*, 32(3), 375 – 323.

Davis, Susan M. and Puro, Steven.(1999). Pattern of Intergovernmental Relations in Environmental Cleanup at Federal Facilities. Publius: *The Journal of Federalism* 29:4(Fall), 33 – 53.

Elangovan, A. R.(1995). Managerial Third – Party dispute intervention: A Prescriptive model of Strategy Selection. *Academy of Management Review*, 20(4), 800 – 830.

Elliott Michael & Ralph Hanke.(2003). "Framing Effects in Toxic Disputes", Roy J. Lewicki, Barbara Gray, & Michael Elliott ed. *Environmental Conflicts: Framed and Cases*. Washington, Covelo, London: Island Press, 333 – 354.

Ellison, Brian A.(1998). Intergovernmental Relations and the Advocacy Coalition Framework: The Operation of Federalism in Denver Water Politics. Publius: *The Journal of Federalism* 28:4(Fall), 35 – 54.

Falcone S. and Lan Zhiyong.(1997). Intergovernemental Relation and Production, *PAR* 57(4).

Fisher, Ronald J. (1997). *Interactive Conflict* Resolution. N. Y.: Syracuse University Press.

Godschalk, David R.(1992). Negotiating Intergovernmental Development Policy Conflict: Practice – Based Guidelines, *Journal of the American Planning Association,* vol.58.

Gray, Barbara.(2004). Strong Opposition: Frame – based Resistance to Collaboration. *Journal of Community& Applied Psychology,* 14, 166 – 176.

Gress, Franz.(1996). Interstate Cooperation and Territorial Representation in Intermestic Policies. Publius: *The Journal of Federalism,* 26(1), 53 – 71.

Keith Snavely & Uday Desai.(2000). Mapping local government – Nongovernmental organization Interactions. *Journal of Public Administration Research and Theory,* 11(2), 245 – 263.

Lan, Zhiyong. (1997). A Conflict Resolution Approach To Public Administration. *Public Administration Review,* 57(1), 27 – 35.

March, J.G & Simon, H.A.(1958). *Organization.* N.Y.:John Wiley & Sons.

Maxwell, Jennifer p.(2000). Managing Conflict at the County level. *Public Administration Quarterly,* 23:3(Fall), 338 – 354.

Mills, Miriam K, ed. (1990). *Conflict Resolution and Public Policy.* N.Y: Gree Press.

Minnery, John. R.(1987). *Conflict Management in Urban Planning.* Verment: Grower Publishing Company.

Murphy, P.(1987). Using games as a model for crisis communication. *Public Relations Review,* 13(4), 19 – 28.

Kiser, Larry L. and Elinor Ostrom (1992). The Three Worlds of Action: A Meta – theoretical Synthesis of Institutional Approaches, in Elinor Ostrom, ed., *Strategies of Political Inquiry*, Beverly Hilis Sage Publicatins.

Laverty. Edward B. and Palmer, Kenneth T.(2001). State and Local Government Interest Groups Before the Supreme Court: Implications for Intergovernmental Policy. *Public Administration Quarterly*, 24:4(Winter), 523 – 537.

Lane, M. B(1999). Resion Forest Agreements: Resolving Resource Conflicts or Managing Resource Politics?. *Australian Geographical Studies*, 37(2).

Lubell, Mark.(2004). Collaborative Environmental Institutions. *Journal of Policy Analysis and Management*, 23(3), 549 – 573.

Martin Painter(2000). After Managerialism – Rediscoveries and redirection: The Case of Intergovernmental Relation. *Australian Journal of Public Administration*, 57(4).

Ostrom. Elinor. (1992). Community and the Endogenous Solution of Commons Problems, *Journal of Theoretical Politics*, 4(3), 43 – 351.

Ostrom. Elinor, Roy Gardner, and James Walker (1997). *Rules, Games, and Common – Pool Resources*, Ann Arbor: The University of Michigan Press.

Painter, Martin (2001). Multi – level governance and the emergence of collaborative federal institutions in Australia. *Policy & Politics*, 29(2), 137 – 151.

Pinkley, R. L & Northcraft, G.(1994). Conflict Frame of Reference. *Academy of Management Journal*, 37(1), 193 – 205.

Pondy, R Louis.(1967). Organizational Conflict Concepts and models. *Administrative Science Quarterly*, 12(2), 296 – 321.

Putnam, Linda L. (2004). Transformations and Critical Moments in Negotiations. *Negotiation Journal*, 20(2), 275 – 295.

Rabe, Barry G. (1990). "The Hazardous Waste Dilemma and the

Hazards of Institutionalizing Negotiation". in Miriam K. Mills. (ed.). *Conflict Resolution and Public Policy.* N.Y, Westport, Connecticut, London: Greenwood Press.

Rahim, M. Afzalur.(2002). Toward a theory of Managing Organization conflict. *The International Journal of Conflict Management,* 13(3), 206－235.

Sandole & Sandole Staroste.(1987). *Conflict Management and Problem Solving.* New York: N.Y Univ Press.

Shmueli. Deborah F. & Michal Ben－Gal.(2003). Stakeholder Frames in the Mapping of the Lower Kishon River Basin Conflict. *Conflict Resolution Quartely,* 21(2),: 211－238.

Spaper, Michael S.(1999). Myths and Misunderstandings: Health Policy, the Devolution Revolution, and the Push for Privatization. *The American Behavioral Scientist,* 43:1(Sep), 138－154.

Wall.jr.James A & Ronda Roberts Callister.(1995). Cnflict and Its Management. *Journal of Management,* 21(3), 515－558.

Weiss, Janet A. (1987). Pathways to Cooperation among Public Agencies. *Journal of Policy Analysis and Management,* 7(1), 94－117.

Wiseman, Vivian & Iean Poitras.(2002). Mediation Within a Hierarchical Structure. *Conflict Resolution Quarterly,* 20(1), 51－65.

Wise C. and O'Leary R.(1997).Intergovernmental Relations and Federalism in Enviornmental Management and Policy. *Public Administration Review,* 57(2), 11－28.

Wright, Deil S. (2003). *Understanding Intergovernmental Relations* 4rd. Ed. Pacific Grove, CA: Brooks/Cole.

Zimmmerman, Joseph F.(1998). Interstate Cooperation: The Role of the State Attorneys. General. Publius: *The Journal of Federalism,* 28:1 (Winter), 71－89.

▌ 제6장 참고문헌

강용기.(1999). 현대지방자치론. 서울: 대영문화사.

경기도.(1999). 지방자치단체간 협력활성화 방안 연구.

고경훈.(2000). 지방정부의 정책형성연구. 고려대학교 대학원. 박사학위
논문.

김석준 외 3인.(2000). 뉴거버넌스연구. 서울: 대영문화사.

김필두.(1996). 지방자치단체 상호간 갈등해소방안. 한국지방행정연구원.
「연구보고서」.

노인만.(2002). 지방정부와 NPO간 협력관계 결정요인에 관한 연구. 영
남대학교 대학원. 박사학위논문.

박호숙.(1996). 지방자치단체의 갈등관리: 이론과 실제. 서울: 다산출판사.

사득환.(2002). 정부간 관계(IGR) 변화와 지방정부간의 환경협력. 「한국
지방자치학회보」, 14(1).

안용식 · 김천영.(1995). 지방정부간 협력관계론. 서울: 대영문화사.

이재규.(1986). 집단간 갈등수준의 측정. 「경상과학」.

전라북도연구단.(2002). 지방자치단체간 갈등구조와 관리전략: 전라북도
갈등사례를 중심으로. 제39회 지방행정연수대회.

정세욱.(1997). 정부간관계. 서울: 법문사.

주상현.(2001). 지방정부간 정책갈등에 관한 연구. 전북대학교 대학원.
박사학위논문.

최남희.(2001). 조직간 협력의 조건이 공동목표 달성에 미치는 영향분석
과 시뮬레이션모델에 관한 연구. 「한국시스템나이내믹스 연구」,
2(1).

최외출 · 이성환 역.(1991). 정책학원론. 서울: 대영문화사.

최창호.(1999). 지방자치학. 서울: 대영문화사.

한표환 · 김선기 · 김필두.(2002). 자치단체간 협력사업 활성화 방안. 한
국지방행정연구원. 「연구보고서」, 제350권.

홍준형.(1995). 지방자치 분쟁해결론: 일반적 분쟁해결 유형. 「지방자치」,
85.

村松岐夫.(1981). 前後日本の官僚制. 東京: 東洋經濟新.

天川晃.(1983). 廣域行政と地方分權. ジュリスト增刊總合特輯, No.29. 「行政の轉換期」. 東京: 有斐閣.

Anderson, William.(1960). Intergovernmental Relations in Review. Minneapolis: University of Minnesota Press.

Axelrod, R.(1984). The Evolution of Cooperation. New York: Basic.

Brown, L. D.(1983). Managing Conflict at Organizational Interfaces, Reading, Mass. Addison Wesley Publishing, Co.

Cochran, Clark E. et. al.(1993). American Public Policy: An Introduction. (4th ed.). New York: St. Martin's.

Deutsch, Morton.(1973). The Resolution of Conflict: Constructive and Destructive Process. New Haven: Yale University Press.

Fink, Clinton F.(1968). Some Conceptual Difficulties in the Theory of Social Conflict. Journal of Conflict Resolution, Vol.12, No.4.

Gage, R. W. & M. P. Mendell.(1990). Strategis for Managing Intergovernmental Policies and Networks. New York: Greenwood.

Hakanson, H. and J. Johanson.(1994). The Network as A Governance Structure: Interfirm Cooperation beyond Markets and Hierarchies. in G. Grabher. (eds.). Industrial Networks: A New View of Reality. London: Routledge.

Jamal, Tazim B. & Donald Getz.(1995). Collaboration Theory and Community Tourism Planning. Annals of Tourism Research, 21(1).

Levine, S. & P. E. White.(1961). Exchange as a Conceptual Framework for the Study of Interorganizational Relationships. in Amitai Etzioni. (ed.). A Sociological Reader on Complex Organizations. Holt, Rinehart and Winston.

McCall, C. H.(1994). Local Government Cooperative Service Provision, Office of the State Comptroller, State of New York.

Schermerhorn, John R., Jr.(1982). Determinants of Interorganizational Cooperation. Academy of Management Journal, 18.

Shafritz, J. M.(1998). International Encyclopedia of Public Policy and Administration. A Division of Harper Collins Publishers, Inc:

Westview Press.

Wright, Deil S.(1988). Understanding Intergovernmental Relations. (3d ed.). Pacipic Grove, CA: Brooks/Cole.

▌제7장 참고문헌

강문희.(2006), 지방정부간 갈등의 단계별 원인분석: 분석모형의 설정과 사례분석,「한국행정논집」18(1):149 - 179.

강윤호.(2005), 지방정부간 공유재 갈등의 원인과 해결방안: 거래비용이론을 통한 부산신항만 관할권 분쟁 사례분석을 중심으로,「한국행정학보」39(2):263 - 285.

강인호·이계만·안병철.(2005), NIMBY와 PIMFY입지의 지방정부간 갈등관리,「한국지방자치학회보」17(2):137 - 166.

강성철외.(2006).「지방정부간 갈등과 협력 - 이론과 실제 - 」, 서울: 한국행정DB센터.

건설교통부 a.(2003).『건설교통백서』. 과천: 건설교통부.

_____ b.(2003).『천안아산역 명칭 선정경위』. 과천: 건설교통부.

_____ c.(2003).『고속철도자문위원회회의록』. 과천: 건설교통부.

_____ d.(2003).『경부고속철도, 천안·아산지역 역명결정 발표문』. 과천: 건설교통부.

경기개발연구원.(2001).『경기도내 지역·산업브랜드 제고를 통한 특화산업 육성방안 기초연구』. 수원: 경기개발연구원.

고경훈.(2003). 선호시설 유치와 관련된 정부간 정책갈등에 관한 연구 - 전북 공립 외국어고등학교 유치사례를 중심으로.「한국정책학회보」, 12(3).

권경득·임정빈·장우영.(2004). "수자원 이용을 둘러싼 지방정부간 갈등요인 및 관리전략 분석: 장곡취수장 설치사례를 중심으로."『한국사회와 행정연구』15(3).

김도희.(2004). "NIMBY와 PIMFY 시설입지정책의 갈등구조 비교분석: '북구 화장장 유치사업'과 '경부고속전철 울산역 유치사업' 사례를 중심으로."『한국정책학회보』13(3).

김동건·김재형.(1998). "경부고속철도사업의 타당성 재검토에 대한 소고." 서울대학교 『행정논총』36(2).

김병준.(2000). 『한국지방자치론』. 서울: 법문사.

김석태.(2003). "선호시설 유치를 둘러싼 렌트추구와 렌트의 사회적 환원: 도청이전 후보지 선정을 중심으로." 『한국행정학보』37(1).

김용철.(1998). "NIMBY와 PIMFY 현상의 정치적 갈등구조 비교(Ⅰ): '영광원전 5·6호기 건설사업'과 '전남도청 이전사업' 사례를 중심으로," 『한국정치학회보』32(1).

김의준.(1998). "고속철도역 입지의 도시시스템 및 도시경제 변동효과." 『대한교통학회지』16(1).

노무라종합연구소·국토연구원.(2003). 『한국의 고속철도 개통에 따른 국토 지역개발의 신패러다임』. 서울: 노무라 종합연구소.

박재욱.(1997). "대기업도시의 성장연합과 권력엘리트: 울산과 포항의 사례를 중심으로." 『한국과 국제정치』25집.

박종민.(2000). "지방정치에서의 시민과 정부." 『정부학연구』6(1).

박통희.(1999). 신뢰이 개념에 대한 비판적 검토와 재구성「한국행정학보」, 33(2).

박통희·원숙연. (2000). 조직구성원의 신뢰와 '연줄' 사회적 범주화를 중심으로, 「한국행정학보」, 34(2).

박호숙.(2001). 중앙정부와 지방자치단체간의 갈등관리전략으로서의 협상론적 접근, 「한국사회와 행정 연구」12(2).

_____.(2003). 정책갈등의 과제와 협상전략, 「서울행정학회 동계세미나 자료집」.

부만근.(1998). 지방자치단체간 갈등의 조정방안, 제주대학교, 「법과정책」, 4.

삼성경제연구소.(2004). 『고속철도 개통의 영향과 시사점』. 서울: 삼성경제연구소.

소영진.(1999). "딜레마 발생의 사회적 조건: 위천공단 설치를 둘러싼 지역갈등을 중심으로." 『한국행정학보』33(1).

아산시 a.(2003). 『경부고속철도 제4-1공구 역사명칭 선정 관련자료』. 아산: 아산시.

_____ b.(2003). 『경부고속철도, 천안·아산지역 역명결정 발표에 대한 건교부 주장 반박문』. 아산: 아산시.

안성호.(1991). "지방선거와 지방민주주의." 『지방자치연구』3(1).

윤흥근·유석진.(1994). "정치적 시장과 렌트추구행위: 이익집단정치의 재조명." 양운철 편. 『렌트추구행위의 사회적 비용』. 성남: 세종연구소.

이수장.(2001). 기피시설입지선정에 있어 합의형성방안 - 방사성폐기물 처분장에 주목하면서 - , 「한국지방자치학회보」, 13(3).

임정빈·장우영.(2004), 비선호시설 설치를 둘러싼 지방정부간 갈등연구, 「한국정책과학회보」, 8(1).

장우영·임정빈.(2006), 지방정부간 렌트추구와 핌피갈등: 경부고속철도 역명 선정 사례를 중심으로, 「국가전략」, 12(3)

전영준 외.(2003). 『건설교통부(고속철도기획단)의 역명선정 부당행위 감사청구서』. 아산: 아산역사수투쟁위원회.

충청남도 아산시.(2003). 「경부고속철도 제4 - 1공구 역사명칭 선정자료」

한국개발연구원.(1992). 『경부고속철도건설사업의 국민경제적 효과연구』. 서울: 한국개발연구원.

한국철도기술연구원·(주) 유신코퍼레이션·(주) 동일기술공사.(2003). 『경부고속철도 연계교통체계구축 기본계획수립연구』.

홍준형.(2003). 『경부고속철도역명결정이 행정협의조정사무에 해당되는지에 대한 의견서』. 아산: 아산시.

동아일보 05/10/01.

순천향대신문 06/08/31.

연합뉴스 2006/06/28.

코레일 08/08/04.

천안신문 03/05/24, 03/09/01, 03/09/08.

천안투데이 03/08/30.

충남시사신문 03/03/06, 03/07/26, 03/08/29, 03/09/01, 03/10/25.

충남신문 03/05/08.

충북인터넷뉴스, 08/02/14.

충청일보 08/08/04.

한겨레신문 05/10/01.

C뉴스, 06/07/15.

Colemann, J. S.(1990). Foundations of Social Theory, Cambridge, MA: Belknap Press of Harvard University.

Cook, J. & Wall, T.(1980). New Work Attitude Measure of Trust, Organizational Commitment, and Personal Need Nonfulfillment. Journal of Occupational Psychology. 53: 39 – 52.

Hardin, G.(1968). "The Tragedy of the Commons." Science 162.

Himes, Joseph S.(1980). Conflict and Conflict Management. Univ. of Georgia Press.

Lan, Zhiyong.(1997). "A Conflict Resolution Approach to Public Administration." Public Administration Review 57(1).

Luchmann, N. (1990). Trust and Power, Chichester, England: Willy.

Mayer, R. C., Davis, J. H., & Schoorman, D.(1995). An Integrative Model of Organizational Trust. AMR, 20: 709 – 734.

Kiser, Larry L. and Ostrom, Elinor.(1982). "The Three Worlds of Action: A Meta – Theoretical Synthesis of Institutional Approaches." in Eliner Ostrom(ed.). Strategies of Political Inquiry. Sage Publishers.

Kriesberg, Loiis.(2003). Constructive Conflicts: from escalation to resolution. Lanham, Md.: Rowman & Littlefield.

Mishra, A. K.(1996). Organizational reponses to crisis: The Centrality of trust. in R. M. Kramer & T. R. Tyler (ed.), Trust in Organizations: Frontiers of Theory and Reserch: 261 – 287. Thousand Oaks. CA; Sage.

Musgrave Richad A. and Peggy B. Musgrave.(1980). Public Finance in Theory and Practice. New York : McGraw – Hill.

Olsen, M.(1971). The Logic of Collective Action: Public Goods and the Theory of Groups. Harvard Univ. Press.

Pol, Peter.(2003). The Economic Impact of the High Speed Train on Urban Regions. Presented at the 43rd congress of the European Regional Science Association, European Regional Science Association.

Rahim. ,M. A.(1983), "a Measure of Styles of handling Interpersonal Conflict," Academy of Management Journal 26: 368 – 376.

Robert R. Blake and Jane Srygley Mouton(1973), "The Fifth Achievement," in Fred E. jandt(Ed.), Conflict Resolution through Communication, (New york: harper & Row).

Roxane, S. Lulofs & Dudley, D. Chan.(2000). Conflict: From theory to Action. MA: Allyn & Bacon.

Rummel, R. J.(1987). "A Catastrophe Theory Model of the Conflict Helix, with Tests." Behavioral Science 32.

Walton, Richard E.(1987). Managing Conflict. Reading MA: Addison Wesley.

▌ 제8장 참고문헌

고영철 · 정연우. (2002). 지방행정홍보 매체의 현황과 효과에 관한 연구. 「한국광고학보」. 3(2)

김영평. (1995). 「불확실성과 정책의 정당성」. 서울: 고려대학교 출판부.

지속가능발전위원회(2003). 「갈등관리시스템 구축방안 연구보고서」.

최병선. (1994). 부처간 정책조정의 개선: 경제정책분야를 중심으로. 김영평 · 최병선. (1994). 「행정개혁의 신화와 논리」. 서울: 나남출판.

Flyvbjerg, Bent, Nils Bruzelius, and Werner Rothengatter. (2003). *Mega-projects and Risk*: *An Anatomy of Ambition*. Cambridge University Press.

Lindblom, Charles. (1965). *The Intelligence of Democracy*: *Decision through Mutual Adjustment*. New York: The Free Press.

Lindblom, Charles E. & Woodhouse, Edward J. (1993). *The Policy – Making Process*(3rd ed.), New Jersey: Prentice Hall.

Mazmanian & Morell. (1994). The "NYMBY" Syndrome: Facility Siting and the Failure of Democratic Discourse. *Environmental Policy In The 1990s*: *Toward A New Agenda*, 2nd ed., A Division of Congressional Quarterly Inc., Washington, D. C.

▌ 제9장 참고문헌

국정홍보처.(2008), 「참여정부 국정운영백서: 제2권 민주주의」, 국정홍
　　보처.

권경득·최병학·임정빈·김덕준·정지훈·고승희·성태규·정진
　　헌.(2007), 「충청남도 갈등관리 실태조사 및 유형화 연구」, 충남
　　발전연구원.

나태준.(2005), "청계천 복원과 서울시 갈등관리 전략", 「서울시 공공갈
　　등관리 사례연구 정책자료집」, 서울시정개발연구원.

대통령자문 지속가능발전위원회, 「공공갈등 관리의 이론과 기법」, 지속
　　가능발전위원회 주최 갈등관리 전문가양성 워크샵 교재.

박형서·김선희·정윤희.(2006), 「건설교통관련 공공갈등 매뉴얼 구축
　　연구」, 국토연구원.

배응환.(2007), "참여거버넌스와 지역NGO의 역할: 정책참여를 중심으
　　로", 「NGO연구」5(1).

삼성경제연구소.(1997), 「함께 풀어가는 지역갈등」, 삼성경제연구소.

예경희·홍양희.(1998), "비선호시설 입지에 대한 지방정부와 주민간 갈
　　등관리 - 청주권 광역 쓰레기 매립장 조성사례를 중심으로 - ", 「교
　　육과학연구」11(3).

윤종설.(2007), 「정책과정에서의 갈등관리체제 구축방안 - Governance 관
　　점의 정책사례 분석을 중심으로」, 한국행정연구원.

임정빈.(2008), "지방정부의 갈등관리: 아산시 사례", 「제2차 북부권역
　　상생협력정책포럼 자료집」, 충남북부권역상생협력정책포럼.

전영평·김서용·소영진·이병량·이승종.(2005), 「사회갈등에 관한 국
　　민의식 및 정책수요 조사」, 경제·인문사회연구회.

하혜영.(2007a), "공공갈등해결에 미치는 영향요인 분석: 갈등관리 요인
　　의 효과를 중심으로", 「한국행정학보」41(3), pp.273 - 296.

하혜영.(2007b), 「공공부문 갈등해결에 미치는 영향요인 연구」, 서울대
　　대학원 행정학박사논문.

한영주.(2007), 「서울시 갈등사례실태 분석과 갈등관리방안」, 서울시정
　　개발연구원.

행정자치부 · 국토연구원 · 한국지방행정연구원(1999), 「지방자치시대의 분쟁사례집 Ⅰ」, 한국지방행정연구원.

Arnstein, Sherry R.(1969), A Ladder of Citizen Participation, *Journal of the American Institute of Planners* 35(4), pp.216 – 224.

Burton, John.(1996), *Conflict Resolution: Its Language and Processes*. Scarecrow Press.

Ducsik, Denneis. W.(1978), *Electricity Planning and the Environment: Toward a New Role for Government in the Decision Process*. Unpublished Ph. D. Dissertation. Department of Civil Engineering MIT. (Cambridge MA: MIT).

Lewicki, R. J,, Gray, Barbara and Elliott, Michael.(2002), *Making Sense of Intractable nvironmental Conflicts: Frames and Cases*, Washington, DC: lsland Press.

Moore, S. A.(1996), Defining "Successful" environmental dispute resolution: case studies form public land planning in the United states and Australia. *Environmental Impact Assess Review* 16, pp.151 – 169.

OECD.(2001), *Citizens as Partnerships information, consultation and public participation in policy – making*, OECD.

Ross, M. H.(1993). *The Management of Conflict: Interpretations and Interest in Comparative Perspective*. New Haven: Yale University Press.

Susskind, L., Mckearnan, S., and Thomas – Larmer J.(eds)(1999), *The Consensus Building Handbook: A Comprehensive Guide to Reaching Agreement*, Thousand Oaks, CA: Sage.

Ury, W., J. Brett, and S. Goldberg.(1988), *Getting Disputes Resolved: Designing Systems to Cut the Costs of Conflict*. San Francisco: Jossey – Bass.

Walker, Gordon.(1995), Renewable Energy and the Public, *Land Use Policy* 12(1), pp.49 – 59.

▌제10장 참고문헌

충남북부권역상생협력정책포럼(2007). 「제1차 충남북부권역상생협력정책
　　　포럼세미나발표논문집」. 충남: 천안.
충남북부권역상생협력정책포럼(2008a). 「제2차 충남북부권역상생협력정
　　　책포럼세미나발표논문집」. 충남: 아산.
충남북부권역상생협력정책포럼(2008b). 「제3차 충남북부권역상생협력정
　　　책포럼세미나발표논문집」. 충남: 예산.
충남북부권역상생협력정책포럼(2008c). 「제4차 충남북부권역상생협력정
　　　책포럼세미나발표논문집」. 충남: 연기.
최병학(2007). 충청남도 상생협력·갈등관리의 전략과 과제 - 플러스충
　　　남 정책포럼의 운영사례를 중심으로. 제1차 충남북부권역상생협
　　　력정책포럼세미나 발표논문집」. pp.43 - 66.
최홍석 외(2004). 「공유재와 갈등관리」. 서울: 박영사
홍성만(2008). 공공갈등관리 체계 및 기구운영 개선에 관한 연구. 2008
　　　년도 한국인사행정학회 월례발표세미나 발표논문. pp.21 - 58.

찾아보기

저자

강문희 한국방송통신대학교 행정학과 교수
강인호 조선대학교 행정학과 교수
권경득 선문대학교 행정학과 교수
금창호 한국지방행정연구원 연구위원
김진욱 혜전대학교 행정전산과 교수
심대평 국회의원(전 충청남도지사)
오열근 단국대학교 행정학과 교수
윤권종 배재대학교 행정학과 겸임교수
김창수 중부대학교 행정학과 교수
임정빈 성결대학교 행정학부 교수
전오진 호서대학교 행정조사연구소 연구원
최병학 충남발전연구원 연구위원
최한규 선문대학교 정부간관계연구소 연구위원

상생협력과 갈등관리
- 쟁점과 대안 -

초판인쇄 | 2009년 2월 13일
초판발행 | 2009년 2월 13일

지은이 | 오열근·최한규·권경득
펴낸이 | 채종준
펴낸곳 | 한국학술정보㈜
주 소 | 경기도 파주시 교하읍 문발리 513-5 파주출판문화정보산업단지
전 화 | 031) 908-3181(대표)
팩 스 | 031) 908-3189
홈페이지 | http://www.kstudy.com
E-mail | 출판사업부 publish@kstudy.com

등 록 |
가 격 | 33,000원

ISBN 978-89-534-1265-1 93350 (Paper Book)
       978-89-534-1266-8 98350 (e-Book)